甲信の戦国史

武田氏と山の民の興亡

地域から見た戦国150年 4

笹本正治［著］

ミネルヴァ書房

刊行のことば

戦国時代がいつはじまり、いつ終わったかについては諸説あるが、本叢書では、享徳三年（一四五四）の享徳の乱から慶長二十年（元和元・一六一五）までの一五〇年とし、「地域から見た戦国一五〇年」というタイトルにしている。

この一五〇年間、各地ではその地を代表する戦国大名が登場し、戦国時代のキーワードとされる下剋上・弱肉強食、そして合従連衡をくりかえしながら、やがて比較的広域支配を行う強大な大名権力が生まれ、最終的には天下統一が果たされることになる。

現在、戦国大名研究は飛躍的に進み、個々の戦国大名について、その軍事や経済、領国経営に関してはかなりなまで明らかになってきている。また、各県の県史、市町村ごとの市町村史の刊行も進み、戦国大名を取りまく状況はかなり細かいところまで浮き彫りになっているといってよい。

このような状況を踏まえ、本叢書は、県や市町村の枠を越えた地域を設定し、地域から戦国史を見る形をとった。では、なぜいま、地域から戦国史を見るのか。

一つ目は、県や市町村レベルでは見すごされがちなその地域の特性が描き出される点である。戦国時代、大名たちは国を越えて行動しているわけで、少し上から俯瞰することで、それまで見えてこなかったものが見えてくるはずである。

二つ目として、地域から見ることで、単なる政治史ではなく、そこに生きた人々に目が向くという利点がある。戦国史というと、どうしても合戦の歴史ばかりが描かれがちであるが、地域に生きた人々の視点で見直すことで、戦国時代を生きた武将たちだけではなく、そこに生きた庶民にも光が当てられることが期待される。

平成二十八年五月

小和田哲男

仁科信盛などが
戦った高遠城跡
（伊那市高遠町東高遠）

海津城跡
（松代城跡，長野市松代町松代）

松本城
（松本市丸の内）

「善光寺参詣曼荼羅」
（小山善光寺蔵）

甲斐善光寺（甲府市善光寺）

恵林寺（甲州市塩山小屋敷）

「信濃水内郡彦神別神社之図」上部（長野市立博物館蔵）

取り上げたときの八雲神社絵馬

桐竹鳳凰文透彫奥社脇立
（小菅神社蔵）

アルプスの峰々
と富士山

春の小菅集落
（飯山市）

蕎麦の花
（安曇野市）

はしがき——甲斐の杣

私は昭和二十六年（一九五一）十二月に、甲府駅から北西約一五キロほどに位置する山梨県中巨摩郡《なかこまぐん》敷島町神戸《ごうど》（現・甲斐市神戸）に生まれた。自宅からは、秩父多摩国立公園で有名な特別名勝御嶽昇仙峡《みたけしょうせんきょう》まで南東へ七キロ少し、『日本百名山』で有名な深田久弥《ふかだきゅうや》が亡くなった茅ヶ岳《かやがたけ》まで北西約四キロほどである。生家の標高は八一六メートルもあった。集落からは東側に標高一二九五メートルの太刀岡《たちおか》山の独特の景観をいつも見ることができる。これで想像がつく人も多いと思うが、神戸は山間の集落で、周囲を山に囲まれていた。私の父の職業も名目は農業であったが、主たる部分は林業であった。

江戸時代に神戸村を含めた十二ヶ村は北山筋《きたやますじ》（甲斐国の地域区分）十二ヶ村と呼ばれ、その内の草加沢《そうかざわ》村だけは現在甲府市に入っているものの、残りは甲斐市に組み込まれている。十二ヶ村は近代に至るまでまとまりを持ち、共有文書を村送りにして、大切に保管してきた。それらの文書は「旧巨摩郡北山筋山中十二箇村共有文書・箱・袱紗」（以下、「山中十二箇村共有文書」とする）として現在山梨県の文化財に指定されている。

伝わっている二十五点の共有文書のうちで、最も古いものは天正十九年（一五九一）十月十九日付の「加藤光泰《かとうみつやす》黒印状」（本書一〇三頁）である。この他にも文禄五年（一五九六）二月十二日付の「浅野長継《あさのながつぐ》

家の近辺から見た太刀岡山（甲斐市下芦沢）

黒印状」（本書一〇六頁）など、十六世紀末期の文書が多い。古い時期の文書内容は、加藤光泰や浅野長政などが、建設していた甲府城築城の材料を得るために杣《そま》（木を伐ったり運び出したりする人）・大鋸《おが》（木材を二人で使う専用の縦ひき鋸で製材する人）を使役した際に諸役を免許したものである。

少し時代が下るが、共有文書の万治元年（一六五八）付の訴状の中に、次のような文章がある（原文のまま）。

北山筋山中拾弐ヶ村山作《やまつくり》の儀ハ、こうらい（高麗）・せきか（関ヶ）原・小田原御陣三ヶ所、御矢の先迄、度々御奉公相勤、杣之家御恩《ヲン》ニ前々より入来り申候、殊ニ木曽山御用木をもとり指上ヶ申候、其上佐渡御金山のつゝき御用木取候時分も、右拾弐ヶ村之杣とも、弐拾人つゝ三年御役儀相勤め

これによれば、十二ヶ村の山作（杣、木こり。山造の記載もある）は、高麗（文禄・慶長の役、文禄元年（一五九二）～慶長三年（一五九八））・関ヶ原（関ヶ原の戦い、慶長五年（一六〇〇）九月十五日）・小田原（小田原征伐、天正十八年（一五九〇））という日本の歴史の中でも重要な三つの戦争に参加し、林業史上特筆すべき木曽山の御用木をも伐採し、佐渡金山で用いる御用木をも採ったという。当然のことながら、戦争には武士だけが参戦していたわけでなく、背後に多くの一般人がいた。陣地のまわりに柵を設け、陣

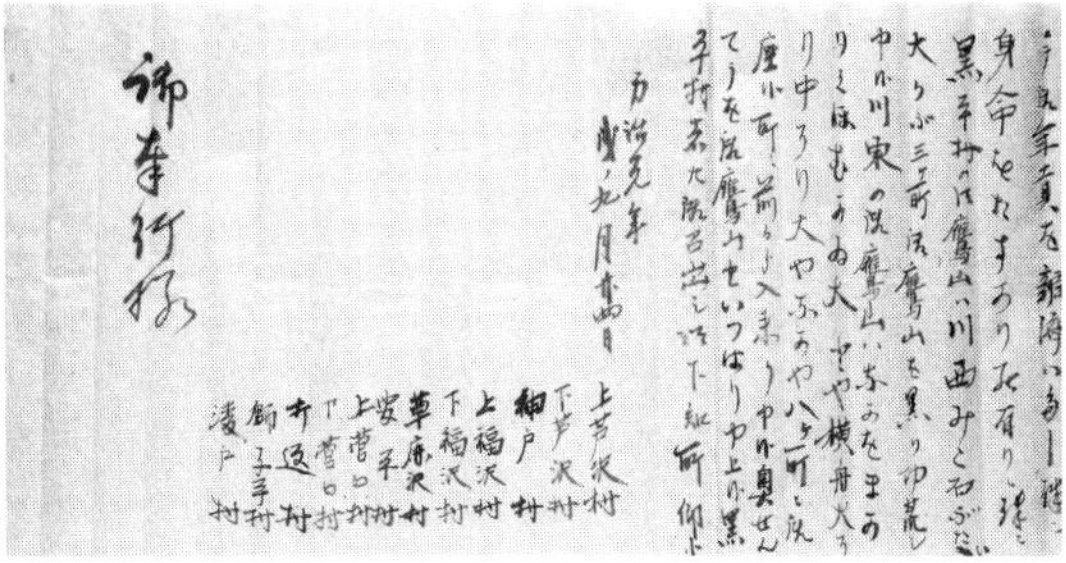

万治元年の訴状（山中十二箇村共有文書）

小屋などを建てるためには木を伐る杣や大鋸《おが》、それに番匠などの職人が必要だったのであり、神戸の杣たちも動員をかけられていたのである。

杣たちが参加したという三つの戦いは、いずれも日本の歴史の中で特別な意味を持つが、これらは年号の順序に並んでいない。もし、記載の順番が意味を持つとすると、杣たちにとって最も印象深かったのが文禄・慶長の役であり、次に徳川家康が天下を握った関ヶ原の戦い、豊臣秀吉が全国統一をした小田原攻の陣だったことになる。彼らは自分たちが命をかけて勝ち得た山に入ったり、税金などを免除する権利の根源を、彼らの経験値から重要性に従って位置づけたのであろう。

いずれにしろ、文禄・慶長の役は東アジア全体に大きな影響を与えた世界史的な出来事であるが、驚くべきことに甲斐の山奥の住民たちも海を越えて朝鮮半島にまで出かけていたのである。この歴史的事実はどんな地域でも日本全体と、あるいは世界全体と強く結び付いていたことを、強く実感させる。

私の実家が伝える近世の古文書の中に、宝暦九年（一七五九）に北山筋十二ヶ村が幕府に三高掛物《さんたかかかりもの》（伝馬宿入用、六尺給米、御蔵前入用）の免除を求めて提出した訴状の写しがある。その中の文言に次のようにある（読み下し。以下は原則として同じ）。

右拾弐ヶ村の杣四拾九人の者共の儀は、前々より御免許の者に御座候、先年頼朝公富士の牧《（巻）》狩遊ばされ候時分、御用申し候、武田御代代々、秀吉公度々の御陣所・御普請所へ御奉公相勤め申し候

訳すと、「右の十二ヶ村に住む杣四十九人の者どもにつきましては、前々より石高に賦課される税を免除されております。それは先年に源頼朝公が富士の巻き狩りをされた時に御用を勤め、武田氏の時代の代々、豊臣秀吉公の御陣所や御普請所にたびたび奉公したからです」となる。私の祖先である杣（木こり、山作）たちは、源頼朝や信玄（晴信が信玄を名乗るのは永禄二年〔一五五九〕からであるが、本書では原則として信玄とする）などの武田氏代々、豊臣秀吉に仕えたと主張しているのである。宝暦九年の文書や現存文書の内容からすると、木こりたちは源頼朝の富士の巻狩はともかく、遅くとも武田信玄の治世までには組織され、使役されていた可能性が高い。

甲斐・信濃の戦国時代を代表する人物となると武田信玄である。一方、甲斐・信濃の地域的な特質として、自然の豊かさ、とりわけ山や木を挙げてもよいだろう。その両者を結び付ける職人に、私の先祖ともいえる杣たちがいたのである。

こうしたこともあって、本書では甲斐・信濃の戦国時代を、信玄などの戦国大名や近世の視点ともいえる水田耕作に主眼を置いた視点のみではなく、山の産物、そこで働く人々に目を向けながら語ってみたい。

甲信の戦国史——武田氏と山の民の興亡　目次

関係地図

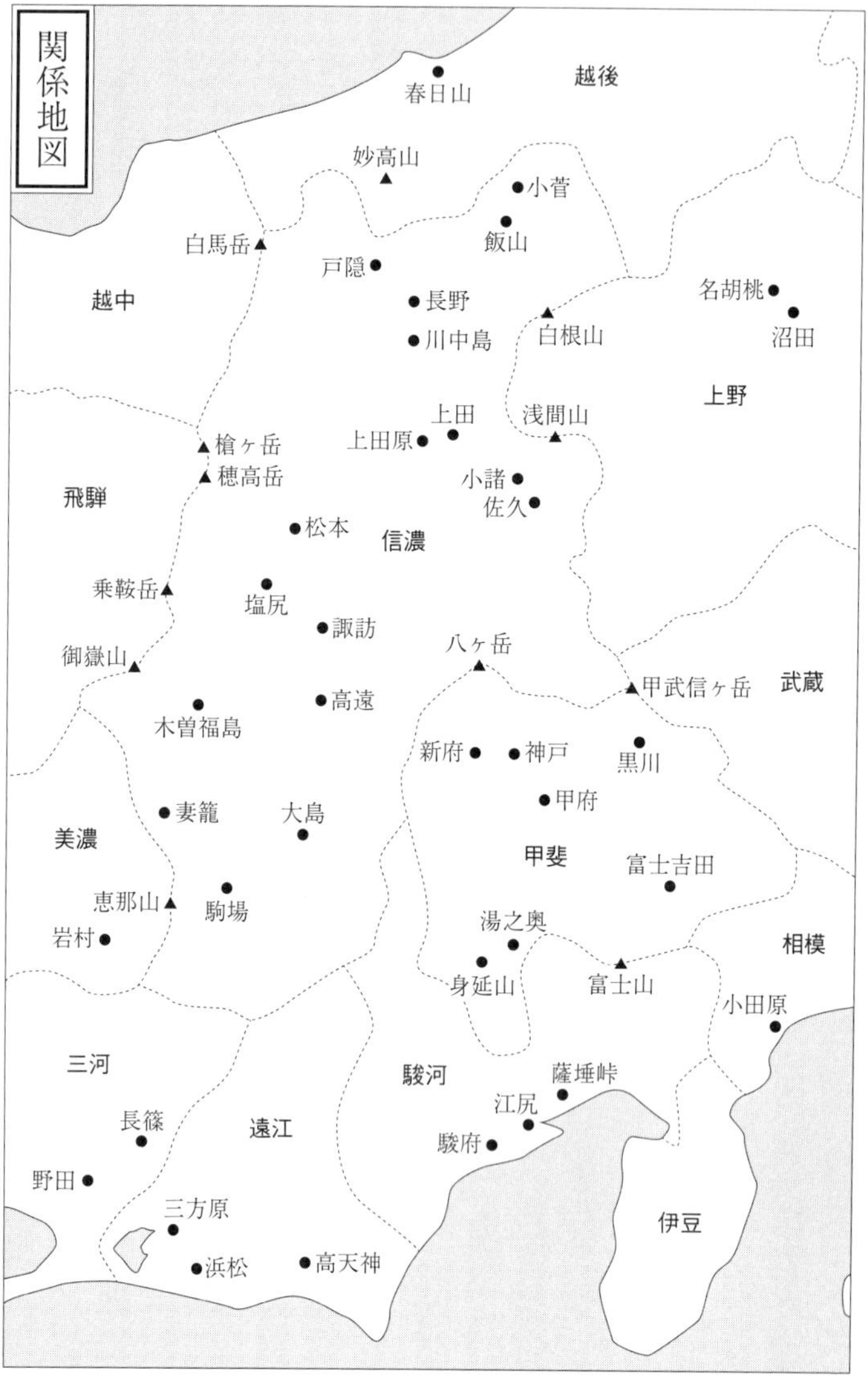
越後
春日山
妙高山
小菅
飯山
白馬岳
戸隠
越中
長野
川中島
白根山
名胡桃
沼田
上野
上田
浅間山
上田原
槍ヶ岳
穂高岳
飛騨
小諸
佐久
松本
信濃
乗鞍岳
塩尻
諏訪
八ヶ岳
御嶽山
甲武信ヶ岳
武蔵
高遠
木曽福島
新府
神戸
黒川
甲府
妻籠
大島
美濃
甲斐
富士吉田
恵那山
駒場
湯之奥
岩村
相模
身延山
富士山
小田原
三河
駿河
薩埵峠
江尻
長篠
遠江
駿府
野田
三方原
伊豆
浜松
高天神

第一章　自然の特質と災害

演劇は舞台によって規定される。歴史もその舞台によって大きく変化する。甲信の戦国時代を見るためには、この地域の自然的特質、舞台の実情を確認しておかねばならない。同時に戦国時代がどのような自然状況であったかも知る必要がある。そこで、本章では本書で取り上げる歴史が繰り広げられた舞台について把握しておきたい。自然や地理にあまり興味のない方にも、今後の歴史叙述を理解するため多少我慢して付き合っていただきたい。

1　山と盆地

山梨県と長野県

本書の表題に使っている「甲信」とは旧国名の甲斐国と信濃国の最初の文字をつなげたもので、基本的に現在の山梨県と長野県にあたる地域を指す。まずは読者の皆さんに両県の地形・地理的な認識をしていただきたい。

山梨県の面積は四四六五・三七平方キロ（境界未定部分あり）、全国四七都道府県の内で三二位の広さであるが、可住地面積は四五位、可住地面積割合だと四四位と、ともに最も下の方に位置する。平成二十五年（二〇一三）四月一日現在の推計人口は総人口八五万一六八一人で全国四一位、人口密度は一平方キロあたり一九〇・七三人、全国三一位である。

長野県の面積は一万三五六二・二三平方キロ（境界未定部分あり）、全国四位にあたる広大な県である。ここも山岳地が多いため可住地面積になると全国七位、可住地面積割合だと三九位である。同じ時期の総人口は二一三万三〇一四人で全国一六位、人口密度は一平方キロあたり一五七・二八人、全国第三八位である。

両県を面積で比較すると、山梨県は長野県の約三三パーセント、人口だと約四〇パーセントにすぎない。ちなみに、山梨県も長野県も森林率が七八パーセントで、山に覆われている。「はしがき」で書いた杣たちの活動する自然環境は、甲斐・信濃とも共通であり、日本を代表する山の国といえる。

参考までに両県とも海がなく、日本のアルプスを抱えているということで、世界から似たような国を探すとスイスがある。両県を合計した面積はスイスの国土面積の四四パーセント、オランダの四八パーセントである。一方人口で見るとスイスの約三八パーセント、オランダの約一八パーセントにあたる。面積ではフィジーとクウェートの間、人口ではアルメニアとオマーンの間に位置する。ちなみに、人口は両県の面積の約八七倍もあるモンゴルよりも多い。

富士山とアルプス

山梨県で広く知られている歌に、米山愛紫《よねやまあいし》の作詞、明本京静《あけもときょうせい》の作曲で昭和三十六年（一九六一）に作られた「武田節《たけだぶし》」がある。その出足は「甲斐の山々　陽《ひ》に映えて　われ出陣に　うれい《（憂）》なし」で、甲斐が山々に囲まれているという点が強調されている。

山梨県の県庁は甲府の海抜二七一メートル地点にあるが、すぐ東側にある甲府城（舞鶴城）の天守閣跡に立って南面すると、御坂《みさか》山地（東から三つ峠（一七八五メートル）、御坂山（一五九六メートル）、黒岳（一七九三メートル）、節刀ヶ岳《せっとうがたけ》（一七三六メートル）などの山が連なる）の向こうに、標高三七七六メートルの富士山がひときわ高くそびえている。眼を反対側に転ずると、北西に長野県と県境に位置して赤岳（二八九九メートル）を最高峰とする八ヶ岳が見える。この間には一七〇四メートルの茅ヶ岳がある。西には赤石山脈（南アルプス）の連山が屹立し、標高二九六七メートルの甲斐駒ヶ岳が独立峰のように見え、その南には地蔵岳（二七六四メートル）・観音岳（二八四〇メートル）・薬師岳（二七八〇メートル）の鳳《ほう》凰《おう》三山が続く。甲府城からは見えないが盆地東部に行けば日本第二位の標高を誇る北岳（白根山。三一九三メートル）、間ノ岳《あいのたけ》（三一八九メートル）、農鳥岳《のうとりたけ》（三〇二六メートル）の白根三山が見える。また、北側には長野県との境に金峰山（山梨県側では「きんぷさん」、長野県側では「きんぽうさん」と呼ぶ。二五九九メートル）が位置している。

一方、長野県人なら明治三十二年（一八九九）に浅井洌《あさいれつ》が作詞し、翌年北村季晴《きたむらすえはる》が作曲した県歌「信濃の国」をたいてい歌える。その歌詞は「信濃の国は十州に　境連ぬる国にして　そび《（聳）》ゆる山はいや高く　流るる川はいや遠し」で始まり、二番には「四方にそびゆる山々は　御嶽《おんたけ》　乗鞍《のりくら》　駒ヶ岳《こまがたけ》　浅間《あさま》はことに活火山　いずれも国の鎮めなり」とある。ここに示されているように、信州はまさに山の国である。

長野県庁は山梨県庁よりも高い海抜三七三メートルに位置するが、長野盆地の西隅にあたり、高い山は目に入りにくい。場所を変えて長野盆地から望めることができる妙高山《みょうこうさん》（二四五四メートル、新潟県妙高市）、斑尾山《まだらおさん》（一三八二メートル）、黒姫山《くろひめやま》（二〇五三メートル）、戸隠山《とがくしやま》（一九〇四メートル）、飯縄山《いいづなやま》（一九一七メートル）の五つの山を北信五岳と呼ぶが、長野も山々に囲まれている。長野県第二の都市である松本市においては、西側に飛騨山脈（北アルプス）が雄大な姿を見せる。市の中心部からはほとんど見えないが日本第三位の高さを誇る穂高岳《ほたかだけ》（三一九〇メートル）や槍ヶ岳《やりがたけ》（三一八〇メートル）、市内からよく見える常念岳《じょうねんだけ》（二八五七メートル）、乗鞍岳《のりくらだけ》（三〇二六メートル）が連なる。反対側の東に目を転ずると二〇三四メートルの美ヶ原《うつくしがはら》などが広がっている。

この他、伊那谷では東側に南アルプスの仙丈ヶ岳《せんじょうがたけ》（三〇三三メートル）、塩見岳《しおみだけ》（三〇五二メートル）、荒川岳《あらかわだけ》（三一四一メートル）、赤石岳（三一二〇メートル）などが望め、西側には中央アルプスの木曽駒ヶ岳（二九五六メートル）、宝剣岳《ほうけんだけ》（二九三一メートル）、空木岳《うつぎだけ》（二八六四メートル）などが展開する。さらに木曽谷には信仰と火山の山である御嶽山《おんたけさん》（三〇六七メートル）が鎮座する。

長野県の東側では群馬県との境に、活火山の浅間山（二五六八メートル）が現在も噴煙を上げている。

このように山梨県も長野県も日本の屋根ともいえる山々に抱かれた、日本を代表する山の国なのである。

甲斐国の語源については諸説あるが、長らく言われてきたのは山の峡（カヒ＝間）に由来するという説である。山峡を作り上げていく要素に川があるが、甲斐の川として最も有名なのは

川と谷

一級河川である富士川で、日本三大急流（他は山形県の最上川《もがみがわ》と熊本県の球磨川《くまがわ》）の一つに数えられている。一般的に釜無川《かまなしがわ》と笛吹川《ふえふきがわ》の合流点より下流を富士川と呼び、早川《はやかわ》、常葉川《ときわがわ》、波木井川《はきいがわ》などを合流して静岡県に入る。

釜無川は南アルプス北部、山梨県と長野県の県境に位置する鋸岳《のこぎりだけ》（二六八五メートル）に源を発し、長野県富士見町において八ヶ岳などを源流とする立場川《たつばがわ》と合流し、北杜市《ほくと》まで長野県と山梨県の県境になっている。ちなみに戦国時代までは立場川が堺川と呼ばれ、甲斐・信濃の国境であった。山梨県域に

入ってから尾白川《おじろがわ》、塩川、御勅使川《みだいがわ》などと合流しながら甲府盆地を南流し、西八代郡市川三郷町と南巨摩郡富士川町の町境で笛吹川《ふえふきがわ》と合流する。

身延町《みのぶちょう》飯富《いいとみ》において富士川にそそぐのが早川《はやかわ》である。この川は北岳、間ノ岳を源流とする野呂川《のろがわ》と西農鳥岳を源流とする荒川とが早川町奈良田《ならだ》集落で合流してできており、急峻な谷を形成している。

笛吹川は甲武信ヶ岳《こぶしがたけ》（二四七五メートル）・国師ヶ岳《こくしがたけ》（二五九二メートル）に源を発する東沢渓谷と、国師ヶ岳・奥千丈岳に源を発する西沢渓谷を上流部に持ち、甲府盆地の南東を潤して富士川（釜無川）に合流する。

天竜峡を流れる天竜川（飯田市）

もう一本、山梨県を代表する川は桂川《かつらがわ》である。富士五湖の一つ山中湖を水源として、富士山北麓の水を集めて北西に流れ、富士吉田市で北東に折れる。都留《つる》市を経て大月市で流路を東に変え、神奈川県相模原市へと向かう。

長野県歌である「信濃の国」に、「流れ淀まず行く水は　北に犀川《さいがわ》　千曲川《ちくまがわ》　南に木曽川　天竜川《てんりゅうがわ》　これまた国の固めなり」とあるが、長野県に流域をもつ一級河川は、信濃川水系・天竜川水系・木曽川水系・姫川水系・矢作川《やはぎがわ》水系・富士川水系・関川水系・利根川水系と数多くある。

南を代表する川は天竜川で、諏訪湖（標高七五九メートル）唯一の出口である岡谷市の釜口水門《かまぐちすいもん》を源流とし、伊那谷を流れて、一部愛知県をかすめ、静岡県から太平洋へ流れ込んでいる。この川は東に南アルプス、西に中央アルプスがそびえ、両側を高山に囲まれて流れているだけに、古くから「暴れ川」「暴れ天竜」として知られ、多くの水害をもたらした。川沿いには伊那市や飯田市などがある。

南部でもう一本大きな川は木曽川である。木曽郡木祖村《きそむら》の鉢盛山《はちもりやま》（二四四六メートル）南方を水源とし、南西に流れ、御嶽山から流れて来た王滝川《おうたきがわ》を木曽町の南方で合流させた後、岐阜県中津川市に入り、流れを西に変える。木曽川上流の長野県内の流域を木曽谷と呼ぶが、木曽川の浸食で形成されたV字谷状の地形が延長約六〇キロにも及ぶ。

南の天竜川と対比されるのが北の千曲川で、新潟県に入ると信濃川と呼ばれる。千曲川は埼玉県・山梨県・長野県の県境に位置する甲武信ヶ岳の長野県側斜面を源流とし、諸河川と合流しつつ佐久盆地（佐久平）、上田盆地（上田平）を北流、長野盆地（善光寺平）の川中島で、北アルプスを源流とし松本盆地（松本平）から北流してきた犀川と合流して、北東に流れる。

犀川の上流部は梓川《あずさがわ》と呼ばれ、槍ヶ岳に源を発し、景勝地として知られる上高地を南流する。松本盆地で塩尻市方面より北流してきた奈良井川《ならいがわ》と合流し、犀川となる。

北安曇《あづみ》郡白馬村の親海湿原《およみしつげん》の湧水を水源とし、糸魚川《いといがわ》静岡構造線にほぼ沿って、新潟県糸魚川市から日本海に注ぐのが姫川《ひめかわ》である。流域の大半が白馬岳（二九三二メートル）をはじめとする標高二〇〇〇メートルを超える山々が占め、非常に急峻な川である。周囲の山々から供給される土砂が多く、飛騨外縁帯の脆弱な蛇紋岩が上流部の八方《はっぽう》尾根《おね》、中流部の平岩・小滝付近、および支流の大所川上流部と広く分布するため、地すべり地形が形成されている。そのため豪雨による土砂災害が絶えず、この川も暴れ川として知られている。

山梨県で最も標高が低いところは南部町の富士川で三六メートルにすぎない。富士山からの標高差は三七四〇メートルにも及ぶ。一方、長野県では最高点が穂高岳で、最低点は小谷村《おたりむら》の姫川の一七七メートルで、高低差は三〇一三メートルになる。参考までに、標高差の最も大きいのは富士山から海まで三七七六メートルの標高差を持つ静岡県で、山梨県はこれに次いでいる。

盆地　高山が周囲を囲み急流が流れる甲信地方においては、山々の間に盆地が形成されており、多くの人々が住んでいる。

山梨県の盆地といえば平均標高三〇〇メートルの甲府盆地に代表される。面積は二七五平方キロで、やや東西に長い逆三角形である。盆地特有の内陸性気候で、夏は日本でも有数の暑さで、冬は寒いことで知られる。年間降水量は一二〇〇ミリ程度と少ないが、周辺の山地部への降雨・降雪が水の供給源となっており、夏から秋にはたびたび集中豪雨が発生する。河川の堆積作用により七〇〇メートル以上もの砂礫層があり、盆地の周縁には御勅使川扇状地、釜無川扇状地、金川《かねがわ》扇状地など数多くの大きな複合扇状地が形成されている。中南部の低地は釜無川や笛吹川の氾濫原として形成されて、水が豊富なので水田地帯として利用されてきた。

長野県の県歌「信濃の国」は「松本　伊那　佐久　善光寺　四つの平は肥沃《ひよく》の地」と歌う。県の中央部に位置する松本盆地は、松本市街地と周辺一帯からなり、梓川、犀川を境にして松本市・塩尻市周辺の松本平と安曇野市周辺の安曇平（安曇野）とに分けられる。この盆地はフォッサマグナと呼ばれる地溝帯の西縁にあたる糸魚川静岡構造線上にあり、牛伏寺《ごふくじ》断層をはじめ小谷―中山断層、神城《かみしろ》断層、持《もち》京《ぎょう》断層など多くの断層が分布している。

長野県庁の所在する長野盆地は、古くから善光寺平と呼ばれる。一般的な範囲は千曲市から中野市にかけて広がる千曲川の流域一帯である。この盆地はフォッサマグナの一部をなす低地の一つで、千曲川とこれに合流する各河川によってもたらされた、新しい時代の堆積物によって形成されている。

四つの平の一つに歌われている「伊那」（中世には伊奈と記される）は、伊那盆地とも呼ばれるが、一般的に伊那谷として知られる。南アルプスと中央アルプスの二つ山脈に挟まれ、中央を天竜川が貫流し、広い平坦部を形成している。この平坦部は天竜川が形成した河岸段丘と考えられてきたが、山側のいくつかの段差面は断層によることがわかり、谷全体が地溝であると理解されている。南北方向に流れる天竜川には、伊那市を流れる三峰川《みぶがわ》、駒ヶ根市や宮田村を流れる太田切川《おおたぎりがわ》、飯田市を流れる松川など、多くの支流がほぼ直角に流れ込む。急峻なアルプスから流れ込む川は、とりわけ西段丘面で扇状地や台地を深く浸食し、大規模な田切《たぎり》地形を形成している。

佐久盆地は佐久市を中心とした盆地で、佐久平とも呼ばれる。千曲川の上流域に位置し、北を浅間山連峰、東と南を関東山地、西を八ヶ岳連峰で囲まれており、県内では広々とした感じを受ける場所である。

「信濃の国」の四つの平には入っていないが、上田盆地も忘れてはならない。この盆地は千曲川中流域に位置し、ほぼ全域が上田市に属しており、上田平と称することもある。盆地の西半部は特に塩田《しおだ》平《だいら》と呼ばれ、信州の鎌倉として知られる。千曲川右岸では扇状地起源の段丘地形が発達し、上田城などがある。

そうなると、岡谷市、諏訪市、茅野市などが入る諏訪盆地も加えたい。標高が七五〇メートルから九〇〇メートルもある、日本では有数の高所に位置する盆地である。盆地の中央に諏訪湖があり、東にある八ヶ岳など数多くの山々に囲まれている。

山に囲まれた甲斐・信濃においては、地域を結んで人や物資が動くのには、流れる川を利用するか、その流れによって形成された渓谷を通路とするか、山の鞍部の峠を越えていくしかなかった。

峠

実際、この二つの国には人が通った多くの峠がある。

駿河と甲斐を結んだ旧鎌倉往還の籠坂《かごさか》峠は、山梨県南都留《みなみつる》郡山中湖村と静岡県駿東郡小山町須走《すばしり》の境に位置し、現在標高一一〇四メートルを国道一三八号線が通っている。この峠は古くから富士北麓と駿東郡を結ぶ要衝として利用され、東海道から甲斐の国府へ至る官道、甲斐路の経路であった。

駿河と甲斐とをつなぐ峠には、身延町と静岡市梅ヶ島温泉の北方とをつなぐ標高一四一六メートルの安倍《あべ》峠もある。山梨県と静岡県の県境にあたり、富士川水系との分水界をなす。古くは身延山《みのぶさん》久遠寺《くおんじ》（南巨摩郡身延町）への参詣者が通る峠として重要であった。

甲斐と信州との境には、千曲川最上流の長野県川上村と山梨県北杜市とを結ぶ標高一四六四メートルの信州峠がある。江戸時代にはこの峠を越えて佐久地方の木材などが甲斐へ送られた。

雁坂《かりさか》峠は山梨市と埼玉県秩父市との境で、標高二〇八二メートルある。この峠は奥秩父の山域の主脈の一つであり、北アルプス越えの針ノ木峠（針ノ木岳と蓮華岳の鞍部に位置し、江戸時代から明治まで越中と信濃を結ぶ重要な峠であった。標高二五四一メートル）、南アルプス越えの三伏《さんぷく》峠（赤石山脈の北部にあたる塩見岳の南西方に位置し、日本で最も標高の高い峠。標高二五八〇メートル）と並んで、日本三大峠に数えられる難所である。

甲斐で最も有名な峠は、南都留郡富士河口湖町と笛吹市とをつなぎ鎌倉往還御坂路のルート上にある標高一五二〇メートルの御坂峠《みさか》である。富士吉田側と甲府盆地側にまたがる御坂山地の御坂山と黒岳との中間付近に位置し、国中《くになか》地方（甲府盆地を中心とする地域）と郡内《ぐんない》地方（都留郡一帯）とを結ぶ重要なルートであった。昭和六年（一九三一）この峠より二キロほど東に御坂隧道を含む旧・国道八号（現在の国道二〇号）が開通して以後、「御坂峠」の呼称は御坂隧道の富士吉田側入り口地点（標高一三〇〇メートル）付近を指すようになった。旧御坂峠にある天下茶屋で太宰治が書いた『富岳百景』の「富士には月見草がよく似合う」の言葉は有名である。現在は昭和四十二年（一九六七）に旧御坂峠のほぼ直下の標高一〇〇〇メートル付近を貫く新御坂隧道が利用されている。

笹子峠は大月市と甲州市の境にある標高一〇九六メートルの峠である。甲州街道の江戸と下諏訪（諏訪郡下諏訪町）のほぼ中間、黒野田宿（大月市）と駒飼宿（甲州市）の間に位置し、甲州街道最大の難所と言われた。

大菩薩峠《だいぼさつ》は甲州市塩山上萩原と北都留郡小菅村《こすげ》の境に位置し、標高一八九七メートルの峠である。江戸時代まで武蔵国と甲斐国を結ぶ甲州道中の裏街道として使われた青梅《おうめ》街道の最大の難所でもあった。中里介山《なかざとかいざん》の小説『大菩薩峠』によって知名度が高い。

右左口峠《うばぐち》（迦葉坂《かよう》）は甲斐と駿河を結ぶ街道の一つ中道往還の難所である。甲府市の右左口宿を経てこの峠を越え、古関《ふるせき》（甲府市）、精進湖《しょうじこ》（富士河口湖町）、本栖湖《もとすこ》（同）東岸から駿河国へ入る。まだまだ多くの峠があるが、ひとまず甲斐についてはここで止めよう。

信濃の地名について、賀茂真淵《かものまぶち》は「名義は山国にて級坂《しなさか》のある故の名なり」（『冠辞考《かんじこう》』）と記し、山国の地形から「段差」を意味する古語である「科《しな》」や「級」に由来するとの説を示している。このような説が出るように信濃は坂の多い、したがって峠の多い国である。

神坂《みさか》峠は下伊那郡阿智村と岐阜県中津川市の間に位置する、標高一五六九メートルの峠である。古くは信濃国の伊那郡と美濃国の恵那郡の境で、東山道が通る交通の要所であり難所であった。荒ぶる神の坐《いま》す峠として「神の御坂」と呼ばれた。『日本書紀』の景行天皇四十年条には、神坂峠で日本武尊《やまとたけるのみこと》が白鹿に変じた山の神を尊が蒜《ひる》で撃った話が出ている。また、『今昔物語集』には信濃国司の任期を終え都へ帰る藤原陳忠《ふじわらののぶただ》が神坂峠で谷底へ転落したがヒラタケを抱えて生還したとの逸話がある。後に東山道（中山道）が神坂峠を避けて、木曽を通るようになったので峠を越える者は減少した。

岐阜県高山市と長野県松本市の間にあるのが、標高一七九〇メートルの安房《あぼう》峠である。明治の初めから大正にかけてこの峠を諏訪地方へ飛騨の女性たちが女工として越えた、山本茂実《やまもとしげみ》のノンフィクション『あゝ野麦峠』で多くの人に知られている。

軽井沢町と群馬県安中市松井田町の間にあるのが、標高一〇三八メートルの入山《いりやま》峠である。古代の東山道はここを通っており、当時の碓氷《うすい》坂だと考えられている。現在は碓氷バイパスが通過している。峠からは古墳時代の祭祀遺跡が発見されており（入山遺跡）、古墳時代当時の古東山道は入山峠を通ったと推定されている。中世に中山道が開かれ、北方の碓氷峠を通るようになると、幹線道路からは外された。しかし、通行が容易で中山道の軽井沢宿や坂本宿（安中市）での宿継を省くことができたので、近世には中山道の裏街道としてこの峠を通る入山道が、和美《わみ》峠（九八四メートル）を通る下仁田《しもにた》道とともに賑った。

現在の碓氷峠は軽井沢町と群馬県安中市松井田町との境にあり、標高は約九六〇メートルで、信濃川水系と利根川水系とを分ける中央分水嶺でもある。

内山峠は標高一〇六六メートルで佐久市と群馬県甘楽郡下仁田町とを結び、現在は国道二五四号旧道が峠を通っている。

標高一九〇六メートルの角間峠は、群馬県吾妻郡嬬恋村《つまごいむら》と長野県上田市の間にある。

下伊那郡阿南町と愛知県豊根村との間に位置するのが、一〇六〇メートルの新野《にいの》峠で、古くから遠州灘沿岸から伊那谷を結ぶ交通の要衝だった。

青崩《あおくずれ》峠は、飯田市南信濃と静岡県浜松市天竜区との間にある標高一〇八二メートルの峠である。元亀三年(一五七二)の武田信玄による遠江侵攻で、軍兵の一部が通過したことで知られている。兵越《ひょうごし》峠は飯田市と静岡県浜松市天竜区の間にある標高一一六五メートルの峠である。武田信玄が西上作戦の折りにこの峠を越えたから、この峠名になったとの言い伝えがある。

針ノ木《はりのき》峠は、北アルプスの針ノ木岳(二八二一メートル)と蓮華岳(二七九九メートル)の鞍部にある標高二五四一メートルの峠である。北アルプスを横断する峠では最も高い位置にあり、ここを通って越中から信濃へ塩や魚が運ばれた。天正十二年(一五八四)に越中の佐々成政《さっさなりまさ》一行が、羽柴秀吉に対抗するため三河の徳川家康の助力を求めて、厳冬に峠を越えたと伝えられる。

塩尻市と岡谷市の間にあるのが塩尻峠(塩嶺《えんれい》峠)で、諏訪盆地と松本盆地を隔て、太平洋と日本海の分水界をなしている。近世には中山道が通っていたが、旧峠は標高一〇五五メートルで、現在は四〇〇メートル南方の標高九九九メートル地点を国道二〇号が通っている。

和田峠は江戸幕府によって整備された中山道の峠で、長和町と下諏訪町の間にあり、標高一五三一メートルである。この峠は険しい山の中にあり、宿の間隔が五里半弱と長い上に冬季の降雪が多く、中山道最大の難所とされていた。

中山道の難所といえば、塩尻市奈良井と木曽郡木祖村藪原を結ぶ標高一一九七メートルの鳥居峠も忘れてはなるまい。

このように甲斐・信濃は山の国であり、山に隔てられて盆地があり、峠越えなどで移動が楽ではなかったこともあり、それぞれの地域に異なった文化が育った。

2　襲いかかる災害

変化する気候

平成二十五年（二〇一三）に富士山が世界文化遺産に登録された。その構成要素に富士五湖の一つである河口湖が入っている。東京から近いこともあって、読者の中には河口湖を訪れた経験のある方も多いのではなかろうか。この河口湖が全面結氷し、人々がその上を往来したことがあったというと驚きを禁じ得ないだろう。

山梨県南都留郡富士河口湖町にある常在寺《じょうざいじ》の住僧が書き綴った記録をまとめ直した『勝山記《かつやまき》』（その異本が『妙法寺記《みょうほうじき》』）によれば、文亀三年八月三十日（一五〇三年九月三十日）夜に霜が降り、農作物は大打撃を受けた。河口湖は十二月十七日（一五〇四年一月十四日）から凍り始めて、三月近くまで融けなかった。氷の厚さは一尺から二尺（三〇センチから六〇センチ）で、その上を人々が通交した。現在の暦にするならば、三月の末頃まで河口湖が凍っていたという。少なくとも近年は全面結氷することもほとんどないので、その上を人々が往来し、しかも三カ月間も融けなかったなどとは想像もできない。戦国時代がいかに寒かったかの一端がこれでわかる。

京都醍醐寺理性院《だいごじりしょういん》の厳助《ごんじょ》僧正が文永寺《ぶんえいじ》（飯田市）へやって来た折りに記した『天文二年信州下向記』によれば、天文二年八月二十三日（一五三三年九月二十一日）は大変な寒気で、「炉火《ろび》これをはじむ」という状態だった。飯田市は長野県内で最も気候の温暖な地域で、冬期でも真冬日になることが少なく、日照時間も長い。そんな飯田で九月に暖房が必要だったとは、私にとって驚きであった。

甲州市にある塩山向嶽寺《えんざんこうがくじ》の歴代住持が書き継いできた『塩山向嶽禅庵小年代記』には、天文三年六月一日（一五三四年七月十一日）二日三日と富士山に大雪が降ったと記載されている。季節はずれの大雪なので、気候も寒かったことだろう。ところが、天文四年は正月より暖かで、翌年も正月は暖かだった。『勝山記』によれば、天文六年（一五三七）の正月は暖かだったのが十月十六日（十一月二十八日）より雪が降り、近年になく寒くて、下吉田（富士吉田市）の人々は畑の先の木を伐って燃料にした。

皆さんは諏訪湖《すわこ》の御神渡《おみわたり》をご存知だろうか。冬の諏訪湖は湖全体が結氷し、氷の厚さが一〇センチ以上になり、氷点下一〇度程度の冷え込みが数日続くと、湖面の氷が山脈のように盛り上がる。これが御神渡である。近年は滅多に見られないが、この御神渡がいつあったかによって、気候を確認できる。御神渡については幕府に出した注進状の写しが連続して残っている。嘉吉三年（一四四三）以降、慶長四年（一五九九）までについてみると、多くは現在の暦で正月十日頃までに御神渡があった。しかし、氷正二年（一五〇五）にはなく、翌年は十一月二十八日（ユリウス暦で十二月十二日、グレゴリオ暦で十二月二十二日）という早い時期にあり、それから八年間も御神渡がなかった。

戦国時代には早い時に御神渡があるかと思うと、翌年まったくなかったりもする。平均的に見るならば気候は現在よりはるかに寒いが、御神渡がない年もあるので、気候が安定していなかった。相対的に御神渡の時期が遅くなっており、戦国時代を通して次第に気候が暖かくなっていることがわかる。

諏訪湖の御神渡（諏訪市博物館提供）

山本武夫氏によると九、十世紀の気候の小最適期は十一、十二世紀頃まで継続し、それから寒くなり小氷河期の谷底が十五世紀の前半に訪れるという。氏は『看聞日記《かんもんにっき》』（一四一六～四四年）の時代と『言《とき》経卿記《つねきょうき》』（一五八四～一六〇〇年）の時代の二、三月の平均気温を比べると、二・四度前者の方が低い。長野県にある諏訪湖の結氷期の古記録を調べると、一四〇〇年代の中葉に結氷日が全体の平均より四日早い、厳冬の一定期間があったと述べている（山本武夫『気候の語る日本の歴史』そしえて、一九七六年）。また、屋久島の杉が年輪に貯蔵した同位元素から気温変化を追究したアメリカのリビー氏によれば、一四〇〇年代末の最低と一六〇〇年との間で二・二五度の差があるという。

このように十五世紀は小氷河期で、日本の歴史を通じて記録的な寒い時期だった。それが戦国時代を通じて次第に暖かくなっていった。戦国時代は気候が揺れ、寒さと暖かさが同居していたのである。この気候の波が甲斐・信濃も襲っていたが、標高の高い両国においては、寒暖の影響が強く出ていたことであろう。

『勝山記』の文明十四年（一四八二）の条によれば、この年には大風がたびたび吹いたため、作物が駄目になって、飢饉が襲い、人民が多く病死した。さらに、「大水出ること限りなし」という状況であった。

頻発する風水害

同年の信濃諏訪（この時代の記述では「諏方」であるが、本書では諏訪で統一する）郡の様子は、諏訪社上社の最高位の神官である神長《かんおさ》（永禄四年〔一五六一〕以降は神長官《じんちょうかん》という）を勤めた守矢満実《もりやみつざね》が記した『守矢満実書留』によって、詳細がわかる。それによれば、文明十四年五月二十五日（六月二十日）から大雨が降り、晦日には大洪水となって、大町・十日市場・安国寺（茅野市）等の集落を押し流した。栗林南方・同北方（茅野市）は田畑作物一切が押し流され、人や牛馬、家屋も流され、人々は泣き叫んで安国寺の後ろの城山に逃れようとしたが、安国寺から大川の水が増して流されて行方が不明になった。男女とも子供や財宝などを捨て、我先にと逃げる有様は、どんな合戦でもこれほどのことはないだろうと思うほどであった。万民が肝を冷やし、大町は湖になった。このため人馬とも十日ばかり出入りが絶えた。

同年閏七月二十五日（九月十七日）と二十六日に大暴風雨となった。いったん止んだが二十六日の夜また大暴風となった。このために大洪水が発生し、五日市場・十日市場・大町などが大海のようになった。数度の大水によって作物がことごとく流れ、田の面は変じて瓦礫《がれき》の広場となった。

このように周囲を山に囲まれ、中央には諏訪湖がある諏訪盆地では、大雨が降ると土石流となって、人々が住む地に襲いかかったのである。

さらに、『勝山記』から富士北麓の水害に関わる記載を追ってみよう。長享二年（一四八八）は大雨がしきりに降って、粟が皆大きな損害を受けた。延徳二年（一四九〇）にも大雨が降って、作毛に実が入らなかった。延徳三年（一四九一）六月二日に大雨が降って、在所は皆流れてしまった。明応五年（一四九六）八月十六日に大水が出た。明応七年（一四九八）八月二十八日に大雨があり、大風も限りなかった。文亀元年（一五〇一）六月土用の内に夜昼とも大雨が降り、大水が出て作物はことごとく水になってしまった。永正五年（一五〇八）は大雨がしきりに降って、作毛の出来が言語道断に悪かった。この年の秋作物はことごとく悪かった。永正八年（一五一一）には八月に国々に大水が出て、耕作物が損なわれること限りなかった。永正九年（一五一二）に世間は大いに詰まった。雨がたびたび降って、河口湖の水はいよいよ満ちた。永正十七年（一五二〇）八月十三日の夜雨が降り始め、十七日まで降り続いた。このために作毛はすべて駄目になった。大永八年（一五二八）の五月十六日に大雨が降って、十七日に大水が出て田畑はことごとく損なわれた。天文二年（一五三三）五月から八月まで大雨に見舞われ耕作物が穫れなかった。天文五年（一五三六）五月から七月まで雨が降ったため、言語道断に餓死する者があった。いかに自然災害が戦国時代にすさまじかったかの一端が知られる。

ところで、戦国大名として有名な武田信玄の業績として必ず挙げられるのが信玄堤である。このように連続する水害を見れば、彼がなぜ信玄堤を築かねばならなかったか、民衆が何を求めていたかが明らかである。公の意味を持つ領主としての信玄は領民の安全を確保し、年貢などを安定的に徴収するためにも、治水をせねばならなかったのである。

『勝山記』によれば、信玄が家督を握る前年の天文九年（一五四〇）五月、六月と大雨が降って、世の中がさんざんだったところに、また八月十一日（九月二十一日）の夕暮れに大風が吹き始め、夜十時頃まで六時間にわたって吹いた。このために大海の端の家などは皆浪に引かれ、山の家は大木に打ち破られ、堂・寺・宮はことごとく吹き倒された。一般の家は千に一つ、万に一つしか立っているものがなかった。鳥獣すらも皆死んでしまった。世間の大木は一本も倒れないものがないほどだった。

内容からして、おそらく巨大な台風が襲ったのであろう。当然のことながら、台風は甲府盆地も襲撃した。現在の甲州市あたりは午後八時頃から深夜零時に至る間、大雨と大風に見舞われた。塩山の向嶽寺では八本杉、門前門内にある種々の樹木が数多く吹き折れ、僧堂や諸寮舎がことごとく倒れた。また、現在の山梨市辺りでも八月十一日の午後四時頃より大風が吹いて、河原明神社の大木を打ち散らした。

大風と大雨は信濃の諏訪郡にも甚大な傷跡を残した。『神使御頭之日記《こうとのおとうのにっき》』によれば、八月十一日の午後五時頃に渋の湯山（茅野市）に風が当たり大変な音を立てて鳴り、夕方六時頃より南大風が吹いて雨も降り始めた。風は午後八時頃まで吹き荒れた。南風が鎮まってから一時間ほど経って、北より大風が吹き出し、真夜中十二時まで続いた。この風は近年にない大風で、とりわけ北風が強く、宮々の古木や大木が吹き折れた。下馬のサワラ一本が吹き折れた。宮山の塚では大小三、四十本の木が折れ、こんな大変な風はこれから後にもないだろうと思うほどであった。風は諏訪上社本宮神前の鉄塔《てっとう》（上社の御神体とされた石塔で中にお経が入っていた）も吹き転ばした。唐鉾《からほこ》二本、林叢のサワラ一本、大宮の木は三本が根返りをした。磯並《いそなみ》の宮（茅野市）の木は四十本が根返りした。この強風の度合いは鎌倉時代に蒙古《もうこ》襲来《しゅうらい》を退けた「ムクリ風」ほど凄いのではないかと皆が申した。五百年以前に襲ったという「シハマクリ風」（芝をもまくるほどの大風の意か）にも劣らないもので、人々は「シハマクリ風」もこれほどの強風ではなかっただろうと取り沙汰した。あまりの強風なので家を開け放って風を通すことによって、家が壊れるのを食い止めようと、戸などのすべてを取り外し、軒まで吹き放ちにした。

風が鎮まってから大水がやってきた。大町ではこの洪水によって家が十軒ばかり流失し、人も三人流された。大水は五十年以前に今回の大水より出たと伝えられているとのことなので、五十年ぶりの大洪水だった。

戦国時代はこうした風水害が頻発する時代だった。とりわけ、標高の高い山の麓に集落が点在する甲信地方では、山に降った水が一気に流れ大きな被害をもたらした。つまり、信玄は家督を握ると同時に、このような災害にも対処せざるをえなかったのである。

巨大地震

平成二十三年（二〇一一）三月十一日の東日本大震災は、私たちに巨大地震がいかに恐ろしいものであるかを実感させたが、戦国時代も地震が多く襲っていた。

『勝山記』によれば、明応七年八月二十五日（一四九八年九月二十日）、辰の刻（午前八時頃）に大地が震動して、日本国中の堂や塔、ないし諸家がことごとく崩れ落ちた。大海の辺に住んでいた人たちは、皆々打ち寄せた波に引かれて、伊豆浦へ運ばれて亡くなったり、行方不明になったりした。小川もことごとく損失した。記事の前半は地震がいかに大きかったかを伝え、後半では津波被害の状況を示している。

この地震を『塩山向嶽禅庵小年代記』は、八月二十五日巳の刻（午前十時頃）に大地が震動して山が崩れ崖が避け、海は激しい波に襲われ、器物は大小に破砕し、年を越えたと記している。

窪八幡神社の別当上之坊普賢寺（山梨市）の住僧らが代々書き継いだとされる『王代記《おうだいき》』には、八月八日に大風が吹き雨が降って、草木が多く折れた。八月二十五日に大震動があり、堂や塔が崩れ、築地が破損した。堀は埋まり、山が崩れて人が埋まった。また、金山が崩れたという。

静岡市清水区にある日蓮宗の海長寺が所有する、日海上人の筆録『日海記』によれば、八月二十五日午前八時頃大地震があった。大変な大波が競ってやってきて、海辺の「堂舎仏閣・人宅・草木・牛馬・六畜等」がことごとく水に没し、死んでしまった。小川においても「末寺御堂坊等」がことごとく大浪に取られて、ただ河原のようになった。日海上人は当時十六歳で甲斐国身延山（南巨摩郡身延町）に住んでいたが、身延山はすべて損滅し河原となり、日朝聖人（一四二二〜一五〇〇）が建立した塔は崩れ落ち、坊中等はことごとく流失したとしている。

この明応地震は京都や奈良の多くの記録にも記載が残り、南海トラフ沿いの巨大地震と推定され、東海・東南海・南海連動型地震の一つだという。マグニチュードが八・二から八・四とされる巨大地震である。

『勝山記』によれば、翌明応八年（一四九九）正月二日に大地が震動した。明応九年まで、大地の動きは絶えなかった。六月四日には大地が動いたが、明応七年の大地震よりも凄かった。すべていかなる日も、夜も大地が動くことは絶えなかった。

明応七年の地震よりも大きかったとするこの地震については、他に史料がなく、局地的な余震だった可能性がある。いずれにしろ、明応七年からこの頃にかけて、巨大地震が発生していたのである。

天文十八年四月十四日（一五四九年五月二十一日）の夜中頃、甲斐は言いようもないくらいの巨大な地震に見舞われ、十日ほど揺り通しに揺れた。この地震規模は五十二年先（明応七年）にもない程であった。このように戦国時代にも地震が頻発し、多くの被害をもたらしていた。傾斜地と河川の多い甲信地方では、地崩れや河川閉塞などにより多くの被害があったことが予測される。

浅間山爆発

平成二十六年（二〇一四）九月二十七日の御嶽山噴火は戦後最悪の火山災害となり、火山噴火の恐ろしさをまざまざと実感させた。信州の活火山でこれまで何度も大災害をもたらしたといえば浅間山であるが、この山は戦国時代にも噴火を繰り返していた。『当代記』によれば、天正十八年（一五九〇）の春に浅間山が噴火し、翌年の春にも噴火した。文禄五年（慶長元年、一五九六）七月にも噴火し、近江・京・伏見に灰が降って秋の作毛は不作だった。慶長二年（一五九七）四月十七日にも噴火があった。

佐久市から望む浅間山

同書によれば、慶長三年（一五九八）四月八日に浅間山が噴火し、参詣していた人々八百人ほどが焼け死んだという。死者の数からすると平成二十六年の御嶽山噴火以上の大災害で、浅間山は御嶽山や富士山同様に信仰の山であって、多くの参詣者があったが、その人たちが噴火に巻き込まれてしまったのである。浅間山は慶長四年（一五九九）二月二十日、十一月二十八日に鳴動した。慶長十年（一六〇五）十一月に噴火した。

ところで、今枝直方《いまえだなおかた》が正徳三年（一七一三）に書いた『越年使役日記』には、「浅間山ノ烟《けむり》、秀頼公御在世ノ時ハ西へ靉《たなび》キ、大坂落城ヨリ東へノミ靡《なび》ク。近年山ノ容貌替リタルトモ云程ニ、所ノ者ニ聞ベシ。予モ信州地ニテ聞タリ、ト藤田云ニ因テ、此度帰路ニ所々ニテ聞尋ルニ、先上州松枝ノ駅人ノ申ハ、常憲公《じょうけんこう》他界前ニ大焼ス。（中略）如此時ハ烟必以東へナビク。天子ニ御凶事アラン時ハ西へ靡ク也」（浅間山の煙は豊臣秀頼公が生きていた時は西にたなびいていた。ところが大坂城が落城してからは東へのみ流れるようになった。近年山の姿が変わったともいわれるので、地元の人に聞くべきである。「私も信州において聞いた」と藤田が言ったので、このたび帰路において聞き尋ねたところ、上州松井田の宿駅の人が言うには、「常憲公（四代将軍綱吉）が他界する前に大噴火があった。（中略）要人が死ぬような時には浅間山の煙が必ず東へなびく。天皇にご凶事がある時には西へなびく」）とある。これはとりわけ浅間山の煙の状況によって、社会の変化が分かるという意識が、近世の浅間山にも存在したのである。その背後には豊臣秀吉政権末期の噴火と怪異があった（河内将芳『落日の豊臣政権』）。それほど浅間山の噴火は人々に注目されていたものといえよう。

3　疫病と餓死

疫病

戦国時代は飢饉の時代であった。飢饉で体力が弱っているところへ疫病が流行ると、病気は一気に拡大し、多くの人が亡くなった。『勝山記』を前提にしながらその状況を確認しよう。文明九年（一四七七）には物価が高く、飢饉が限りなかった。子供たちの大半が疱瘡に罹り、生き延びた者は千死に一生という状態だった。

文明十三年（一四八一）には疫病が天下に流行し、病死人が多かった。同年十一月に諏訪上社の神使殿までが麻疹《はしか》に罹っているので、大きな流行だったのであろう。文明十四年には人民が多く病死した。『塩山向嶽禅庵小年代記』によれば、向嶽寺では四月十八日に天下に疫病が流行っているため、山門頭において大施餓鬼《せがき》（飢餓に苦しんで災いをなす鬼衆や無縁の亡者の霊に飲食を施す法会）を行った。疫病の流行は文明十五年（一四八三）まで続いた。

文明十八年（一四八六）にも疫病が流行し、千死一生という状況だった。翌年も疫病で多くの人が死ぬことは大半を超えた。翌年の長享二年（一四八八）にも疫病が流行し、人民が死ぬことは数知れなかった。長享三年（一四八九）も同様であった。

『塩山向嶽禅庵小年代記』に、明応元年（一四九二）「六月国中病風起」とある。

『勝山記』によれば、永正八年（一五一一）に世間に口痺《こうひ》という病気が流行し、限りなく人民が死んだ。永正十年（一五一三）には天下に「たうも」という大きな瘡が流行し、平癒するのに時間がかかった。「たうも」とは唐瘡で、唐人によってもたらされた腫物の意で、梅毒のこととされる。

永正十年には世間に麻疹が流行し、大半の者が罹った。この年天下に唐瘡という病気が流行ったが、これに罹ると大きな瘡ができて、やや時間を費やして平癒した。瘡ができた状態は癩病のようだった。しかし、食べる方は元気な人のように進んだ。

大永三年（一五二三）には子供たちが疱《モ》を病んだ。また、「イナスリ」に罹病したが、病気になった者は大概亡くなった。

『王代記』の大永七年（一五二七）条には、「此春夏大疫起ル」とある。

享禄三年（一五三〇）には人々が病気になること数知れずという状態になり、羅病者はほとんど死んでしまった。翌年少童が疱を病むこと限りなく、千死一生だった。天文三年（一五三四）には餓死する者が多く、疫病が多発した。その翌年には難義な咳病が流行って、皆死去してしまった。その二年後の天文六年には疫病が流行し、その年には童子たちが疱に罹ることが限りなかった。

武田信虎・信玄に使えた駒井高白斎《こまいこうはくさい》（政武）の日記『高白斎記』（『甲陽日記』）の天文九年条には、「春夏大疫人多死」と記されている。

天文十九年（一五五〇）の春中に少童が疱を病んで、皆々死ぬことは言説に及ばなかった。下吉田（富士吉田市）だけでも五十人ばかりが亡くなった。

永禄二年（一五五九）年に疫病流行し、ことごとく人が多く死ぬことは限りなかった。総じて永禄四年までの三年間にわたって疫病が流行した。

現代のような衛生観念がなく、病気の原因も知られていなかった戦国時代に、疫病は定期的に人々を襲った。しかも、自然災害などを契機にしばしば飢饉にも見舞われ、飢饉で体力がない時期に疫病が蔓延した。このために多くの病死者が出たのである。

飢えと餓死

気候が安定せず、災害も頻発したことによって、農業は大きなダメージを受けた。はっきりした理由が示されていないで凶作の状況が記載されている場合があるが、その時にも何らかの自然的な異常があったのであろう。基本的に『勝山記』の記載に準拠しながら、当時の状況を確認したい。

明応三年（一四九四）は耕作が二分の実入りだった。大永二年（一五二二）は作毛がことの外悪く、中でも粟が凶作で、良くできた作物はなかった。天文十三年（一五四四）には大麦が一切悪く、夏には餓死する者が多かった。逆に天文二十三年（一五五四）の草生は三十年ぶりで良かった。永禄二年四月十五日（一五五九年五月三十一日）に大氷が降り、夕顔・茄子・麻・稗苗、ことに蔦菜がことごとく打ち折れて何もなくなり、大麦は半分こぼした。雹《ひょう》によって作物が大きな被害を受けたのである。

こうした自然災害の結果、生じるのが食物不足による飢えであった。

文明五年（一四七三）に甲州が大飢饉になり、人々が死ぬことは限りなかった。文明十四年には大風がたびたび吹き、農作物が被害を受けた。その結果、多くの人たちは食物に事欠き、飢えと渇きにさいなまされた。

延徳二年（一四九〇）は大日照りに見舞われ、後には大風、また大雨が降って、作毛にはすべて実がなかったため、言いようもない大飢饉になった。予想外の大飢饉で米も大豆も値上がりし、粟は売りにも出なかった。牛馬さえも飢え死ぬのが大半を超え、人民が飢え死にすること限りなかった。翌年も言いようのない大飢饉が続き、売買はなく、牛馬が飢え死にすることは限りなかった。

明応四年七月十三日（一四九五年八月十二日）には大風が吹き、作物に一つも実が入らず、飢饉となった。

永正二年（一五〇五）には富士山に六月・七月の両月で雪が五度も降った。作毛は稗が皆損となった。この年は大日照りで雨乞いをするほどだったのに、冬になると大雪が四尺（約一・二メートル）も降り、寒いことは言いようもなく、河口湖が結氷した。このような状況で大飢饉が襲い、そのひどさは言葉では百分の一、千分の一も言いようがないくらいで、人馬が死ぬこと限りなかった。

永正十二年十月十二日（一五一五年十一月二十七日）の夜から雪が降った。大雨と雪が一緒に降ったため、大地がことの外に凍ってしまって芋を掘ることもできなかった。菜なども一本も取る間もなかったので、畑に放置され、いたずらに捨てることになった。芋もこうした状況だったので、言いようもない飢饉となった。民衆の嘆きは申しようもないくらいであった。また、この年は粟・稗など田畑の耕作物のすべて作るものは悪かったため、飢饉になった。

天文三年（一五三四）の春には言葉では言い表せないぐらい餓死する者が多く、人々が生活に詰まること限りなかった。この年の八月から翌年の四月まで、人々は蕨の根を掘ってデンプン（澱粉）を取り命を繋いだ。天文五年の五月から七月まで雨が降って、言語道断に餓死した。さらに疫病も流行った。天文六年にも疫病が流行り、ことさら言語道断に餓死する者が多く出て、売買はなかった。その翌年の春も人々は皆餓死し、詰まることが限りなかった。

天文七・八年には大暴風雨や洪水が全国を襲い、穀物が実らず京都周辺でも餓死する者があった。こうしたなかで後奈良天皇（在位一五二六〜五七）は般若心経を書写し、天下泰平を祈って全国の一宮に奉納した。信濃では諏訪上社に奉納されたが、勅使が天文二十二年（一五五三）八月十六日に諏訪に着き、二十日に宝殿にこれを納めた。後奈良天皇の女房奉書には「国中各々一統いたし、静謐《せいひつ》の事にて候べく候。それにつきて、禁中修理などのこと、奉公いたし候ように、上諏訪に馳走のこといずれもよくよく申し届け候べく候由申し候べく候」（守矢家文書）とある。天皇としては般若心経の頒布を通じて地域と関係をもち、禁中修理料などを得ようとしたのである。なおこの時、神長の守矢頼真《よりまさ》は勅使としてやってきた山城般舟院《はんしゅういん》の友空《ゆうくう》を介して、正二位に叙してほしいと求め、黄金十三枚などを費やしたが受け入れられず、十一月二十日に正三位に叙せられた。

天文十年（一五四一）の春には餓死によって人馬とも死ぬことが限りなかった。百年の内にもこのようなことはないと人々が言うほどで、生き延びた者は千死一生だった。翌天文十一年にも人々が餓死することは限りなかった。これで三年連続して餓死が続いた。しかしながら、流通する銭が少ないため売買は安かった。天文十三年は大麦の出来が悪く、夏に餓死した。ことに秋に作物がさんざんな不出来だったので、人々は限りなく餓死した。人々は干し葉（大根の葉を干したもの）で命を繋いだ。

天文十九年には六月からの大雨と洪水、七月・八月の大雨と洪水によって大きな被害を受け、人々は餓死すること限りなかった。その翌年も春中去年の餓死で人々が生活に詰まり、尽きることがないほど多くの人が飢え死にした。二月から五月まで食べ物がないので、蕨の根を掘って食べた。大概の食物は蕨で作った。

このように天文三年から天文二十年（一五五一）にかけて、富士山の北側の地域においてはほとんど連年にわたって多くの人が餓死した。後述のように、この時期に甲斐では武田信虎による甲斐統一があり、天文十年に信虎が追放されて信玄が家督を嗣いだ。社会状況からすると、信玄にとって甲斐国内の最大の課題は、餓死に瀕している領国の民にいかにして食糧を供給するかであった。

第二章　変化する領主たち

第一章で見たような地理・地形条件と自然環境のもとで、甲斐・信濃の住民はどのように生きていたのであろうか。山中十二ヶ村の杣たちが朝鮮半島まで出て行ったのは、彼らの自発的意志ではなく、領主の意図によるものであった。人々の生活は本人たちの意図にかかわらず、統治者によって翻弄される。そこで、本章では大枠としての政治情勢を確認しておきたい。

1　信濃の動乱

守護職と小笠原氏

戦国時代というと、一般には応仁元年（一四六七）からの応仁の乱、あるいは明応二年（一四九三）に起こった足利将軍廃立事件（明応の政変）から始まるとされる。ところが、信濃では応仁の乱以前から地域の有力者たちが互いに争い、既に戦国の様相を呈していた。

中世の信濃の行政の中心地は現在の松本市にあたる信府《しんぷ》であった。小笠原長基《ながもと》の長男小笠原長将《ながまさ》の子持長《もちなが》（一三九六～一四六二）は、宝徳三年（一四五一）頃までに信濃守護に任じられた。彼は井川《いがわ》館（井川城、松本市）に住んでいたが、その子清宗《きよむね》（一四二七～七八）の時に井川より東約四キロに位置する林

発掘調査が進む井川城跡（松本市井川城）

林城跡（松本市入山辺）

（松本市里山辺）に居館を移し、山城の林城（林大城《おおじょう》）を築いた（この一族を深志《ふかし》小笠原氏あるいは府中小笠原氏と呼ぶ）。戦乱が激しくなったため、清宗は平地に立地し、周囲を水が取り巻いている井川城では、いざという時に対応が難しいので、盆地周辺に山城を用意した方がよいと考えたのであろう。ちなみに、井川城跡では現在発掘調査が進んでおり、大規模な造成があったことが明らかになってきている。

これより先、小笠原長基の三男で信濃守護になった政康《まさやす》（一三七六〜一四四二）は、第二子の光康《みつやす》を信濃南部の松尾（飯田市松尾）に住まわせ、父祖伝来の伊賀良庄《いがらのしょう》全体を支配させた（この一族を松尾小笠原氏と呼ぶ）。松本の井川館に居た政康の子宗康《むねやす》（?〜一四四六）は、所領争いが原因で持長と北信濃の漆田原《うるしだはら》（長野市か）で戦って敗死した。幼少だったその子政秀《まさひで》（?〜一四九三）は、伊那に逃れて叔父の光康を頼り、後に南の鈴岡《すずおか》（飯田市）に住んで伊賀良庄の一部を領した（この一族を鈴岡小笠原氏と呼ぶ）。ちなみに、鈴岡城と松尾城との間は毛賀沢を挟んで約四〇〇メートル、松尾館までの距離も約一・七キ口にすぎない。飯田市役所からは松尾城までは車で約十分、約四キロほどの距離である。

応仁元年（一四六七）五月に応仁の乱が勃発すると、信濃では伊那郡の小笠原・諏訪社上社・大町（大町市）の仁科《にしな》・木曽谷の木曽氏等が東軍の細川方に、府中の小笠原氏が西軍の山名方にそれぞれ味方した。七月十五日、小笠原政秀《まさひで》（政貞）が伊那郡の伊賀良から、不意に深志小笠原氏の本拠の府中に乱入した。同族の坂西光雅《ばんざいみつまさ》が急に政秀に味方したため深志の清宗方は打撃を受け、混乱に陥って若干の死者を出した。

政秀はかねてから深志小笠原氏と対立関係にあった諏訪氏とともに、引き続き清宗の子の長朝《ながとも》を府中に攻めた。防ぐことができなかった長朝は母や一族と家に伝わった文書などを携えて、牧之島《まきのしま》城（長野市）に難を避けた。この間に政秀は府中を占拠して自分こそ小笠原の宗家であると主張した。しかし、周囲はもちろん信濃の国人たちも認めなかったので、政秀は窮地に陥り、深志小笠原氏と和睦する方が有利だと判断して、長朝を養子とし、改めて府中を長朝に渡して鈴岡に帰城した。けれども、政秀は面目を保持したいと考えたのであろう、深志小笠原家に伝来してきた貞宗以来の文書類を長朝から譲り受け、伊那に持ち帰った。

文明五年（一四七三）二月、将軍足利義政は松尾の小笠原家長《いえなが》に、鈴岡の政秀と相談して美濃国の守護土岐成頼《ときしげより》を討伐せよと命じた。両家は重ねて管領の細川政国からの指令も受けて出兵し、同年十一月に美濃国の大井（岐阜県恵那市）・荻島（岐阜県瑞浪市）の両城を攻めて戦功を挙げ、同月二十一日に賞された。この一連の戦いは応仁・文明の乱の一環で、東軍の細川方（将軍義政も味方していた）が、西軍山名方に同心していた土岐氏を討とうとしたものだった。

年未詳の十一月三日、鈴岡の政秀は将軍足利義政より信濃国守護に補任された。当時は伊那の小笠原氏の方が、府中の小笠原氏よりも勢力を持っていたのである。

鈴岡小笠原家の養子となった清宗の子長朝は、文明五年十二月に将軍になった義尚《よしひさ》が同月二十五日に初めて宮中に参内した時、弟の貞政とともに、細川政元・畠山義統《はたけやまよしむね》・山名政豊ら大名二十人の中に加わって参内行列に供奉した。応仁元年六月十一日に小笠原氏の京都邸宅が焼失したが、深志小笠原氏は京都にも館があって、幕府に重用されていたのである。

文明七年（一四七五）八月、義政は松尾の家長に延暦寺衆徒討伐にあたっている近江国守護の六角高頼《ろっかくたかより》へ合力を命じた。さらに三年後の文明十年（一四七八）五月、義政は飛騨国小島（岐阜県飛騨市）・古河両郷（同）の代官に任じた遠山加藤左衛門尉を入部させるため、十三日に小笠原三家、知久《ちく》氏（飯田市の知久平に勢力を持っていた土豪）・木曽氏に支援させた。これと前後して美濃国の斎藤妙純《みょうじゅん》（利国《としくに》）が織田敏春を助けて、斯波義寛《しばよしひろ》の将、織田敏定を尾張国清洲城（愛知県清須市）に攻めたので、十二月二十八日に家長は敏定から救援を求められた。

小笠原氏と諏訪氏

信濃守護小笠原氏の分立は諏訪氏にも影響を与えた。諏訪の領主は地理的関係もあって下社を中心とする勢力が深志小笠原氏に味方し、上社を中心とする勢力が鈴岡小笠原氏と結んだ。

応仁の乱が始まる前年の寛正七年（文正元年、一四六六）三月五日、上社では生き神ともいえる大祝《おおほうり》の諏訪頼長《よりなが》の舎弟である継満《つぐみつ》が十六歳で大祝に即位した。彼の父は頼長の前に大祝を勤めた頼満《よりみつ》だった。継満は文明十一年（一四七九）九月五日、高遠《たかとお》（伊那市）の高遠継宗《つぐむね》とともに島田（飯田市）に出兵して、信濃守護の小笠原政秀を支援した。

文明十二年（一四八〇）二月六日夜、下社の金刺興春《おきはる》や塩尻（塩尻市）の者など十二人からなる悪党が、諏訪の安国寺《あんこくじ》近くの大町大橋詰（茅野市）に南風に乗じて火を放って略奪を行い、多くの人を殺し、傷つけた。黒煙の内で人々が泣き叫び、天地は震動した。それから一月後の三月五日、小坂《おさか》御頭祭の当日にもまた悪党が西大町に火を付けた。南風が凄まじく吹く中だったので、上社前宮（諏訪社は上社と下社に分かれ、上社には本宮と前宮、下社には春宮と秋宮がある）の神原《ごうばら》（上社大祝の始祖と伝えられる有員《ありかず》が職について以来、前宮が大祝代々の居館で神殿《ごうどの》と呼ばれ、周辺が神原と言われた）に群集していた上下諸人・道俗男女は、それぞれ宿に置いた衣装・太刀・具足が気になって神原を乱れ出た。このため前宮大御門戸内の四目《しめ》懸《かけ》鳥居の付近は死人が数知れず出て、踏み殺され、斬り倒され、太刀・刀・衣類をはぎ取られた。人々はその死人の上を道として歩いた。西大町は焼け崩れ、黒煙が虚空に漂った。鬨《とき》の声が震い、社参の人々を射殺し切り伏せ、泣く喚く有様は、仏法および仏教徒を護る帝釈天の修闘でさえもこれに勝ることがあろうかというほど悲惨であった。

安国寺（茅野市宮川安国寺）

文明十二年七月二十八日に政秀は伊賀良に高遠継宗を攻めた。以後も小笠原氏の分立に関わる争乱は続き、この年八月十二日に諏訪の兵は、またも政貞支援のために鈴岡に出陣し、家長を攻めた。戦争は長く続いたようで九月十日にいたってやっと帰陣した。

この間に深志の小笠原長朝は宿敵の大町の仁科氏を討とうとして、仁科盛直軍を穂高（安曇野市）で破った。同年八月十二日、継満は政秀とともに小笠原家長を伊賀良に攻め、その後諏訪へ帰って、九月十九日に上社大祝の位へ立ち直った。現人神である大祝は、諏訪郡を離れてはならないとの鉄則があったため、伊那郡出陣にあたって大祝の地位を離れ、諏訪に戻ってから再び就任したのである。ちなみに、継満が大祝職から離れていた間は弟（『神氏系図』によれば高家《たかいえ》）が大祝になっていたようである。

文明十二年九月二十日、小笠原長朝は諏訪氏の庇護を受けたこともある山家《やまべ》（松本市）の山家光家《みついえ》を攻め、山家孫三郎が討ち死にした。光家は仁科盛直や西牧郷（松本市）の西牧満兼と同心して長朝に背いたからであった。

翌年、諏訪惣領職にあった政満《まさみつ》は山家光家を助けるため四月十九日に真志野《まじの》（諏訪市）まで軍を進め、四月二十三日に府中に到着し、仁科氏や香坂氏などとともに和田城（松本市）を攻撃した。その後、小笠原氏と諏訪氏の間に和議が成立し、政満の兵は五月六日に凱旋した。

文明十四年（一四八二）六月、高遠継宗と諏訪から高遠への入口に当たる藤沢（伊那市）に勢力を持つ藤沢貞親などとの間に諍いが生じた。七月二十九日に大祝の諏訪政満は千野入道（大熊城〔諏訪市湖南〕主とされる）や保科《ほしな》氏一族などとともに高遠へ向かい、藤沢氏の兵も加わって、翌日笠原（伊那市）で継宗および笠原氏・三枝氏と戦って勝利した。ところが、八月七日になると先に共同していた藤沢氏と保科氏とが反目して、保科氏が藤沢城を取った。この際に政満の一門は藤沢氏に味方し、十五日に府中の小笠原長朝も藤沢氏を支援して出兵した。十七日（『諏訪御符礼之古書《みふれいのこしょ》』では二十日）に藤沢・小笠原の連合軍は山田城（伊那市）を攻めたが、失敗して府中勢十一騎、藤沢勢五騎が討ち死にした。

文明十四年、諏訪郡内には夜討ちや物盗りが横行したために、人々は夜になると甲冑を身に着けて用心せざるをえなくなった。治安が悪かっただけではなく、自然も人々に襲いかかった。既に述べたように五月二十五日から大雨が降り、晦日には大洪水となって、大町・十日市場・安国寺（茅野市）等の集落を押し流し、大町は湖になった。これによって十日ばかり人馬の出入りが絶えた。

同年閏七月二十五日と二十六日に大暴風雨となり、二十六日の夜に大暴風が襲った。このために大洪水となり、五日市場・十日市場・大町などが大海のようになった。

上社前宮から見た干沢城跡（茅野市宮川）

文明十五・十六年の諏訪騒乱

諏訪上社の諏訪氏は、諏訪社の司祭に関わる大祝家と一族の統率権を握る惣領家に分かれていた。大祝の継満等は一気に惣領家より有利に立とうと、文明十五年（一四八三）正月八日、惣領家の政満と嫡子宮若丸《みやわかまる》等を前宮の神殿に招き、食事を饗して安心させ、伏せて置いた兵で不意打ちにして殺した。『守矢満実書留』は、「死人切り臥せ置かれ、我が身血と成り、死人を挟み給う有様、当社大祝とは申し難し」と評している。

惣領家は一族のまとまりが強く、当主が殺されても反撃が予想されたので、継満は十五日に身の安全を守ろうと干沢城《ひざわ》（茅野市）に立て籠った。二月十九日（現代の暦で四月五日）の夜、惣領方の矢崎政継・千野入道の子孫・有賀氏・小坂氏・守矢満実などの攻撃を受けて、継満や兄弟たちは城を捨てて逃げたが、重病に冒されていた父の頼満は討たれた。当日は雨風が激しく寒気が甚だしかったため、逃げた者のうち老翁・老母・稚児が凍死した。凍死者が出るほど寒かったことも、当時の気候の一端を示している。

下社の金刺興春は上社側の混乱に乗じて、宿敵の諏訪惣領家を滅ぼそうと大祝継満を支援し、三月十九日に百騎ばかりを率いて、諏訪氏の領する高島城（茶臼山城、諏訪市。現在の高島城以前のもので、天守閣が復元されている高島城とは異なる）を陥れ、上桑原・武津《たけつ》（諏訪市）まで焼き払った。惣領家勢は上社の矢崎政継など十七騎が迎え撃って、下社勢三十二騎をはじめとして多くの者を討ち取り、二十一日に勢いに乗って下社を焼き払った。この時、諏訪氏に味方していた深志の小笠原長朝が下社の社領であった小野・塩尻（塩尻市）を横領したため、三月の上社祭礼はことごとく行われず、花会《はなえ》祭礼も五月会《さつきえ》もなかった。

継満は翌年五月三日、小笠原政秀・高遠継宗等の支援を受けて、伊那勢三百騎を率いて前宮に近い磯並《いそなみ》前山（茅野市）に陣取り、惣領家を滅ぼそうと動いたところ落馬して、馬が谷底に落ちた。六日、彼らは片山の古城に陣を置いた。干沢城に立て籠った惣領方は一時期劣勢となったが、府中の長朝が安曇・筑摩《つかま》両軍の大軍を率いて救援に来た。結果は不明であるが、継満等の敗戦となったようである。

上社ではこの戦乱によって大祝が不在になったため、文明十六年（一四八四）十二月二十八日、政満の第二子宮法師丸師継《もろつぐ》が五歳で大祝に就任した。この宮法師丸が後に安芸守頼満《あきのかみよりみつ》、入道して碧雲斎《へきうんさい》と号し、諏訪の統一を成し遂げた人物である。ここに諏訪社上社の祭礼を司る大祝職も再び惣領家の手に帰し、祭政一致となった。

止んだ小笠原氏の内紛

諏訪氏の支援によって松尾の家長を押さえようとした鈴岡の小笠原政秀は、文明十三年（一四八一）八月、遠江に出陣して負傷した。彼はその後も信濃守護としての地位を保ちながら活動を続け、松尾小笠原氏と対立した。松尾の家長は父光康の死後わずか四年後の延徳二年（一四九〇）十月十五日に没し、子の定基《さだもと》がその跡を継いだ。

明応二年（一四九三）正月四日、政秀は定基および知久七郎らに急襲されて討ち死にした。下条《しもじょう》氏の出であった彼の妻は下條（下伊那郡下條村）に逃れ、深志の長朝へ支援を求めた。この間に定基は鈴岡に乱入し、城を落とすとともに小笠原家歴代の文書を奪い取り、伊賀良庄を横領した（一説には文書は政秀の妻が下條に持ち去り深志小笠原氏に渡されたという）。政秀の妻の求めに応じた長朝は、下条氏とともに定基を攻めた。定基はいったん田中城（飯田市）に逃れたが、圧迫に耐え切れず、鈴岡より奪った文書類を携えて甲斐に走り、武田氏の元に身を寄せ、ほどなく再び松尾へ復帰した。

鈴岡城跡（飯田市駄科）

政秀の死去によって事実上鈴岡小笠原氏は滅亡し、支配力も失われたので、伊賀良庄も自ら松尾小笠原氏の手中に帰し、復帰した定基の手に掌握された。

尾張国守護の斯波義寛は文亀元年（一五〇一）閏六月、遠江鎮圧のため定基に協力を求め、同時に深志小笠原長朝の子貞朝《さだとも》へも松尾と同様に遠州鎮圧の要請をした。しかし、両家は協力する体制を整えておらず、遠州も次第に平静を取り戻し、出兵は不要になりそうだったので、小笠原氏の親戚筋に当たる赤沢宗益《そうえき》（朝経《ともつね》）が書状を松尾の定基に送って両家が和解すべきだと勧告し、両家の内紛が終息するように求めた。

斯波義寛は文亀元年（一五〇一）に定基へ遠州鎮定の協力を求め、三月二十四日には敵に味方しないようにと念を押した書状を出した。八月十二日、深志の長朝が五十九歳で没し、その跡は子の貞朝が継いだ。

永正三年（一五〇六）九月二十一日、伊豆の北条早雲《ほうじょうそううん》（伊勢長氏《ながうじ》、宗瑞《そうずい》）は、甥の今川氏親《いまがわうじちか》や三河の戸田憲光とともに同国今橋（愛知県豊橋市）城主の牧《まき》野《の》成時《しげとき》を攻めるに際し、誼《よしみ》を通ずるため戦況を定基に知らせてきた。さらに、定基は九月二十七日にも北条早雲から協力を求められ、十月に三河の横林（新城市）へ兵を出した。このように、定基は十六世紀の前半に、信濃の守護として隣国の大名から協力を求められるほどの力を蓄えていた。

深志小笠原氏は明応二年に松尾小笠原氏とともに鈴岡小笠原氏を攻めて、事実上これを滅亡させたので、松尾と深志が争うことになったが、長朝の時期には一応の平静を保っていた。長朝は永正十二年（一五一五）六月三日に亡くなり、長棟《ながむね》がその跡を継いだ。長棟は天文二年（一五三三）七月二十三日に五百騎ばかりで伊那に着陣して、二十八日に知久《ちく》頼元《よりもと》や高遠頼継の軍勢と戦い勝利し、八月六日に高遠頼継と片桐（上伊那郡中川村）で会見した。その後長棟の軍は府中に戻ったが、八月十六日に再び伊那に出兵した。

天文三年（一五三四）前後、長棟はついに松尾小笠原氏を圧倒し、政秀伝来の小笠原文書をも手に入れ、松尾城に次男信定を置いた。深志小笠原氏は府中を中心に安曇郡と筑摩郡、それに伊那郡を押え、戦国大名への道を歩むことになったのである。

諏訪氏と小笠原氏の関係は良くなかったが、天文六年（一五三七）二月二日には諏訪頼重の軍が塩尻（塩尻市）に攻め寄せ、赤木（松本市）・吉田（塩尻市）の辺りまで放火した。十月十三日には塩尻の城を頼重の軍が攻め落とした。これに呼応するように、山家氏は小笠原氏と戦っていた。

天文七年（一五三八）十月十三日に長棟は、府中での戦争が思うに任せないからと、諏訪上社に神鷹二羽を奉納した。翌天文八年六月二十六日、長棟と諏訪頼重との和談がなった。同年十二月九日に頼重の祖父である頼満が亡くなり、十六日に荼毘《だび》に付されたが、長棟は高遠頼継との間柄が悪いため翌日に弔問した。ともかく、小笠原氏と諏訪氏との関係は好転した。

長棟は天文十一年（一五四二）二月十五日に出家し、同十八年十月八日に没した。長棟の跡を継いだのが長時《ながとき》で、家柄からして信濃の守護にも任ぜられたものであろう。彼の代に武田信玄が信濃に攻め込んできた。その状況については次節で詳述したい。

村上氏の隆盛

信濃の戦国武将として最も有名なのは、信玄を二度までも破った村上義清《むらかみよしきよ》である。彼の先祖である村上義光《よしてる》とその子義隆《よしたか》は、元弘元年（一三三一）十一月に護良《もりよし》親王が大和国の般若寺《はんにゃじ》（奈良市）を出て紀伊（和歌山県）の熊野に向かった際に供奉し、翌年四月に親王が熊野を出て大和に赴いた時に軍功をあげたことで知られる。そこで、村上氏についてはこれまで取り上げてきた地域より少し早い十四世紀から語り始めたい。

建武二年（一三三五）九月二十二日以前、市河経助《いちかわつねすけ》は「当国惣大将軍村上源蔵人《くろうど》」（信貞《のぶさだ》）の軍に属して、北条時行方の坂木北条《きたじょう》（坂城町）の城郭を攻め落とした。同年十二月十一日、足利直義《あしかがただよし》軍に属した村上信貞の一族四十人あまりが、新田義貞《にったよしさだ》軍を箱根・竹ノ下（静岡県駿東郡小山町）の戦いで破った。翌年正月二十三日、牧之島城（長野市）に拠って挙兵した香坂心覚《こうさかしんがく》を、市河経助などを率いた「惣大将軍村上源蔵人」が攻めた。さらに、「信州惣大将軍」の信貞は翌建武三年十一月三日以前に越後へ攻め入った。

「信濃惣大将軍」に対応する職制は確認できないが、名称からすると信濃国全軍を指揮する役割である。国には軍事指揮官として守護が存在したにもかかわらず、他国で見ることのできない惣大将が置かれたのは異例である。信濃の文化は南と北で大きな差があり、政治的にも土壌が異なっていた。足利尊氏は中世に北の文化を代表する村上氏を守護の小笠原氏と異なる新たな名称で位置づけるしかなく、「信濃惣大将軍」という名称を用いたのであろう。

このように、埴科《はにしな》郡を根拠とする村上氏は南北朝の内乱で足利氏に味方して、勢力を拡大し、内乱が終結すると次第に水内郡まで影響力を拡大した。

応永七年（一四〇〇）七月二十一日、新たに信濃守護となった小笠原長秀《ながひで》が同族である佐久郡の大井《おおい》光矩《みつのり》の館で国の政治の取りはからいについて談じ、信濃の国人たちに指揮に従うよう伝えた。しかし、信濃惣大将を任じていた村上満信《みつのぶ》ならびに大文字一揆《だいもんじいっき》の者たちはこれを拒み、守護を代えるよう幕府へ求めた。

長秀は大規模な行列を組んで善光寺（長野市）に入り国務を執ろうとしたが、満信などの国人たちは八月に至って一揆して背いた。九月二十四日に善光寺を発した小笠原軍は四宮河原（長野市）で一揆軍と戦い、十月二十日に敗れた。長秀は塩崎城（長野市）に逃れたが、長秀の将坂西長国《ばんざいながくに》一隊は大塔《おおとう》（長野市）の古要害（昔、城だった場所）に立て籠った。城の周囲を村上軍が取り囲んだので、長国たちは動くに動けなくなり、食糧に窮し、遂に馬までも食べた。十月十七日、古要害に籠った兵たちは討って出、飢えて体力が衰えていたこともあって、ほとんどの者が殺された。一方、塩崎城の小笠原長秀は、その後なんとか京都に逃げ帰ることができた。

長秀の弟である政康《まさやす》は、応永二十三年（一四一六）十月の上杉禅秀の乱、応永三十年（一四二三）の足利義持が起こした乱で戦功をあげ、応永三十二年（一四二五）十二月二十九日に信濃国守護に補任された。

永享八年（一四三六）十二月二十日以前、村上頼清《よりきよ》は小笠原政康（正透）と領域の境を争って敗れ、関東管領の足利持氏《あしかがもちうじ》に支援を求めた。応じた持氏は軍を信濃に発向させようとしたが、執事の上杉憲実《うえすぎのりざね》の諫めにより、思いとどまった。二十日に将軍足利義教《よしのり》は政康の軍功を賞して太刀などを与えた。頼清は永享九年（一四三七）に幕府に降り、八月十八日に上洛して将軍に謁見した。

寛正六年（一四六五）六月九日、幕府は小笠原光康に上杉房定と一緒になって村上兵部少輔・高梨政高などを討つよう命じた。村上氏と小笠原氏の確執は続いていたのである。

応仁元年（一四六七）十月十八日に頼清は海野氏幸《うんのうじゆき》と小県郡海野（東御市）で戦い、敗死させた。これにより村上氏は小県郡に所領を得、この地域で勢力を拡大していった。

長禄三年（一四五九）九月に村上顕胤《あきたね》は、紀伊国（和歌山県）高野山蓮華定院《れんげじょういん》を領民の宿坊に定めた。

2　甲斐の統一

混乱する甲斐と外圧

享徳四年（康正元年、一四五五）五月十一日、甲斐守護の武田信守《のぶもり》が没し九歳の信昌《のぶまさ》が家督を継いだ時、守護代の跡部明海《あきうみ》・景家父子の勢力は武田家の力をしのごうとしていた。長禄元年（一四五七）・二年と争いが続き、跡部氏の前に劣勢の武田氏は家の存続もあやぶまれた。しかし、寛正五年（一四六四）に跡部明海が没し、信州諏訪氏の援助を得た信昌は翌年七月二日、山梨郡の西保小田野城（山梨市）に跡部景家以下を攻め、自害させた。

文正元年（一四六六）三月十日、信昌は念場（北杜市）と野辺山（南佐郡南牧村）で、北信濃の村上政国配下の杵淵《きねぶち》下野守と戦った。この後、応仁二年（一四六八）・文明四年（一四七二）・文明九年（一四七七）と信濃勢が甲斐に攻め入った。そのうえ、文明十四年には地下一揆（民衆たちが連帯して支配者に抵抗した）が起き、翌年二月に一揆の参加者が討ち死にした。

守護の力が弱かった甲斐国は他国から侵入され、民衆も支配者に抵抗姿勢を示しており、内側からも外側からも戦乱の兆しがあった。

延徳三年（一四九一）年四月に堀越公方《ほりごえくぼう》の足利政知《まさとも》が病死した。堀越公方とは享徳の乱の中で、将軍足利義政が古河公方の足利成氏《しげうじ》に対抗させ、関東の主とするために弟を堀越（静岡県伊豆の国市）に置いたものであった。嫡男の茶々丸《ちゃちゃまる》は素行不良の廉で父政知により土牢に軟禁されていたが、七月に牢番を殺して脱獄し、堀越公方に決まっていた異母弟の潤童子《じゅんどうじ》と継母を殺して、事実上の公方となった。彼は重臣をも誅したので、政知の旧臣たちが心服せず、伊豆国が混乱に陥った。この状況を見て興国寺《こうこくじ》城（静岡県沼津市）の北条早雲が伊豆に攻め込んで、茶々丸を倒して伊豆を平定した。この一連の動きこそ、関東における戦国の始まりで、そのまま全国的な戦国争乱の画期ともなった。

延徳四年（明応元年、一四九二）、信昌が家督を長子の信縄に譲り、万力《まんりき》の落合館（山梨市）に隠居した。これに関係しては信昌が信縄より信恵《のぶしげ》を愛していて、彼に家督を譲ろうとしたために信縄によるクーデターだとの説もある。『勝山記』はこの年「六月十一日、甲州乱国に成り始めて候」と記している。これに対応するように『王代記』には、「甲州へ九月駿河衆乱入、また兄弟相論という。この年七月二十二日に一《（市）》川合戦」とある。『塩山向嶽禅庵小年代記』でも、六月「十三日国中大乱、九月九日駿州勢出張」と見え、甲府の一蓮寺が所蔵する南北朝時代から江戸時代にいたる『一蓮寺過去帳』によれば七月二十二日に大津芸州、同弥七郎、山宮右近助、同七郎、同新九郎、小瀬村式部丞、同源三郎、極楽寺総三郎、井上治部丞、河崎大炊左衛門、川崎初右衛門が合戦で討ち死にしている。

このように、七月二十二日に武田信縄と弟の信恵（油川）の争いを原因とする相当大きな合戦が市川（市川三郷町）であった。武田家では惣領信縄の支配が確立せず、弟と激しい争いを続けていた。この骨肉の争いが一族や家臣を巻き込んで、甲斐に混乱をもたらしたのである。

そうしたところへ『王代記』などに見える、駿河からの乱入があった。『一蓮寺過去帳』によれば、九月三日の合戦において上條殿と、信濃諏訪郡の人と思われる諏訪矢ヶ崎が討ち死にしている。甲州の住民は国内での争いのみならず、北から諏訪勢、東から北条勢、南から今川勢と、他国からの侵略にも備えねばならなかった。まさしく甲斐は延徳四年に乱国となったのである。

『勝山記』によれば明応二年（一四九三）も、「甲州もってのほかに物騒なり、惣領度々合戦に負け玉う」という状態であった。『一蓮寺過去帳』には、十月一日の合戦で工藤藤九郎が討ち死にしたとある。その翌年「三月二十六日の合戦には武田彦八郎殿負け玉う。大蔵の大輔討ち死に、同山中殿討ち死になり」という事態になった。『一蓮寺過去帳』は三月二十六日の合戦で、大蔵太輔殿、加藤兵部少輔殿、近山、後屋対馬頭、小瀬村（甲府市）の某、堀内源二郎、塩田右京、小沢の戦死したことを記している。この戦いで信縄は信恵に勝利し、軍事的優位を固めることができた。

明応四年（一四九五）八月、北条早雲が甲州に打ち入ってきて「カマ山」（『妙法寺記』では鎌山《かまやま》）に陣を張ったが、和談して引き上げた。

明応七年（一四九八）になると、武田信昌が子の信縄と和睦した。明応三年（一四九四）の信縄の勝利以後、信昌はいつまでも息子と争い続けることもできなかったのであろう。このことは信縄の立場を有利にした。

文亀元年（一五〇一）閏六月、北条早雲は諏訪上社の大祝諏訪頼満《すわよりみつ》に協力を求めて、九月十八日に伊豆から甲州へ入って、吉田の城山・小倉山（ともに富士吉田市）に城を構えた。

甲斐統一と甲府

永正二年（一五〇五）九月十六日に武田信昌が没した。それからわずか二年後の永正四年（一五〇七）二月十四日、信縄が亡くなった。跡を継いだのは明応三年（一四九四）正月六日に信縄の長男として生まれた信虎であった。

わずか十三歳で武田家当主となった信虎は、永正五年（一五〇八）十月四日に油川信恵、彼の長男の信貞、二男の信友を討ち取り、武田一族中での位置を不動のものにした。彼は二年後の永正七年（一五一〇）に郡内《ぐんない》の小山田信有《のぶあり》と和睦し、妹が信有の妻となった。

永正十二年（一五一五）十月十七日、信虎は西郡《にしごおり》の大井信達を上野城《うえの》（南アルプス市）に攻めて敗れ、板垣・甘利《あまり》・於曽《おぞ》・飯富《おぶ》・小山田など有力な武将を失った。その後、駿河国から甲州につながる道の口々をふさがれた。大井氏と武田氏との戦いは翌年も続き、甲斐国と駿河国の争いも継続し、信虎の苦境はその後も続いた。

『勝山記』の永正十六年（一五一九）の記載に、「甲州府中に一国大人様を集まり居り給い候。上様も極月に移り御座候、御台様も極月お移り」とある。

『高白斎記《こうはくさいき》』（『甲陽日記』）には、永正十六年（一五一九）八月「十五日新府中御鍬立《おくわだ》て初む、同十六日信虎公御見分」とあり、同十二月二十日には信虎が「府中」へ御屋移りをしたと記されている。『勝山記』には、「甲州府中に一国大人様を集り居り給い候、上様も極月に移り御座候。御ミタイ《（御台）》様も極月御移り」の記載がある。

武田信虎（大泉寺蔵）

つまり、永正十六年八月十五日に新たに武田氏の館《やかた》を築くための儀式がなされ、翌日信虎も検分に来て、急ピッチで工事が進み、同年の十二月二十日に信虎が新しい館へ移ったという。それまで武田氏の館は川田《かわだ》（甲府市）にあったが、武田信虎が居館を躑躅ヶ崎《つつじがさき》（甲府市古府中町）に移し、同時にその前に新たに造られた町が甲府（甲斐の府中）となったのである。そして翌年、躑躅ヶ崎館が攻撃された時に逃げ込む

積翠寺と要害城（甲府市）

避難用の城として、積翠寺《せきすいじ》丸山に要害《ようがい》城を築いた。

武田氏館を中心とした地域は三方を山に囲まれ、南だけが甲府盆地の平野につながり、両側を相川《あいかわ》と藤川《ふじかわ》が流れて天然の要害をなしていた。南に開いた部分も南端には現在甲府城になっている一条小山があり、城下町を遮断《しゃだん》した形になっていた。その上、谷を北側に上がり標高一一二〇メートルの太良《たら》峠を越え、そのまま兄川の谷を下れば、武田氏にとって氏神ともいえる大井俣窪八幡神社（山梨市）に出ることができた。

周囲の山々のうち館から西南に当たる湯村山（甲府市）には、湯村山城が設けられていた。湯村山の北側には法泉寺山の烽火台《のろしだい》、その北に小松山烽火台、館の北側に鐘撞堂《かねつきどう》、一の森烽火台、そして要害城、熊城、南へ下って積翠寺山の烽火台、さらに茶堂峠の烽火台、板垣山の烽火台と、甲府を取り囲む山々にはすべて戦時に対応するための施設が造られた。特に、北側の奥まった地点には、武田氏がいざという時に籠るための要害城が築かれた。

当時の甲府の都市設計は、武田氏の館を中心軸にしてそのまま南へ広小路と呼ばれる道路をあけ、それを基盤に二町（約二一八メートル）の間隔で南北五本の大きな道を設けるものだった。武田氏の館周辺には、いざという時館に駆けつけることができるように家臣の屋敷が設けられ、現在でも逍遙軒《しょうようけん》屋敷（武田逍遙軒信綱《しんこう》）、土屋屋敷（土屋右衛門尉昌続《まさつぐ》）、天久《てんきゅう》（典厩、武田典厩信繁《のぶしげ》）、長閑《ちょうかん》（長坂長〔釣〕閑斎光《みつ》堅《かた》）、大熊（大熊備前守、朝秀）、小山田（小山田氏）などの小字が残っている。また、武士たちが住んでいた区域（だいたい現在の山梨大学より北）の南側に商人や職人が居住していたので、元柳町、柳小路、元連雀町《もとれんじゃくちょう》、連雀小路、元城屋町、元紺屋町、工《たくみ》町、工小路、鍛冶小路、番匠小路といった職人集住による地名が伝わっている。

南側に当たる城下町の東西の出入口には、八日市場（現・愛宕町南部）と三日市場（塩部三丁目辺り）が設けられていた。関東からやって来ると入口に当たるのが八日市場であり、諏訪方面から入って来ると入口に当たるのが三日市場だった。

城下町の南には現在甲府城のある位置に、鎌倉時代に起源を持つ時宗の一蓮寺《いちれんじ》が存在し、その前には門前町が開かれていた。天然の要害と既にあった門前町を組み込みながら、武田氏の館を基盤に甲府はできあがっていった。

さらに武田信玄が善光寺の本尊を運んでくると、甲府の東側に信濃の善光寺門前とほとんど同じ形の町を造り上げた。これによって甲府の経済力などがより大きくなったのである。

大永元年（一五二一）に駿河の福島正成《くしままさしげ》が甲斐へ攻め込んできたが、信虎は十月十六日の飯田河原（甲府市）の合戦と、十一月二十三日の上条河原（甲斐市）の合戦で破った。この一連の戦いの最中の十一月三日、信虎の長男の晴信《はるのぶ》（後の信玄、彼が信玄を名乗るのは永禄二年〔一五五九〕からであるが、本書では信玄に統一）が誕生した。

国外からの福島勢の乱入が甲斐国民の心を一つにさせ、防衛戦争を指揮し勝利に導いた信虎は相対的に国内での地位を高めた。甲斐国に対する信虎の支配は戦いでの勝利を契機に浸透し、大永二年（一五二二）正月三日からは棟別銭《むなべつせん》（家屋の棟単位で賦課された税金）を賦課した。

信虎は天文元年（一五三二）九月、浦信元《のぶもと》（今井信光）が信州勢の協力を得て浦城（北杜市）に籠ったのを攻め、降参させた。この結果を『勝山記』は「一国御無異になり候」と評している。こうして信虎は甲斐を統一したのである。

信虎の国外進出

甲斐において力を蓄えた信虎は国外進出を目指し、大永四年（一五二四）二月十一日に兵一万八千を率いて猿橋《さるはし》（大月市）に出陣し、北条氏の軍と向かい合った。その後、武田軍は小猿橋（神奈川県相模原市）でしばしば北条軍と戦い、三月に秩父へ向かい、鉢形城（埼玉県大里郡寄居町）の関東管領上杉憲房と対峙《たいじ》し、六月にはさらに進んで太田氏居城の岩槻《いわつき》城（埼玉県岩槻市）を攻めた。

十一月に信虎と北条氏綱は和睦したが、翌年に和平が破れ津久井（相模原市）方面で戦った。三月、管領憲房が没すると子供の憲政が幼少だったため、古河公方高基の次男憲広が跡を継いだので、これを機に信虎は管領家と和睦した。

大永六年（一五二六）、富士北麓地方に信虎が上洛するとの噂が流れたが、氏綱との和睦ができず出発はなかった。将軍足利義晴《よしはる》も六月十九日に関東管領の上杉氏、諏訪上社の大祝、信濃の木曽氏に宛てて、信虎を上洛させたいから協力するようにと御内書《ごないしょ》（室町幕府で将軍から直接出された形式を取る文書）を出した。信虎の力は、将軍が上洛を期待するほど注目されるようになっていたのである。

大永七年（一五二七）には甲斐国と駿河国との間で和睦がなった。これによって信虎は南からの攻撃を心配しなくてもよくなった。

信虎が天文二年（一五三三）に扇谷上杉氏である川越城（埼玉県川越市）の上杉朝興の娘を長男信玄の嫁に迎えたのは、古い権威が利用できると考えたのであろう。彼女は翌年懐胎したが、子を産むことなく死去した。

天文四年（一五三五）に駿河守護の今川氏輝《うじてる》との関係が悪くなり、信虎は六月五日に兵を富士川沿いに駿河へと進めた。氏輝も出陣してきて八月十九日に国境の万沢口（南巨摩郡南部町）で合戦があった。氏輝が北条氏に救援を求めたので、氏綱父子は大軍を率いて小田原を出発し、八月二十二日に籠坂峠を越えて山中湖（南都留郡山中湖村）に攻め入った。『勝山記』はその数を二万四千としている。武田勢は小山田信有や勝沼信友《かつぬまのぶとも》に率いられた二千人ほどだったので衆寡敵せず、小山田弾正以下数百人の戦死者を出した。この隙に乗じて上杉朝興が小田原城を攻撃しようとしたので、氏綱は二十四日にあわてて帰城した。翌年、武田軍は相模国津久井郡青根郷（相模原市）に攻め入り、足弱《あしよわ》（足の弱い者、女・子供・老人）を百人ばかり捕らえてきた。

天文五年（一五三六）三月（一説に四月）十七日に今川氏輝が没し、遺言によって富士郡瀬古（富士市）の善徳寺《ぜんとくじ》（善得寺）にいた弟の梅岳《せんがく》（梅岳とも）承芳《しょうほう》（今川義元《よしもと》）が跡を継ぐことになった。しかし、義元の異母弟の遍照光院《へんじょうこういん》（藤枝市）の玄広恵探《げんこうえたん》を外祖父の福島上総介《かずさのすけ》が擁立し、内戦が勃発した。今川家の重臣の大半や北条氏綱が義元を支持し、六月八日の合戦で恵探は敗れて自害した。甲府に反義元派の残党の前島一門が逃れてきたが、義元支持の態度を決めた信虎は切腹を命じた。

これをきっかけに武田と今川の関係は好転した。義元は信玄の妻に閑院流《かんいんりゅう》（藤原北家支流の公家の一門）嫡流である三条公頼《さんじょうきんより》の娘を斡旋し、信虎は天文六年（一五三七）二月に信玄の姉を義元の妻として送り込んだ。

この同盟に怒った北条氏綱は二月下旬に大軍をもって東駿河に侵入して、富士川以東の駿東・富士の二郡を押さえ、興津《おきつ》（静岡市）の辺まで焼き払った。信虎は今川氏を救援するため須走口（静岡県小山町）まで出陣して戦った。翌年五月十六日には北条軍が吉田新宿（富士吉田市）を夜襲したが、その後和睦が成立した。

南と東を大敵に阻まれ、西を南アルプスの険しい山々にさえぎられた信虎がねらいをつけたのは、盆地ごとに領主が乱立して争い、比較的大きな領主のいなかった信濃であった。

大永五年（一五二五）、甲府に来て住居を欲しいと望んだ「諏訪殿」に屋敷が与えられた。当時諏訪では下社の金刺氏と上社の諏訪氏が争っており、この諏訪殿は諏訪頼満に追われた下社の金刺正春《かなさしまさはる》であった可能性が高い。

伴野氏の住んだ伴野城跡（佐久市野沢）

大永七年（一五二七）、信虎は現在の長野県佐久市野沢の前山に居館を構えた「伴野殿」に頼まれて、信州に攻め入った。その後、信虎は信州の領主たちと和睦した。

享禄元年（一五二八）八月二十二日、信虎は兵を信濃との国境地帯に進め、青柳（茅野市）付近で諏訪頼満・頼隆父子と対陣した。晦日（三十日）に神戸《ごうど》（諏訪郡富士見町）の戦いで勝利した信虎軍は、いったん国境の堺川《さかいがわ》まで引き返したが、夜襲をかけられて大敗し、萩原昌重以下が戦死した。

享禄四年（一五三一）正月二十一日に信虎をさげすんだ飯富《おぶ》氏や栗原氏・大井氏などが、甲府を退いて御岳《みたけ》（甲府市）へ馬を入れ、浦信元（今井信光）も行動をともにした。彼らは諏訪頼満の力を頼んで府中を攻撃しようとしたが、三月二日の合戦で大井信達の子の大井信業や今井氏の一門が戦死し、四月十二日（『神使御頭之日記』による。『王代記』では三月十二日）に河原辺（韮崎市の塩川のほとり）で信虎軍に迎え撃たれ、『妙法寺記』によれば八百ばかりの首を取られてしまった。信州勢は天文元年（一五三二）に浦信元が信虎に敵対した折りにも彼に味方したが、結局敗れた。

天文四年（一五三五）九月十七日、信虎は神長守矢頼真が間に立ち諏訪社の宝鈴を鳴らす中で、神に誓約して頼満と和睦し、長年の敵対関係を解消した。諏訪氏と手を結んだことにより信虎が手を伸ばせるのは佐久郡しかなくなった。

ちなみに、この時鳴らされた宝鈴は、現在でも上社の神宝とされている銅鐸の流れを引く「さなぎ鈴」・「御宝鈴」と呼ばれる鉄鐸で、誓約の鐘として名高い。戦国時代には神事や誓約などに姿を現す特別なものであった。

諏訪頼満は天文八年（一五三九）十二月九日に没し、孫の頼重《よりしげ》が跡を継いだ。翌年、信虎は頼重と娘の祢々《ねね》（信玄の妹）を婚約させ、五月に佐久郡に出兵し、七月には諏訪氏に長窪城（長和町）を知行させ、十一月晦日に娘を嫁がせた。十二月九日に頼重は甲府に婿入りし、十七日に信虎が諏訪を訪れるなど、両家の関係は親密であった。

大永二年（一五二二）には、信虎が富士山に参詣をした。

大永五年（一五二五）に至っても、駿河の今川氏と甲斐の武田氏との対決は続いていた。一方で大永四・五年と、信虎と北条氏綱との戦いも継続していたが、大永六年になって「七月晦日に鹿児坂《かごさか》の麓梨

武田信玄
（高野山持明院蔵／高野山霊宝館提供）

木平にて合戦あり。須走殿惣じて高田一族皆討ち死に。黒石入道ならびに葛山御宿殿討ち死に。武田殿勝ちたまう也」（『勝山記』）と、籠坂峠の麓にある梨木平（静岡県駿東郡小山町）で北条軍と戦い、武田軍が勝利した。

信玄の家督相続

天文十年（一五四一）五月、信虎は長男の信玄とともに、諏訪郡の諏訪頼重や埴科《はにしな》郡の村上義清《むらかみよしきよ》と連合して信濃国小県《ちいさがた》郡に出兵し、海野・禰津氏らの滋野《しげの》一族を攻め、十三日に尾山（上田市）、翌日には海野平（東御市）を陥落させた。ところが、信濃で勝利して甲斐に帰った信虎は、信玄によって駿河へ追放された。

その状況を『勝山記』は、「この年の六月十四日に武田大夫殿様、親の信虎を駿河国へ押し越し申し候。余りに悪行を成られ候間、かようめされ候。さるほどに地家《じげ》・侍・出家・男女共に喜び満足の至りに候こと限りなし。信虎出家めされ候て駿河に御座候」と記している。『王代記』にも、「武田信虎六月十四日駿州へ御出、十七日巳刻（午前十時頃）晴信館へ御移り、一国平均安全に成る」とあり、同じように信虎の追放を歓迎すべきこととしている。

ともかく、信虎は信濃から凱旋すると間もなく、六月十四日に今川義元の元に嫁いだ娘を訪ねるため駿府に向かった。信玄は父が甲斐から外に出ると、「万民の愁いをすくわんと欲し、河内《かわうち》（山梨県南部の富士川沿いの地域）境に足軽を出し、その帰り道を断ち即位」（『塩山向嶽禅庵小年代記』）して、十八日に家督相続の祝儀を行った。

信虎追放の理由はどこにあったのであろうか。武田氏の家臣となっていた当時の国人たちは独立性が強く、利益によっていつでも反乱する可能性があった。逆に信虎の国人たちへの支配力は弱く、両者の関係は利益を前提にした同盟にすぎなかった。福島氏の乱入を機会に棟別銭を賦課したことは、信虎にとって利益をもたらし支配の国内浸透を意味したが、国人たちには収入源となった。その後連続して信虎による他国侵略が続くと、戦争の負担は国人たちの肩にのしかかった。こうして、国人たちの間には信虎に対する不満がうず巻き、国外追放に至ったのであろう。

子が父の追放を目論むのは異常で、相当数の同調者がおらずには実現できまい。信虎追放は信玄の主導ではなく、反信虎の多くの家臣や国人たちによって、彼がシンボルとして担ぎ出された可能性が高い。家臣たちはこのまま信虎の権力が浸透し、自分たちの立場が弱くなるのを阻止しようと、若くて御しやすい信玄を担ぎ出したものと考える。

3　信玄の信濃侵略

諏訪と佐久への侵攻

家督を継いだ信玄は諏訪郡を侵略先として定めた。諏訪郡は頼満の代に諏訪氏が下社の金刺氏を倒して統一したが、頼重が連年兵を動かしたので、疲弊した人々の心は彼から離れていった。

天文十一年（一五四二）七月一日、武田軍は長峰・田沢（茅野市）あたりに陣取り、わずかに騎馬百五十、歩兵七、八百ばかりの諏訪軍と対峙した。翌日、信玄に呼応した高遠頼継《よりつぐ》の軍が杖突峠《つえつきとうげ》（伊那市と茅野市の境にある峠）を越えて諏訪に侵入し、安国寺（茅野市）門前に火をかけた。上原城（茅野市）で支え切れないと判断した頼重は桑原城（諏訪市）に移ったが、四日に和談に応じて開城し、甲府に連行されて、二十一日（『高白斎記』『塩山向嶽禅庵小年代記』『一連寺過去帳』による。『守矢頼真書留』『神使御頭之日記』では二十日の夜となっている）に弟の大祝頼高《よりたか》とともに切腹させられた。

諏訪氏の後継者を自認する高遠頼継は、福与城（上伊那郡箕輪町）の藤沢氏や上伊那の春近衆《はるちかしゅう》（伊那市春近に住んだ土豪集団）とも結んで、同年九月十日に反武田の兵を挙げ、下社と上社を占領した。信玄は十一日に板垣信方《いたがきのぶかた》を諏訪に向かわせ、自身も頼重の遺児寅王を擁して十九日に甲府を発った。武田軍は二十五日の安国寺門前宮川のほとりで高遠軍と戦い、圧倒的な勝利を得た。諏訪郡を平定した信玄は、翌天文十二年（一五四三）五月に上原城を修築して、板垣信方を諏訪郡代として在城させた。

天文十四年（一五四五）四月、信玄は高遠攻略の軍を動かし、十五日に杖突峠に陣を張ったので、十七日に頼継が高遠城（伊那市高遠町）を捨てて逃亡した。その後、武田軍は藤沢頼親を攻撃し、六月十日に和議に応じさせ、上伊那も支配下においた。

天文十二年九月、信玄は大井郷（佐久市）の大井貞隆を討つために甲府を出発し、十九日に生け捕りにした。天文十五年（一五四六）五月、内山城（佐久市）によって抵抗する貞隆の子貞清を討つため信玄は再び軍を動かした。武田軍は九日から攻撃を開始し、十四日に主郭以外を奪取し、二十日に城兵も降伏したので、貞清が城を明け渡し、翌年五月に甲府へ出仕した。

ほとんどが信玄の勢力下に入った佐久郡で、志賀城（佐久市）の笠原清繁だけが西上野の豪族や関東管領上杉憲政などの支援を受けて抵抗したので、信玄は天文十六年（一五四七）七月に軍を動かした。志賀城には城主と姻戚関係にある上野国菅原（群馬県富岡市）の高田《たかだ》憲頼《のりより》が援軍を入れた。武田軍は二十四日から攻撃を開始する一方で、笠原清繁の救援にやってきた金井秀景の率いる上野軍を小田井原（北佐久郡御代田町）で迎え撃ち、八月六日に大将格十四、五人と雑兵三千人ばかりを討ち取って潰走させた。結局、志賀城は十一日に至って城主父子や城兵三百人ばかりが討ち死にして陥落した。

こうして信濃勢力を拡大した信玄は、次に信濃の北から東にかけて勢力をもつ村上義清と戦うことに

惣領家の本拠であった上原城跡（茅野市茅野上原）

笠原清繁の墓と伝えられる五輪塔
（佐久市志賀）

上田原古戦場の碑（上田市上田原）

なった。天文十七年（一五四八）二月一日、信玄は村上氏の根拠地の坂木《さかき》（埴科郡坂城町）に向けて出馬し、上田原（上田市）に陣を張った。義清も坂木を出て千曲川を挟んで武田軍とにらみ合った。十四日、武田軍は上田原で地の利を知り尽くしていた村上軍に惨敗し、板垣信方をはじめ、甘利虎泰・才間河内守らの有力武将が戦死して、信玄までが負傷した。

勢いに乗った村上義清は信濃府中（松本市）の小笠原氏や大町（大町市）の仁科《にしな》氏の軍勢とともに、四月五日に諏訪に乱入した。佐久においても、二十五日に武田軍の前進基地である内山城（佐久市）に放火して過半を焼き、前山城（佐久市）も佐久衆が武田氏の手から取り戻した。

塩尻峠合戦と信府平定

武田軍は天文十四年（一五四五）に福与城の藤沢頼親を攻めた時、竜ケ崎《りゅうがさき》城（上伊那郡辰野町）に出陣してきた府中の小笠原長時を破り、塩尻（塩尻市）を荒らした。

長時は上田原での信玄の敗戦を好機と判断し、天文十七年四月五日に諏訪下社近辺に放火した。六月十日にも長時軍は下社に攻め入ったが、迎え撃った下社の地下人たちに、馬回りの十七騎と雑兵百人余りが討ち取られ、長時も傷を負った。

七月十日、長時に通じた西方衆《にしかたしゅう》と呼ばれた諏訪湖西岸の武士や諏訪氏一族の矢島・花岡氏らが諏訪に乱入したので、信玄は十八日に大井ケ森（北杜市）から諏訪に入り、十九日早朝六時頃に塩尻峠の長

村井城跡（小屋城，松本市芳川小屋）

塩尻峠合戦の首塚（塩尻市柿沢）

時軍五千余を急襲した。有利な峠の上に陣を取り、まさかこんなに早く、しかも早朝に攻めてくると思わなかった小笠原軍の不意をついた武田軍は、武具をしっかり着ける暇もない敵を一方的に打ち破り、将兵千余人を討ち取った。信濃の戦争では峠が大きな意味を持つことが多かったが、この合戦もそうであった。武田軍はこの直後に西方衆を追討し、彼らの家々に火をかけた。

再び信濃制圧に乗り出す態勢を整えた信玄は九月に諏訪から佐久に入り、前山城を攻めて失地を回復した。そのうえで本格的に松本平に攻め入るため、十月四日に村井城（小屋城、松本市）の普請を開始した。

信玄は天文十九年（一五五〇）に再び小笠原攻めを開始し、七月十日に村井に着城した。十五日に武田軍はイヌイ城を攻め破り、勝鬨を挙げて午後八時頃に村井の城へ帰った。これを聞いて小笠原方の大城《おおじょう》（林城）・深志《ふかし》・岡田・桐原・山家《やまべ》の五カ所の城兵は、深夜零時頃にみな戦わずして逃亡し、島立《しまだち》・浅間《あさま》の二城（すべて松本市）も降参した。この間に小笠原氏に従属していた山家氏や洗馬《せば》（塩尻市）の三村入道などが続々と武田方に寝返り、大町の仁科道外《どうがい》（盛能《もりよし》）も出仕してきた。こうして、信玄は信濃の府中を手に入れた。

府中を領した信玄は小笠原氏の本拠であった林城を破却し、新たな信濃経略の拠点、および松本平を支配する基地として、深志城（後の松本城）の修築を決め、七月十九日に鍬立式《くわだてしき》（起工式）を行い、二十三日に総普請を開始した。

信玄が九月九日に戸石城《といしじょう》（砥石城、上田市）で大敗すると、長時は義清の援助で平瀬城（松本市）に戻り、深志城を奪還しようとした。十月末、義清が三千の兵を率いて塔ノ原城（安曇野市）に陣を張り、長時も氷室《ひむろ》（松本市）に陣取ったため、長時に応じた小笠原氏の旧家臣たちは、信玄方の城を陥れた。しかし、長時は信玄の出馬を聞いて、中塔城（松本市）に籠城した。

天文二十年（一五五一）五月、戸石城を真田幸綱《ゆきつな》（幸隆《ゆきたか》として知られる）が攻略したため、東信濃でも信玄の立場は有利になった。武田軍は十月二十四日に平瀬城を陥落させ、続いて二十七日に小岩岳城（安曇野市）へ放火した。

翌天文二十一年（一五五二）七月二十七日、信玄は再び小岩岳城攻略のため甲府を出発し、八月一日に攻撃を開始し、十二日に城主を自害させ、五百余人を討ち取って落城させた。

これによって小笠原氏の領していた安曇・筑摩の両郡が、ほぼ信玄の支配下に入った。

村上義清落去

信玄は天文十七年（一五四八）七月十九日の塩尻峠合戦の勝利を契機に、再び佐久郡平定を目指した。『勝山記』には、「この年の八月十六日に佐久の郡の田の口と申す要害へ、小山田出羽守殿大将として御働き候。去るほどに信州の人数、甲州衆を籠の内の鳥のように取り込め申し候」とある。小山田信有を大将とする武田軍は八月十八日、田口城（佐久市）を攻撃したが、逆に信濃勢に囲まれて散々な目にあったのである。

武田軍は九月十一日に臼田《うすだ》（佐久市）を出て、前山城を攻め落とし数百人を討ち取ったので、近辺の十三の城に立て籠っていた兵が皆城を開いて逃亡した。十二日、武田軍は佐久郡の大将たちを打ち破り、五千人ほどの首を取って、無数の男女を生け捕った。

信玄は天文十八年（一五四九）八月二十三日、桜井山城（佐久市）に入り、二十八日に御井立に放火し、九月一日に鷺林（佐久市）で陣を取り、四日に平原城（小諸市）に放火した。これら一連の軍事行動によって、佐久郡は再び信玄の勢力に入った。

信玄は天文十九年七月に松本平を手に入れると、村上義清打倒のため小県郡へ出陣し、戸石城（上田市）を攻撃しようとした。八月五日、先陣の長坂虎房が出陣し、十日に足軽衆も戦闘体制で進撃したので、敵方の和田城（長和町）の兵が逃亡した。信玄も二十八日には戸石城に近い屋降に陣を据えた。二十九日戦闘が開始され、九月三日に武田軍は城ぎわまで陣を寄せ、九日総攻撃をかけたが成果をあげることができなかった。晦日、信玄は撤退の軍議を開き、翌十月一日退却を開始したが、村上勢に猛攻撃を加えられ、横田高松《たかとし》をはじめとする主だった者千人ばかりが討ち取られた。名高い「戸石崩れ」である。義清はその後、長時を助けて安曇郡の平瀬城に進出し、さらに佐久郡に侵入して小諸に進み、野沢・桜井山城に放火した。

天文二十年（一五五一）五月十六日に真田幸隆《さなだゆきたか》が戸石城を攻略したことは信玄の義清攻めの大きな転機となった。武田勢は十月に平瀬城を攻略し、翌年八月に小岩岳城（安曇野市）をも陥落させたので、

塔ノ原城跡の主郭部分
（安曇野市明科中川手城山）

葛尾城跡（埴科郡坂城町坂城）

信濃における大敵は村上義清だけになった。

信玄は天文二十二年（一五五三）三月二十九日に深志城を発って苅屋原（松本市）へ着き、翌日、苅屋原城の近辺に放火し、四月二日に城を攻め落とした。二日には塔ノ原城（安曇野市）も開城させ、三日に虚空蔵山（松本市）へ放火し、苅屋原城を破却して鍬立をした。

四月六日、武田勢の先陣が村上義清の本拠葛尾城（埴科郡坂城町）の攻略に向かった。九日に城が戦わずに落ち、義清は上杉謙信（長尾景虎、謙信を称するのは天正元年（一五七三）からだが、本書では謙信で統一する）を頼って落ち延びた。この日、屋代《やしろ》（千曲市）の屋代氏と、篠ノ井《しののい》（長野市）の塩崎氏が信玄のもとへ出仕してきた。

下伊那と木曽

信玄は天文二十三年（一五五四）七月二十五日、小笠原信貴《のぶたか》を先方として小笠原信定《のぶさだ》の鈴岡城（飯田市）を攻めさせ、八月七日に落とした。これを契機に近隣の武士の多くが降ったが、降伏しなかった神之峰《かんのみね》（飯田市）の知久頼元《ちくよりもと》を武田軍は攻撃し、城を落として知久頼元父子も捕らえた。父子はその後、富士五湖の一つである河口湖の鵜の島（南都留郡富士河口湖町）に幽閉された。神之峰落城を見て吉岡城（下伊那郡下條村）の下条氏も臣従し、その他の土豪もほぼ服し、下伊那も信玄の支配下に置かれた。

天文二十四年（弘治元年、一五五五）三月、武田軍は木曽攻撃を開始して、鳥居峠を下った藪原《やぶはら》（木曽郡木祖村）側に砦を築いた。原昌胤《はらまさたね》の率いる一隊が稲核《いねこき》（松本市）から奈川（同）へ越し、荻曽《おぎそ》村（木祖村）へ出て、鳥居峠の下の藪原を攻め取ろうと鬨《とき》の声を挙げると、木曽勢が慌てて敗走した。軍勢は追撃せず藪原に陣取ったが、武田軍の主力が急遽川中島へ向かったため、戦線が膠着状態に陥った。

神之峰城跡（飯田市上久堅字下平）

吉岡城跡（下伊那郡下條村陽皐）

八月になって信玄が改めて軍を進めてきたので、木曽義康《よしやす》は福島（木曽郡木曽町）の上之段《うえのだん》城《じょう》（同）によって武田勢に備え、子息の義昌《よしまさ》は小丸山城（同）に籠った。木曽軍は南下を続けた武田軍と小沢（同）川端で戦ったがあえなく敗れた。

武田勢の強さを思い知らされた義康は、ついに和を求めた。

天文二十二年（一五五三）四月、葛尾城を落とされた村上義清は上杉謙信に助けを求めた。高梨・井上・島津・須田・栗田など以前から上杉氏と関係の深かった北信濃の豪族も、謙信と結んで信玄に対抗した。謙信は信濃が信玄の手に落ちると根拠地の春日山（新潟県上越市）、および領国が危機にさらされるので、人々の求めに応じることを名目にして信玄と戦った。

葛尾城を陥れて川中島地方南部を手に入れた武田軍は、四月二十二日に八幡（千曲市）で五千人ほどの越後勢と村上義清などの北信諸士の連合軍と遭遇した。武田と上杉の最初の接触であるが、武田軍が押されぎみで、二十三日に義清らに葛尾城を奪い返され、城将の於曽源八郎が討ち死にしたので、信玄は二十四日に苅屋原（松本市）まで退いた。一方、義清勢は坂木（埴科郡坂城町）をはじめ小県の和田・塩田方面を回復し、塩田城（上田市）に入った。

信玄は五月十一日に甲府に戻ったが、再び佐久口から信州に入り、八月一日に長窪（小県郡長和町）に陣を敷いて、和田城（同）を攻め落とし、城主以下を皆殺しにした。四日には高鳥屋《たかとや》城（上田市）の籠城衆を全滅させ、内村城（同）も落とした。翌日武田軍は塩田城も陥落させて、義清を追い払い、付近の城十六を落とし、多くの足弱を生け捕った。

武田軍はさらに川中島南部に陣を進めたので、謙信も八月に信濃に入り、布施《ふせ》（長野市）で両軍が戦った。武田勢は九月一日に八幡（千曲市）で敗れ、荒砥《あらと》城（同）も自落《じらく》（戦わずして自ら城を落とす）した。越後勢は筑摩郡に侵入し、三日に青柳《あおやぎ》（東筑摩郡筑北村）へ放火し、四日には会田虚空蔵山城（松本市）を落とした。これに対し武田軍は麻績《おみ》城（東筑摩郡麻績村）・荒砥城に放火した。上杉軍が埴科方面に進出して十七日に坂木南条（坂城町）へ放火したため、武田軍は善光寺平に向かったが、二十日に敵勢が撤退した。

親密な姻戚関係にあった今川氏と北条氏は義元の代に関係が悪化したが、信玄の斡旋によって天文十四年十月に和睦がなり、その後両家で婚約が決められた。天文十九年（一五五〇）に信玄の姉の今川義元夫人が亡くなると、天文二十一年に義元の娘が信玄の長男義信に嫁ぎ、今川と武田との間に再度同盟が結ばれた。さらに、天文二十二年には武田家と北条家との間で婚約がなった。天文二十三年七月、氏康の娘が今川義元の嫡男である氏真に嫁ぎ、十二月に信玄の娘が北条《ほうじょう》氏康の子氏政《うじまさ》へ嫁いだ。武田・今川・北条の姻戚による同盟が成立したことで信玄は南と東を気にすることなく、謙信との戦いに専念できることになった。

信玄は北信濃の武士のみならず、謙信の家臣にまで工作を推し進め、越後の内部分裂を図り、十二月にかねて内応の意を示していた刈羽《かりわ》郡の北条高広《きたじょうたかひろ》のもとに甘利昌忠を派遣して挙兵を勧めた。高広は北条城（柏崎市）で兵を挙げたが、翌年謙信に攻められ、信玄の援軍が得られず二月に降伏した。また、信玄は大日向入道・主税助などに安曇郡千見《せんみ》（大町市）を占領させて、糸魚川方面からの越後勢の侵入に備え、三月二十一日に感状《かんじょう》（戦功のあった者に主家や上官が付与する賞状）を与えた。

天文二十四年（一五五五）四月頃に謙信が信濃へ出陣し、七月に善光寺の東に接する横山城へ陣取り、信玄に味方した善光寺の堂主の栗田氏が籠る旭山城に対峙したので、信玄は約六キロ離れた大塚（長野市）に陣取った。

『勝山記』によれば、この時に信玄は旭山城へ援兵三千と弓八百帳、鉄砲三百梃を送って謙信に対抗させた。鉄砲伝来が天文十二年（一五四三）なので、信玄は早くから鉄砲に着目し、わずか十二年で相

戸隠神社奥社（長野市戸隠）

当数の鉄砲を用意していたことになる。また、駿河の今川義元は同盟関係によって武田方に援軍を送り込んだ。

七月十九日、武田軍と上杉軍は川中島で戦った。この戦いの感状は信玄のものが十六通知られ所領も与えられているのに対し、謙信のものは一通しかなく土地の付与もないので、最終的には武田方の勝利だったのであろう。

この後、両軍は犀川を隔てて対陣し、戦局が膠着状態になった。長陣に疲れ果てた双方は今川義元の調停により、閏十月十五日講和して兵を引いた。講和条件は旭山城を破却し、北信濃の諸氏を還住させ、両者がそれぞれの勢力を侵さないと誓紙を交換して撤兵帰国することだったが、村上義清の坂木復帰はならなかった。実質的には戦いを通じて信玄の勢力が川中島地方の一部にまで浸透していったのである。

弘治二年（一五五六）八月、真田幸隆が雨飾《あまかざり》城（長野市）を落としたので、武田軍は小県から地蔵峠を越えて川中島に出る道を確保した。弘治三年、信玄は越後が雪深い間、謙信が兵を動かせないことを見越して兵を北信濃に派遣し、二月十五日にかねて内応者を作っておいた葛山《かつらやま》城（長野市）を落城させた。これによって信玄は善光寺平の中心部を手に入れ、余波を受けた謙信方の島津貞志が長沼城（長野市）から大倉（同）に落ちた。

戸隠山勧修院顕光寺（長野市）は修験道場戸隠十三谷三千坊として比叡山、高野山とともに「三千坊三山」と呼ばれるほど多くの修験者や参詣者を集めた。多数の修験者と信仰者集団を抱えていた戸隠社や飯縄社を勢力に組み込むことはきわめて重要であったが、飯縄社が信玄に降り、戸隠社で謙信に味方していた者は越後に逃げた。

信玄の善光寺平進出を知った謙信は、二月十六日、三月十八日と四月二十一日に色部勝長《いろべかつなが》に書を送って参陣を促した。この間に信玄が高梨政頼《たかなしまさより》の守る飯山城（飯山市）を攻める態勢を取ったため、謙信は三月二十三日に長尾政景に参陣を求めた。謙信も四月二十一日に善光寺に陣を敷き、武田方が押さえていた山田の要害（上高井郡高山村）や福島（須坂市）を奪い返し、二十五日には敵陣数カ所、根小屋以下へ放火して、旭山城を再興して本営を移した。ついで、島津月下斎《げっかさい》（忠直）を鳥屋城（戸谷城、長野市）に入れ、小川（同）・鬼無里《きなさ》（同）方面に圧力を加えた。

謙信は敵地にそのまま踏み止まることができず、いったん飯山城に後退した。五月十二日、謙信軍は高坂（上水内郡飯綱町）を攻めて近辺に放火し、翌日、坂木・岩鼻（坂城町）まで攻めたが、戦果をあげられなかった。謙信は飯山に引き返して、武田に内通していた市河藤若《いちかわふじわか》を攻めるため、野沢の湯（下高井郡野沢温泉村）へ陣を進めた。

一方、武田軍は意表を突いて七月五日、松本から越後の糸魚川方面に抜ける要衝の北安曇郡小谷《おたり》（小谷村）を攻略し、謙信を背後から脅かした。八月に上野原で両軍の衝突があった。上野原については諸説があるが、長野市若槻の上野原とする説が強い。

永禄四年の川中島合戦

永禄元年（一五五八）二月二十日に将軍足利義輝《よしてる》は謙信へ書を送り、信玄との和睦同意を賞した。これ以前信玄は和睦の条件として信濃守護職補任を望んだようで、永禄元年正月までに守護補任の将軍の御内書がもたらされた。当時の守護職はほとんど名目であったが、信玄にとっては十分に利用価値のある役職だった。

同年五月、三好長慶《みよしながよし》・松永久秀《まつながひさひで》などに京都を追われて近江朽木《くつき》（滋賀県高島市）で戦いを続けていた足利義輝は、信玄と謙信の和睦をはかり、謙信を上京させて彼の力で京都を回復しようとした。謙信は永禄二年四月上洛し、将軍義輝と会見するとともに、正親町《おおぎまち》天皇にも拝謁した。また、永禄元年に北条氏に攻められて没落し、謙信の厄介になっていた関東管領の上杉憲政が上杉の姓と関東管領の職を謙信に譲ると申し出ていたので、関白近衛前嗣《このえさきつぐ》を関東公方に迎える約束をした。

謙信が半年も越後を留守にしている間に、信玄は北信濃の大部分を手に入れ、さらに越後へ侵入しようとし、永禄二年五月に松原諏訪社（南佐久郡小海町）に願文を納め、信州奥郡（更級・埴科・水内・高井）ならびに越後の境に軍を進めるので、敵城が自落し越後勢が滅亡するよう祈り、具足一領などを献じた。願文には「釈信玄」と署名されているが、これが信玄と記された現存する最古の文書である。武田軍は再度北信濃から越後に乱入した。信玄の度重なる軍事行動に将軍義輝は使者を派遣して信玄を詰問し、謙信へ御内書を下して信濃国の諸侍に彼の命令に従って戦闘を停止するよう命じた。

この頃、信玄は川中島の拠点として、三方を山に囲まれ、開いている西側に千曲川が流れ、防御上に良い立地だけでなく、物資輸送にも要衝となる海津城（後の松代城、長野市）を築いた。一方で夫人の妹に当たる三条公頼の三女が石山本願寺顕如《けんにょ》の妻である関係を利用して、本願寺と連絡を取り、加賀・越中の一向宗門徒に謙信留守の越後を狙わせた。また、永禄三年（一五六〇）十月十七日に越中井波の瑞《ずい》泉寺《せんじ》（富山県南砺市）の執事上田藤左衛門へ書を送り、越後に侵入するようにさせた。

永禄四年（一五六一）の正月を関東で迎えた謙信は、三月に北条氏の小田原城を包囲したが、氏康が城中から出て戦わなかったので、兵を納めて鎌倉に引き上げ、閏三月十六日、鶴岡八幡宮の社前で関東管領の就任報告と、上杉氏の襲名式を行った。

信玄は謙信の軍事行動を牽制するため、北信濃の武士を海津城に集め、氏康の求めに応じて援軍を小田原に送るとともに、四月には碓氷《うすい》峠を越えて上野松井田（群馬県安中市）に陣を進め、借宿《かりやど》（吾妻郡長野原町）に放火などして撹乱《かくらん》工作を行った。

六月下旬に関東から越後に帰った謙信は、陸奥会津の蘆名盛氏《あしなもりうじ》、出羽の大宝寺義増《だいほうじよします》に援軍を求め、八月二十九日に長尾政景を留守大将にして春日山城（新潟県上越市）を守らせ、大軍を率いて信濃に出陣した。この情報を得た信玄も海津城救援のため大軍を率いて北信濃に向かった。

川中島古戦場にたつ一騎打ち像（長野市小島田町）

九月十日に両軍が川中島で激突した。これが一般に川中島の合戦として有名な戦いである。海津城を拠点とする武田勢に対し、上杉勢は妻女山《さいじょさん》（長野市）に陣を取ったが、九月十日の早朝に千曲川を渡って八幡原《はちまんばら》（長野市）で武田軍と激突した。最初苦戦した武田軍は、妻女山に向かった一軍が駆け付け、側面から上杉軍を攻撃し、上杉勢を撤退させた。しかし、武田方はこの戦いで信玄の弟の信繁《のぶしげ》が戦死し、室住虎定《むろずみとらさだ》・初鹿野源五郎《はじかのげんごろう》・油川信連《あぶらかわのぶつら》・三枝守直《さえぐさもりなお》など、有名な武将も戦死した。

永禄四年十一月、信玄は上野に出兵して上杉方の倉賀野《くらがの》城（高崎市）を攻めた。下総古河城（茨城県古河市）に滞在していた謙信は近衛前久（前嗣）の求めに応じて関東に出陣し、武田・北条の連合軍と戦って越年したが、武田軍が越後に侵入する構えを見せたので、三月に越後へ引き上げた。

永禄五年（一五六二）秋、信玄は西上野の諸城を攻め、九月にいったん信濃に帰ったが、十一月に北条氏康とともに上野・武蔵の上杉方の城を攻略し、松山城（埼玉県比企郡吉見町）を包囲し、永禄六年二月に落城させた。

謙信が、北条氏康に下総古河を追われた足利藤氏《ふじうじ》のために、古河城を奪い返そうとしている間に、信玄は信濃の北にある飯山城を攻め、さらに越後に侵入しようとした。しかし、謙信が佐野の囲みを解除して退散したとの情報が入ったので、出兵は延期された。謙信は四月二十日に上倉下総守等の飯山口の備えの失態を諌め、警戒を厳重にさせ、六月に越後に帰った。同年十二月、武田・北条の連合軍はまたしても上野の上杉方に属する諸城を攻め、謙信も関東に出陣して、翌永禄七年四月上旬まで各地を転戦した。

永禄七年（一五六四）、信玄は密使を会津黒川（福島県会津若松市）の蘆名盛氏へ派遣して、蘆名軍を北から越後に侵入させ、自身で川中島方面から春日山城を突き、謙信を挟み撃ちしようとした。三月十八日、信玄は越後との国境に近い野尻城（上水内郡信濃町）を攻略し、越後領内に乱入して村々を焼き払った。一方、盛氏も四月に軍を越後菅名荘《すがなのしょう》（新潟県五泉市付近）に侵入させたが、慌てて帰国した謙信勢に敗れ、野尻城も奪回されたため、信玄の計画は失敗に終わった。

この頃、飛驒国の桜洞城《さくらぼら》（岐阜県下呂市）の姉小路（三木《みつぎ》）良頼《よしより》と争っていた高堂城《たかどう》（高山市）の広瀬《ひろせ》宗城《むねしろ》が、支援してくれている諏訪城（飛騨市）の江馬《えま》時盛《ときもり》とともに援助を依頼したので、信玄は飯富（山県《やまがた》）昌景を派遣して支援した。対する良頼は時盛の子の輝盛《てるもり》と結んで謙信を頼った。謙信は信玄の勢力が飛騨に及べば越中が狙われ、背後から越後が突かれる危険があるため、越中の武士たちに良頼らを援助させ、川中島に出陣することにした。

謙信は七月二十九日に善光寺に着き、八月一日に願文を更級八幡社（武水別《たけみずわけ》神社、千曲市）に納めて信玄の撃滅を祈り、三日に犀川を渡って川中島に陣を張った。そして、翌四日、書状を常陸の佐竹義昭《さたけよしあき》に送り、出陣を伝え、武蔵・上野境に出兵して北条氏康を牽制してほしいと依頼した。

上杉謙信が願文を納めた武水別神社
（千曲市八幡）

信玄は軍を北上させて塩崎（長野市）に出たが、謙信とあえて戦おうとはしなかった。謙信も無理な攻撃を加えなかったので、両者の対陣は前後六十日にも及んだ。そのうちに下野佐野（栃木県佐野市）の佐野昌綱が北条氏康に通じたという知らせが入ったため、謙信は飯山城を修築して目付を置き信玄の軍に備えさせて、十月一日に春日山城に帰った。

上野と駿河

信玄は天文十五年（一五四六）に内山城（佐久市）、翌年に志賀城（同）を陥れて佐久郡を平定し、内山峠や十石峠などを通って上野に出る道を確保した。その上、天文二十三年に今川・北条・武田の三国同盟が成立し、背後から攻撃を受ける心配が消え、上野を侵略する条件が整っ

内山城跡（佐久市内山）

た。

永禄四年（一五六一）三月に上杉謙信が大挙して北条氏の小田原城に迫ると、信玄は氏康の要請を容れて援兵を小田原に送って籠城させた。武田軍は同年十一月十八日に高田城（群馬県富岡市）を落とし、二十日から国峰城（甘楽郡甘楽町）の攻撃を開始した。信玄は十二月二十五日に上野一宮貫前《ぬきさき》神社（富岡市）へ禁制《きんせい》（してはいけない行為を記したもの）を掲げ、武蔵に向かい、氏康とともに松山城を攻めようとした。謙信は十一月に関東へ出陣し、厩橋《まやばし》城（群馬県前橋市）に入り、翌永禄五年二月に館林城（館林市）を攻め、下野の佐野城も攻略し、三月に近衛前嗣と上杉憲政を奉じて越後に帰った。

信玄は永禄五年（一五六二）秋に上野の箕輪（群馬県高崎市）・総社（前橋市）・倉賀野（高崎市）を荒らし、作毛を刈り取って兵を引き揚げた。その後、十一月に上野から武蔵に進み、氏康父子と松山城を攻め、翌年二月四日にようやく落城させた。

謙信は永禄五年十二月関東に入り、翌年騎西《きさい》城（埼玉県加須市）を降し、下野に入り、小山・佐野などの城を従え、古河城を回復して藤氏を帰館させた。

この間に信玄が越後を脅かす姿勢を見せたので、謙信は永禄六年（一五六三）六月に越後に帰った。信玄は上野に入り倉賀野城を攻め、吾妻郡の諸士が上杉方の岩櫃《いわびつ》城（東吾妻町）を陥れたので、この城を西上野の武田方の拠点とした。

信玄は永禄八年（一五六五）二月、西上野に向けて出陣したが、太田金山城（群馬県太田市）の由良成《ゆらなり》繁《しげ》父子に阻まれた。さらに、謙信を牽制のため、本願寺の顕如と結んで、越中の一向一揆に越後を侵略させようとした。信玄は五月二十二日に再び安中口《あんなか》に出陣し、倉賀野城を攻め落とし、翌永禄九年（一五六六）九月二十九日ようやく箕輪城（高崎市）を手に入れ、西上野を勢力下に入れた。

永禄十年五月に総社城（前橋市）を攻略した信玄は、十二月二日に大井高政・同満安に甲兵十六人をもって箕輪城を守らせ、信濃国の所領の替地を上野国で与える約束をした。

駿河の今川義元が永禄三年（一五六〇）五月十九日、桶狭間《おけはざま》（愛知県豊明市）で織田信長の急襲を受けて亡くなると、信玄はその遺領をねらった。

永禄十年（一五六七）十月十九日に信玄の駿河侵攻に反対していた長男の義信が亡くなり、彼の妻であった氏真の妹も駿府に送り返されたため、今川氏は北条氏と協定して、遠江・駿河・伊豆・相模方面から甲州へ入る塩の輸送を止めた。信玄は永禄十一年（一五六八）二月、徳川家康と今川分国を東西から攻め取る約束をした。

三月、越後で信玄に味方して謙信重臣の本庄繁長《ほんじょうしげなが》が兵を挙げたので、同年六月三日に信玄は大井行頼に出陣を促し、繁長が謙信軍に攻められて本拠の村上城（本庄城、村上市）に籠城すると、食糧を送るなどして救援に努めた。また、七月に信濃の飯山城を攻撃して、関山街道から越後を攻略しようとしたが、叶わなかった。謙信は十月二十日に越後府中を出発して、十一月七日から村上本城を攻撃し、翌年三月に繁長を降伏させた。

謙信の注意を越後に引きつけた信玄は、駿河侵攻の態勢を固め、永禄十一年（一五六八）十二月十二日に内房《うつぶさ》（富士宮市）に陣を敷き、十三日に駿府に乱入した。

家康も遠江に進み十八日に引馬《ひくま》城（浜松城）を攻略し、二十七日から掛川城（掛川市）の氏真を攻めた。この頃、信玄配下の秋山信友が遠江に侵入し、見附（磐田市）に陣を張って、家康勢と交戦した。本拠地の岡崎（愛知県岡崎市）に帰る道を遮断された家康は信玄に強く抗議し、信玄への疑惑を深め同盟関係を解消し、北条氏や謙信と結び付くようになった。

北条氏政は氏真救援のため十二月十二日に小田原を出発し、三島（静岡県三島市）に到着したが、翌日駿府が信玄の勢力下に入り、氏真も掛川城へ逃走したので、海路救援軍を出した。翌永禄十二年（一五六九）正月二十六日、氏政は三島を出発し、駿河に入り薩埵《さった》山《やま》に陣を構えて信玄の背後に迫った。信玄は山県昌景を駿府に留め、本陣を久能《くのう》城（静岡市）に置き、甥の武田信豊《のぶとよ》を興津《おきつ》（静岡市）の清見寺に進ませ、興津城を築いて北条軍に対抗した。

信玄は織田信長を媒介に将軍の甲越和議の御内書を越後に下し、謙信の軍事行動を押えようとした。二月十八日に御内書が春日山へ届けられ、以後謙信の動きは鈍くなった。

三月八日に家康が氏真と単独講和を結び、遠江を割譲すれば北条氏と協力して信玄を追い払い、駿府に帰れるようにすると申し入れた。信玄は永禄十二年四月六日に常陸の佐竹義重に書を送り、相・越の和議が成立しないよう配慮を求めたのを手始めに、関東の反北条の勢力と結んで包囲網を結成し、北条と上杉が手を組むことを妨害させた。

信玄は四月十九日に江尻城（静岡市）を守る穴山信君《のぶただ》に守備を厳重にするよう命じ、二十四日に撤兵した。家康は信玄が去ると駿府を占領し、館ができたら帰らせるとの条件で、氏真のいた掛川城を五月十七日に開城させた。その後、氏真は伊豆戸倉（駿東郡清水町）で氏政の庇護を受けることになった。
信玄は永禄十二年六月十六日、再度駿河に攻め入り、古沢新城（静岡県御殿場市）を攻撃したが、守りが堅固だったので、伊豆の三島（三島市）に矛先を転じ、先方隊が北条（伊豆の国市）で氏規兄弟と戦って勝利を得た。二十五日（一説には二十三日）からは大宮城（富士宮市）の攻撃を開始し、七月早々に落とした。

いったん甲府に戻った信玄は信濃佐久郡から碓氷峠を越えて上野に入り、九月十日に北条氏邦《うじくに》の守る武蔵鉢形城（大里郡寄居町）を囲んだ。その後、北条氏照の滝山《たきやま》城（八王子市）を攻撃したが、容易に落ちなかったので、南下して十月一日に小田原に迫った。武田軍は十月四日に退却を開始し、六日（『北条五代記』による。『甲陽軍鑑』では八日）の早朝に津久井郡と愛甲郡の境の三増《みませ》峠で北条軍に攻撃されたが、防戦しながらも敵に大打撃を与えた。

信玄は十一月九日に駿河・伊豆両国の併呑と越後の潰乱を諏訪社上社に祈って、再度駿河へ侵入し、十二月六日に蒲原城（静岡市）を陥落させた。これによって薩埵山の北条軍が自落し、府中城（駿府城、静岡市）も開城し、信玄は駿河の主要部分を手に入れた。

信玄は元亀元年（一五七〇、改元は四月）正月四日より花沢《はなざわ》城（焼津市）を包囲し、やがて城を収めると、五月十四日に吉原（富士市）と沼津（沼津市）で氏政・氏真の連合軍と戦い、八月に伊豆の韮山城（伊豆の国市）や駿河の興国寺城（沼津市）を攻めた。

元亀二年（一五七一）正月早々、信玄は興国寺城を攻めて敗退したが、正月十六日にかねて包囲中の深沢《ふかさわ》城（御殿場市）を落城させた。さらに、二月に遠江に攻め入り、三月に高天神《たかてんじん》城（掛川市）を攻撃し、翌月に勝頼とともに信濃から三河に入り、足助《あすけ》城（豊田市）を攻め落とし、五月上旬に甲府に帰った。

元亀三年（一五七二）、信玄は木曽義昌の将である山村良利《やまむらたかとし》・良候《たかとき》父子らを飛騨に侵入させ、謙信に味方していた江馬輝盛を攻めさせた。九月十七日に輝盛が越中の謙信の陣に入ったので、飛騨で反武田の動きがなくなった。

こうして信玄は謙信の動きを封じ、足利義昭・本願寺の顕如・越前の朝倉・近江の浅井・伊勢の北畠・大和の松永の各氏、さらには延暦寺・園城寺などと結んで、信長包囲網を固めた。

三方ヶ原合戦と信玄の死

元亀三年九月二十九日、信玄は先方衆を率いた山県昌景に甲府を発たせ、自身も十月三日に出陣し、諏訪から伊那を通って南に進み、十日に青崩峠《あおくずれ》（飯田市と静岡県浜松市の間）を越えて遠江北部に乱入した。山県昌景軍は下伊那から東三河へ、秋山信友軍は東美濃へ、それぞれ侵入した。

信玄は犬居城（浜松市）で軍を二つに分け、一隊を二俣城（同）へ向かわせ、自身が率いる軍勢で天方《あまがた》（周智郡森町）・一ノ宮（同）・飯田（同）を降して南下を続けた。家康は浜松城を出て信玄を迎え撃とうとしたが、十月十三日に見附（磐田市）の西の一言坂で敗れ、かろうじて浜松城に逃げ帰った。信玄は袋井（袋井市）・見附方面を確保し、二俣城を落城させた。一方、秋山信友の率いる軍は十一月十四日に岩村城（岐阜県恵那市）を奪取した。

信玄は十二月二十二日に天竜川を渡り三方ヶ原（浜松市）へ出て、織田信長の援軍を加えた家康軍と戦い、圧倒的な勝利を得た。これが有名な三方ヶ原合戦である。翌日、信玄は兵をまとめて刑部《おさかべ》（浜松市）に陣を取り、そのまま越年した。

天正元年（元亀四年、一五七三）正月、武田軍は三河の野田城（愛知県新城市）を包囲し、二月十日に陥落させた。信玄は二十七日に長篠《ながしの》城（同）へ入った。

浅井・朝倉を攻撃していた信長は、信玄が三河まで迫り、秋山信友が東美濃に侵入し、長島（三重県桑名市）で一向一揆が起きたため、岐阜に戻った。朝倉義景は信長が引き上げると、十二月三日に越前に兵を納め、信玄の重なる出陣要請にもかかわらず、軍を動かさなかった。一方、浅井長政は奮戦を続け、信玄の動きに期待を寄せた。義昭も信長に対抗して二条城の守備を固め、本願寺も挙兵した。

しかし、信玄はこの優勢な状況の中で病魔に冒され、軍を進めることができなくなった。長篠に引き

野田城跡（愛知県新城市豊島本城）

長岳寺の武田信玄灰塚供養塔
（下伊那郡阿智村駒場）

上げてからも病状が好転の兆しを見せなかったので、やむなく兵を納めて帰国の途中、元亀四年（一五七三）四月十二日、伊那の駒場（下伊那郡阿智村）で病死した。時に五十三歳だった。

信玄の遺体は阿智村の長岳寺で火葬されたとも伝えられ、火葬塚がある。寺では昭和四十九年（一九七四）、その火葬塚より火葬灰を境内に移し、供養塔として十三重塔を建立した。

4 諏訪勝頼の武田家相続

信玄没後に武田の家督を継いだのは、諏訪頼重の娘を母として天文十五年（一五四六）に生まれた信玄の四男勝頼だった。

高遠城主勝頼

彼の名前について信玄・勝頼の軍事を中心にまとめた『甲陽軍鑑』は、頼重の跡目を継ぐために武田家相伝の「信」でなく、諏訪氏の通字の「頼」の字を用いたとする。勝頼は永禄五年（一五六二）に信玄から阿部勝宝《かつとみ》など八人を付せられて、頼重の跡目として伊那郡代を兼ねて高遠城主になったとされるが、これより以前の経歴はまったく知られていない。『甲陽軍鑑』によると、初陣は永禄六年、十八歳の時であった。永禄七年（一五六四）十一月、勝頼は小野神社（塩尻市）に寄進した梵鐘銘に「郡主神勝頼」「諏方四郎神勝頼」などと記しており、伊那郡の郡主、諏訪氏（神氏）の意識を強く持っていた。

信玄は嫡男義信を幽閉したとされる永禄八年頃、後継者を考えねばならなくなった。次男の龍宝《りゅうほう》（竜芳）は盲目で海野民部丞の養子になっており、三男の信之は早世したため、候補者は勝頼だけだった。『甲陽軍鑑』によれば、永禄八年（一五六五）九月九日に織田信長から信玄のもとへ、勝頼へ自分の

勝頼が寄進した鐘
（小野神社蔵）

武田勝頼・同夫人・信勝
（高野山持明院蔵／高野山霊宝館提供）

養女を嫁がせたいと使者が来て、十一月十三日に高遠へ嫁入りがあったという。この結婚は相手の家柄からして勝頼の武田家相続の布石だろう。同年十一月に信玄は俗に「信玄十一軸」と呼ばれる文書で、諏訪社の神事再興を命じた。勝頼が諏訪氏を離れても武田氏が諏訪社の神事を司ると諏訪の神に示し、勝頼の武田家継承を神に求めたともいえよう。

勝頼は永禄十二年（一五六九）に信玄が北条氏照の滝山城（八王子市）を攻めた時、大将になり、同年十月六日の相模国三増峠合戦、十二月六日の駿河蒲原城（静岡市）攻撃、翌永禄十三年正月の駿河花沢城（焼津市）攻めにおいても活躍した。さらに、同年四月二十八日に上杉謙信が信玄の北信濃の拠点となっていた長沼城（長野市）を攻めると、伊那から出撃して押えた。このように、義信の死後、勝頼は武田家相続者の地位を確定し、信玄の片腕となって軍事的にも後継者としての役割を果たした。

『甲陽軍鑑』は信玄が永禄十一年（一五六八）に発病したとしており、元亀四年（一五七三）に亡くなる以前から病気が進行していた。信玄は勝頼が高遠から甲府へ移る元亀二年の前年四月十日に将軍足利義昭の近臣である一色藤長へ、駿州山西（志田郡域）で義昭へ京着万疋の御料所、藤長へ五千疋の所を進上すると約束し、「愚息四郎官途ならびに御一字の事」（柳原家所蔵文書）を願った。信玄は勝頼の名前を変え、官途を得て正式に武田家を継がせようとしたのであろう。

甲府に移った勝頼は外交面でも表に出た。元亀三年（一五七二）正月十四日、大坂の顕如が信玄と勝頼に太刀や黄金などを贈っていることは、勝頼が武田家第二の実力者で、信玄の跡を継ぐ者として意識されたことを示す。同年十月一日、信玄と勝頼は連名で北陸の一向一揆の拠点の一つ越中の勝興寺（富山県高岡市）に書状を出した。

この頃から勝頼は単独でも、領国支配に関わる文書を出すようになり、信玄の代わりとして軍の先頭に立つことも多くなった。元亀三年十月、信玄が最後の作戦である西上の軍を動かした時、勝頼は副大将の役割を担った。

勝頼と長篠敗戦

徳川家康は元亀四年四月、信玄が死んだという風聞を得ると、駿河に侵入し、七月に東三河に入って長篠城（愛知県新城市）を囲み、九月十日に攻め落とした。勝頼はこれに対応するため十一月、一万五千の兵を率いて駿河から遠江に入り、掛川・久能の地を焼いた。

翌天正二年（一五七四）正月、家康が駿河に侵入し、信長も東美濃へと動いたので、勝頼は反撃のため東美濃に侵入し、二月五日に明智城（岐阜県恵那市）を陥落させた。一方、上杉謙信は信長や家康と連絡を取って、正月十八日に西上野に入り、沼田（群馬県沼田市）に陣を取って武田軍の背後に回った。さらに、家康も三河の足助《あすけ》（愛知県豊田市）に出陣した。このため勝頼はいったん兵を納めたが、五月に再び馬を遠江へ入れ、六月に高天神城（静岡県掛川市）を攻め落とした。

天正三年（一五七五）四月十二日、勝頼は恵林寺および甲府の屋形で、信玄の大法要を営んだうえ、甲斐・信濃・西上野の兵を率いて三河に向かい、四月二十一日に長篠城を攻めた。

その後、勝頼は長篠城を包囲する千余の兵を残し、二連木（愛知県豊橋市）・牛久保（豊川市）へ兵を進め、五月六日に家康のいる吉田城（豊橋市）を取り囲んだが、五月十一日に再び全軍で長篠城攻略に取り掛った。家康から救援を求められた信長は三万余の軍勢を率いて岐阜を発し、十五日に岡崎（愛知県岡崎市）に到着した。

十八日、信長は設楽原（愛知県新城市）に着き、極楽寺山に陣を敷いた。信長長男の信忠が御堂山、

長篠合戦の戦場跡（愛知県新城市長篠）

家康が高松山に陣取り、連合軍は連子川を前面にして約五キロにわたって三重の柵を立て連ね、陣地の前には堀を掘り、足軽の鉄砲隊三千人を配置した。この動きを見た勝頼は清井田付近に進んで布陣した。両軍の兵力については諸説があるが、織田・徳川の連合軍が三万七、八千人、武田軍が一万二千人ぐらいではなかったかという。

二十日夜半、酒井忠次の一隊が鳶ケ《とびが》巣山《すやま》（新城市）の武田方の砦を急襲し、未明に落とした。勝頼は二十一日朝の五時から六時頃の間に総攻撃の采配を振った。戦闘は午後二時頃まで続けられ、馬防柵と鉄砲のために動きを止められた武田軍が惨敗した。武田軍の戦死者は数千人といわれ、山県昌景・馬場信房ら信玄以来の武田家の旧臣の多くを失った。

長篠で勝った家康は勢いに乗って六月に光明《こうみょう》城（静岡県天竜市）、八月に諏訪原《すわはら》城（島田市）を落城させ、さらに小山《こやま》城（榛原郡吉田町）をも攻めようとした。一方、信長は東美濃の岩村城を攻めたが、秋山信友以下の信濃衆の備えが固く落とすことができず、六月十三日に戦況を謙信に報じて、背後から信濃・甲斐に出兵するように要請した。

長篠合戦に大敗した勝頼は、長篠から帰ると態勢の立て直しをはからねばならなかった。特に占領地である信濃・西上野・駿河においていくつかの手が打たれた。

信濃の場合、七月二日には長篠合戦で戦死した山家《やまべ》昌矩《まさのり》の名跡を弟の左馬允に継がせた。また七月十三日には、木曽の山村良候《たかとき》に手塚（上田市）の地で五十貫文を宛がい、七月十九日には下伊那の小笠原信嶺に坂西一類が謀叛を企てたのを鎮めたとして、山村郷（飯田市）を宛がった。この二人への宛行は領域の境目に近い土地からして、織田氏・徳川氏への備えの意味もあったと考えられる。なお、上杉謙信に備えるために八月十六日、更級郡の平林正恒《まさつね》に牧之島城（長野市）在城を命じ、水内郡に所領を宛がった。そのほか十月に安曇郡の標葉《しめは》氏へ但馬守の官途を与え、十一月十九日に長篠合戦で戦死した望月昌頼に武田信豊の娘を養女にして養子を迎え、名跡を継がせた。

十二月十六日に勝頼は、来年に尾張・美濃・三河・遠江へ軍を動かして、武田家興亡の一戦を行うとして、小県郡の小泉昌宗らに条目を配布した。文中には近年隠遁したり不知行のために蟄居《ちっきょ》した者の中から武勇の輩を選び出して、定められた人数以上の人員を率いて出陣するようにとあり、長篠合戦で減少した兵員の補塡を指示している。また「当時は鉄砲肝要に候の間、向後は長柄（長い柄の鑓）を略し、器量の足軽を撰び鉄砲持参」（「続錦雑誌」）と、鉄砲を重視した。

岩村城跡（岐阜県恵那市岩村町城山）

甲・相同盟の成立

織田軍が再度岩村城を攻撃してきたので、勝頼は岩村の後詰《ごづめ》をしようとして、甲斐・信濃の土民百姓までかり出して出陣し、天正三年（一五七五）十一月十日に信忠の本陣水精山を攻めたが敗退した。城を守っていた秋山信友は、支え切ることができず降伏した。十一月二十一日、秋山信友と下伊那の大島・座光寺の三人は捕らえられて、長良川の川原で磔《はりつけ》になった。遠江の二俣城を守っていた佐久の依田信守が六月十九日に病死し、その子の信蕃《のぶしげ》は援軍を得られないままに兵糧も尽きたので、勝頼の勧めもあって十二月二十四日に徳川軍へ城を明け渡し、高天神城に入った。

翌天正四年（一五七六）には信長も家康も積極的な動きを見せなかったので、勝頼は自軍を引き締めることができた。二月七日には小田切民部少輔の鉄砲に注意をはらった軍役を定めたが、三月二十七日に大日向佐渡守、五月二十五日に大滝宮内左衛門にも同様の措置をとった。こうした軍役の規定がほかにも見られ、この頃勝頼は軍役の整備をはかっていた。勝頼は四月十六日に恵林寺で亡父信玄の正式な葬儀を行い、二十六日には七周忌の法要もした。

天正五年（一五七七）正月二十二日、勝頼は相模の北条氏政の妹を娶った。この結婚によって相・甲同盟が成立し、武田家は長篠合戦以後の孤立無援的状況から抜け出すことができた。そして三月三日には、諏訪下社の秋宮の千手堂の堂社および三重塔が再建され、勝頼をはじめとする武田一族が上棟式に参列した。武田家が軍事的危機を乗り越えて小康状態に入った直後に諏訪社を造営したのには、勝頼の諏訪社との特別な関係を示すとともに、軍神としても名高い諏訪明神の加護を受けて、武田氏の武運長久と領国の繁栄をもたらそうとする意図があったのであろう。

御館の乱と勝頼

天正六年（一五七八）三月十三日、上杉謙信が突然府中（新潟県上越市）で死亡した。妻帯せず、子供のいない彼は養子を取っていた。その一人景勝は上田郷坂戸（新潟県魚沼市）の城主長尾政景の次男で、謙信の姉が母だった。また、景虎は北条氏康の七男で景勝の姉を妻にしていた。景勝と景虎は血筋で景勝の方が謙信に近いものの、景虎に北条氏政という有力な後盾がいたので、熾烈な相続争いを始めた。謙信が死んだ翌日の三月十四日には、景虎擁立に動こうとした柿崎晴家が景勝方に殺された。

五月十日に景勝は景虎方の北条《きたじょう》高常父子を討ち取ったとして、信濃の人である岡田十左衛門に感状を与えた。両人は反目しあいながらも春日山城に居たが、五月十三日に景虎が妻子とともに城を出て、謙信が前関東管領上杉憲政のために築いた府内の御館に入った。景虎方には鮫ヶ尾城《さめがおじょう》（新潟県妙高市）や飯山城（飯山市）などからの援軍もあったので士気が上がり、一気に春日山城を乗っ取ろうと翌十七日に大挙攻撃を加えたが、飯山城主の桃井義孝が戦死して目的は達成されなかった。

景勝は景虎の兄北条氏政とその同盟者である勝頼の侵入を恐れて、信濃市川口（下水内郡栄村）を妻有《つまり》（新潟県中魚沼郡津南町）の小森沢政秀・金子次郎右衛門などに守らせた。

越後の内紛に景虎の兄氏政はすぐさま支援を勝頼へ求め、越後に兵を出した。勝頼は小諸城（小諸市）の武田信豊を先陣として進め、自らも軍を率いて出発した。景勝は両人の動きによって窮地に陥った。氏政は上野の沼田へ入り利根川以東をおおむね手中にしたが、川西の川田（群馬県沼田市）・名胡桃《なぐるみ》（利根郡みなかみ町）などの諸城が景勝に味方したため、越後へ進めなかった。

当面の敵が勝頼だけになった景勝は窮余の一策として、武田軍先陣の武田信豊に講和の斡旋を頼んだ。講和条件には、信長・家康との同盟を解消して武田・上杉の同盟を結ぶこと、信濃と上野の上杉領を勝頼に割譲することが入っていたようで、六月七日に跡部勝資《あとべかつすけ》が春日山城の武将に宛てて講和を承諾した旨の返事を出した。信豊は六月十二日に景勝が送った誓紙を海津城に着いた勝頼に見せた。

十九日景勝は妻有城の小森沢政秀へ、信濃国高井郡の市川信房の調略に迷うことなく城を守るよう手紙を送った。勝頼は二十二日に長沼（長野市）に陣を進め、二十九日に春日山城の城下に着陣した。勝頼は景勝と手を結んだものの景虎を見捨てるわけにもいかず、和平の斡旋を始めた。具体的な状況は不明だが、勝頼が七月二十三日に景勝の家臣で信濃出身の仁科中務丞・山吉掃部助などに宛てた礼状で、景勝に諫言するようにと書いている。八月中旬頃、和平工作は一応の成果をあげたようで、二十日に斡旋への礼として、景勝から勝頼へ太刀一腰・馬一頭・青銅千疋が贈られた。しかし、結局和平はならず、勝頼も八月二十八日に陣を引き払った。

勝頼は景勝との同盟交渉に際して、妹のお菊と景勝との婚約も進め、十二月には景勝から結納品が届けられ、同盟が確固たるものとなった。この間にも景勝と景虎との戦いは続けられたが、次第に景勝が有利になり、天正七年（一五七九）三月十七日に景勝軍が御館を攻め落とし、上杉憲政を殺した。景虎は鮫ヶ尾城に逃げ込んだが、景勝の攻撃を防ぐことができず、三月二十四日に自害した。

景虎が死亡すると北条と武田の関係は悪くなり、九月五日に氏政が家康と勝頼を挟撃する約束をした。一方、勝頼と景勝との盟約は天正七年十月二十日にお菊が春日山城に輿入れし、一層固くなった。

勝頼は盟約条件に従って、景勝が上杉家を相続してから後、上杉領であった上野と信濃を割譲させた。これまで信濃でも飯山城などは上杉氏が領していたが、これによってはじめて武田家が信濃全体を領するようになった。ただし、信濃全域が武田領国に組み入れられたのは足掛け四年、実質的には二年余りにすぎなかった。

第三章　織豊政権から徳川政権へ

甲斐・信濃では戦国時代というと武田信玄のイメージが大きく、戦乱も彼の時代が一番大きいと思われがちである。しかしながら、実態は異なり、両国において最も戦乱が厳しかったのは武田氏滅亡から豊臣政権樹立の時期、とりわけ天正十年（一五八二）から十三年ぐらいだと私は考えている。

武田家滅亡から家康の覇権の間に幕藩体制の枠組みはできた。したがって、政治史的にはきわめて重要な時期であるが、ここでは全体の概略を述べることをせず、あえて最初に取り上げた山中十二ヶ村の共有文書に記された出来事を中心に記述していきたい。

1　武田家滅亡と混乱

新府城築城と木曽義昌の謀叛

天正九年（一五八一）三月二十二日、高天神城（静岡県掛川市）が徳川軍の攻撃によって落ち、城将の岡部長教《ながのり》（元信）や善光寺別当の栗田鶴寿《くりたかくじゅ》ら七百三十人が討ち死にした。遠州の拠点の落城は、勝頼に大きなショックを与えた。

八月に三枚橋《さんまいばし》城（静岡県沼津市）が北条氏直《うじなお》の攻撃を受けたので、勝頼は二十日に穴山梅雪《ばいせつ》（信君《のぶただ》）へ書状を送り、氏政と家康に備えて田中・小山・天王山以下の城の用心を命じ、明日少し援軍を送り、求めがあればすぐ出馬すると伝えた。八月二十八日に北条勢が撤退したが、勝頼は三枚橋城の普請を命じた。この頃、勝頼は南化玄興《なんかげんこう》を通じて織田信長との和睦をはかったが成功しなかった。

十月二十七日、北条方の戸倉《とくら》城（静岡県駿東郡清水町）代の笠原政晴が勝頼に服属を申し入れ、翌日に韮山城を攻撃した。勝頼は十月二十九日に援軍を派遣し、自らも伊豆に出馬した。

勝頼は新たな本拠地として新府《しんぷ》城（韮崎市）とその城下町を建設していたが、十一月六日、土屋昌恒《まさつね》が浦野民部右衛門尉へ送った書状から、近々住居を新府城に移そうとしていたことが知られる。十二月二十四日に勝頼は諏訪社上社の神長官（守矢信真《のぶざね》）へ、「新館（韮崎市）へ相移るについて、神前において丹精を凝らされ、守（符）府・御玉会則ち頂戴、目出たく珍重に候。なお武運長久の懇祈任せ入り候」（守矢家文書）と礼状を出した。

武田勢は十二月五日に伊豆を攻撃して、玉川表（三島市）で合戦となった。勝頼が馬を納めたのは十九日で、二十四日頃に新府城へ入った。一方、武田家にとって最大の脅威である織田信長は、十二月十八日に甲州進攻の準備として黄金五十枚で米八千俵を購入し、三河の牧野城（愛知県豊川市）に備えた。

木曽義昌は勝頼の異母妹を妻にしていたが、武田家の支配から離脱し、独自な支配を推進していった。このため勝頼は木曽での防御に気を配り、とりわけ信長に配慮し、天正七年十一月十六日に跡部勝忠へ信濃と越後の国境、および木曽妻籠《つまご》口（木曽郡南木曽町）の役所（関所）の警固を命じた。

『信長公記』によれば、義昌は天正十年二月一日に信長の味方になると表明し、勝頼を攻め滅ぼす軍勢を出すよう、苗木（岐阜県中津川市）の遠山友政に求めた。信長が人質を取った上で出馬すると約束したので、義昌は舎弟の上松《あげまつ》蔵人を人質として織田方の菅屋長頼《すがやながより》に預けた。

木曽義昌が謀叛を起こしたと聞いた勝頼とその子信勝《のぶかつ》、および武田信豊は、移ったばかりの新府城（韮崎市）から二月二日に馬を出し、一万五千ばかりの兵で諏訪の上原（茅野市）に陣を敷いて、敵が入ってくる諸口での対応策を申し付けた。

義昌は二月六日付で織田信忠の家臣の塚本三郎兵衛尉に書状を送り、来援を求めた。信長は既に二月三日、武田領国攻撃の軍勢を動かし、駿河口から徳川家康、関東口から北条氏政、飛騨口から金森長近《かなもりながちか》、伊那口から信忠が攻め入るよう命じていた。これに応じて、二月三日に織田信忠・森長可《もりながよし》・団忠直《だんただなお》（忠《ただ》正《まさ》）が先陣として、尾張・美濃の軍勢を率いて、木曽口・岩村口（岐阜県恵那市）に出撃した。

新府城の枡形跡（韮崎市中田町中條）

武田方では峠や山道などの要害の場所を抱え、滝ヶ沢（下伊那郡平谷村）に要害を構え、下条信氏《のぶうじ》を配置したが、家老の下条氏長が逆心を企て、二月六日に信氏を追い出し、岩村口から河尻秀隆《かわじりひでたか》の率いる軍勢を引き入れた。

織田信忠は二月十四日に岩村に着陣した。この日、松尾（飯田市）の城主小笠原信嶺が織田方に属することを表明したので、織田軍は妻籠口から清内路口（下伊那郡阿智村）より伊那へ侵入した。飯田城（飯田市）には坂西織部《ばんざいおりべ》・保科正直《まさなお》が立て籠っていたが、同日夜に敗北して逃げ出した。武田勢は翌二月十五日に市田（下伊那郡高森町）で織田

武田氏の伊那支配の拠点だった大島城跡
（下伊那郡松川町元大島）

軍の攻撃を受け、退き遅れた者が十騎ばかり討ち取られた。

武田軍は木曽攻撃のため、二月十六日に今福昌和《まさかず》を侍大将にして鳥居峠へ足軽を出し、義昌の軍勢と戦った。この合戦で屈強の者四十名余りが討ち取られたので、馬場昌房《まさふさ》は深志《ふかし》城（松本市）に立て籠った。この日、遠江では小山城（静岡県榛原郡吉田町）が自落した。また、北条氏政は北条氏邦に、今月十日以降、甲斐・駿河からの情報が入ってきていないことを伝えた。

十六日に信忠は岩村から平谷（下伊那郡平谷村）へ移り、翌二月十七日には飯田に進んだ。勝頼は伊那の拠点大島城（松川町）に信玄の弟の逍遙軒信綱《しょうようけんしんこう》（信廉《のぶかど》）を入れ、小原継忠、日向玄徳斎《ひなたげんとくさい》宗栄、関東の安中久繁《あんなかひさしげ》などを加えて守らせたが、織田軍の攻撃の前にもろくも夜中に陥落した。信忠はここに留まり、大島城に河尻秀隆、毛利秀頼を入れ、先手を飯島（上伊那郡飯島町）に移らせた。その上で森長可、団忠直、小笠原信嶺に先陣を命じた。

高遠城落城

二月二十一日、信長は滝川一益《たきがわかずます》・河尻秀隆などに、高遠城への道筋に付城を築かせた。

また、二十三日に河尻秀隆に書状を送り、勝頼が高島（諏訪市）から甲州へ退いたということだが事実を調べて申し越すように、木曽義昌の人質は我々が出馬をする時に召し連れてくるように、高遠表に陣取るについては皆で相談し落ち度がないようになどと指示したが、文中には勝頼「退治ほど有るべからず候」（徳川黎明会文書）とまで記した。

二月二十五日、江尻（静岡市）に在城していた穴山梅雪は織田方に寝返る腹を決め、人質として甲斐国の府中に置かれていた妻子を盗み出した。信長が三月十七日付で松井《まつい》友閑《ゆうかん》に宛てた書状には、「穴山足弱《あしよわ》等、甲斐府中より彼らが館へ引っ越し候き。四郎（勝頼）諏訪に居陣せしめ候間、則ち甲州の構へ引き退き候。その外彼の国の者ども我も我もと忠節すべき覚悟につきて、右の構えにもあい堪えず、山中へ逃げ隠れ」（『武家事紀』）とある。親族の大物である穴山梅雪までが勝頼を裏切ったことで、甲斐の武士たちは一気に織田方に走ったり、山の中に逃げ隠れたりしたのである。

東では二十六日に北条氏政・氏直が駿河へ出陣し、西では二十七日、徳川勢の攻撃の前に用宗城《もちぶね》（持船城、静岡市）の開城が決まった。

勝頼は二十八日に穴山梅雪が謀叛をしたとの連絡を得て、上原の陣所を焼いて新府に帰った。この日、伊豆の戸倉城が北条勢の攻撃により陥落し、駿河の三枚橋城も自落した。

二十九日には穴山梅雪が家康へ「内覚」という形で、降伏条件を示した。同日、朝比奈《あさひな》信置《のぶおき》は用宗城を徳川に明け渡して久能城に退いたが、久能城も間もなく攻略され、城代の今福《いまふく》虎孝《とらたか》が自害した。

三月一日に徳川家康は、穴山梅雪の服属を公表した。この夜、駿河の深沢城も自落し、武田領国は四方から蚕食されつつあった。敗走を続ける武田軍の中にあって、唯一徹底抗戦したのは高遠城（伊那市）の勝頼弟仁科信盛《のぶもり》（盛信ともされる）であった。攻撃した側の『信長公記』によってその状況を見よう。

三月一日に信忠は飯島（飯島町）より人数を出し、小笠原信嶺の案内で織田軍の河尻秀隆・毛利秀頼・団忠直・森長可が先に進んだ。信忠は御幌の衆十人ばかり召し連れて、仁科信盛の立て籠る高遠城を川を隔てた山の上から偵察し、貝沼原《かいぬまはら》（伊那市）に陣を取った。ちなみに貝沼には織田軍が一夜にして築き、信忠が陣を敷いたとの伝承の残る一夜城跡がある。高遠城は北から西に向かって藤沢川、東から西に向かって三峰川《みぶ》が流れ、合流地点の段丘上に設けられていたので、大変堅固であった。貝沼から高遠に入ろうとすると、入口三町ばかりの間は下が三峰川、上は大山が聳え立ち、一人ずつしか渡ることのできない難所があったが、夜の間に小笠原信嶺の案内によって森長可らが川下の浅瀬を城側に渡った。

三月二日の払暁に織田軍が攻撃を仕掛けた。信忠は地続きの搦手口《からめてぐち》へ取り詰め、大手口には森長可や小笠原信嶺らが攻撃を仕掛け、数多くの武田勢を討ち取った。信忠も武器を持って先を争って塀際へ取りつき、柵を引き破って塀の上へ登り、一気に乗り入れるよう下知したので、織田軍は我劣らじと大手と搦手の双方から城内へ雪崩を打って入り、武田軍と火花を散らして戦い、両軍とも傷を蒙り、討ち死にする者が数知れなかった。結局、この戦いで、武田方では仁科信盛以下の四百人以上もが命を失った。

勝頼の最期と武田領国の分配

三月二日、北条勢が吉原（静岡県富士市）まで進んできた。武田家を支援をしてくれる可能性のある大名は上杉景勝しかなかったので、河野家昌《こうのいえまさ》などが状況を伝え援軍の派遣を催促した。

三月三日、大島城を出て高島城（諏訪市）に立て籠っていた上野の安中氏は、支えることができずに津田源三郎（織田勝長）に城を渡して退いた。木曽口の鳥居峠に陣取っていた織田軍が攻撃を加えたため、深志城の馬場昌房は持ちこたえることができず、城を織田信長の弟である長益《ながます》に渡して退散した。同じ三月三日、家康は穴山梅雪を案内者として、河内口から市川口（西八代郡市川三郷町）に乱入した。

勝頼は高遠城が思っていたより早く落城し、織田の軍勢が新府へ向かっており、味方が次々と脱落していることを知った。武士たちは堰を切って武田家を見限って寝返り、勝頼身辺の旗本もほとんどいなくなった。勝頼の親族信豊は小諸城（小諸市）に立て籠ろうと小諸へ逃れた。親類にまで見捨てられた勝頼は新府城に籠って戦うのが無理だと判断し、三月三日卯刻（午前六時頃）に城へ火を放ち、天然の要害である岩殿城《いわどの》（大月市）に向かうことにした。

一行は北条氏政の妹である勝頼の妻や御付の者など二百余人で、長年住み慣れた甲府を横に見ながら、郡内の領主小山田信茂《のぶしげ》を頼りにして岩殿城に向かった。勝沼（甲州市）を過ぎてから信茂が味方することを拒んできたため、皆途方に暮れた。従う者は次々と去り、わずか四十一人になってしまった。行く手を遮られた勝頼一行は、武田家に古くから縁のある天目山《てんもくざん》の麓、田野《たの》（甲州市）の平屋敷に防御の柵を設け、足を休めた。

信長は三月五日に隣国の人数を召し連れて安土城を出発し、近江の柏原菩提院（滋賀県米原市）に泊まり、翌日仁科信盛の首を呂久《ろく》の渡（岐阜県瑞穂市）で見て、岐阜（岐阜市）へ持たせて長良の河原でさらした。七日は雨だったので岐阜に逗留した。

五日に上杉景勝が派遣した援軍は信濃の牟礼《むれ》（上水内郡飯綱町）に着陣し、斎藤朝信《さいとうとものぶ》以下の本隊を待った。景勝は六日に禰津常安などへ長沼表（長野市）へ援軍を送ったと伝えたが、実際には動いていなかった。

七日、信忠は信玄異母弟である一条信龍《いちじょうのぶたつ》の甲府屋敷に陣を据え、逍遙軒・龍宝・一条信龍などの武田一門・親類・家老の者などを捜させ、ことごとく成敗した。

八日に徳川勢が沢（南巨摩郡南部町）まで入り、家康も興津《おきつ》（静岡市）に入城した。同日、岐阜から犬

武田勝頼と夫人・信勝の墓
（甲州市大和町田野・景徳院境内）

山（愛知県犬山市）に進んだ信長は、柴田勝家へ「甲州諏訪の事、四郎は去る月二十八日彼の方居城へ逃げ入り、居所ども自焼き仕り候て、山奥へ何方ともなく逃げ失せ候。（中略）吾々出馬は専（詮）なく候へども、連れん関東見物の望みに候。幸いの儀に候間相越し候。四郎事、彼等代々の名をくだし候」（「古今消息集」）と判物を出した。勝頼は山奥に逃げるしかなかったのである。

九日に徳川勢が身延山久遠寺（南巨摩郡身延町）に、家康本人も万沢（南部町）まで進んだ。

十一日、滝川一益は勝頼父子や奥方などが駒飼《こまかい》（甲州市）の山中に引き籠ったと聞いて捜索したところ、田野の平屋敷に居陣していることがわかったので、手勢に一行を取り巻かせた。結局、勝頼らは戦死した。勝頼三十七歳、夫人十九歳、信勝十六歳であった。

信玄が侵攻してくる以前に松本平の領主であった小笠原長時の子貞慶《さだよし》は、武田氏滅亡直後の天正十年（一五八二）三月十四日に二木重吉《ふたつぎしげよし》や二木盛正《もりまさ》、翌日に耳塚作左衛門へ知行を宛がった。十五日には、岡田（松本市）の小宮山織部丞に旧領が回復したら宛がいをすると約束した。こうして、貞慶は武田氏滅亡後の松本平に影響力を持とうとしたのである。

貞慶を背後から支援していた家康は、十九日に諏訪の法花寺（法華寺、諏訪市）に居陣していた織田信長と会見した。二十日に木曽義昌が馬を二疋など進上して信長に謁見すると、信長は義昌へ太刀や黄金百枚とともに安曇・筑摩の二郡を与えた。三月二十七日にこの二郡の宛がいと木曽郡の安堵《あんど》をした印判状が出て、義昌が正式に松本平を支配することになった。

三月二十九日に織田信長が旧武田領の知行割を行った結果、駿河は徳川家康、甲斐は河尻秀隆（ただし穴山信君の知行分を除く）、上野は滝川一益が領した。これに対して信濃は各郡ごとに分かれ、高井・水内・更級・埴科郡を森長可、木曽・筑摩・安曇郡を木曽義昌、伊那郡を毛利秀頼、諏訪郡を河尻秀隆、小県・佐久郡を滝川一益がそれぞれ領した。

信濃府中の情勢

武田家を滅亡させた織田信長はそれから三月足らずの六月二日、本能寺の変で明智光秀によってあっけなく殺されてしまった。このため甲斐・信濃は相模の北条氏政と三河の徳川家康、信濃は越後の上杉景勝と徳川家康、北条氏政の草刈り場と化した。

織田信長による信濃の知行割

家康は七月九日に甲府に着陣し、信濃の統轄者として酒井忠次を伊那から諏訪へと送り込んだ。八月五日には家康が金山衆に恵林寺領五百貫文を宛がい、早速甲斐の支配を始めた。

上杉景勝は川中島まで出兵して、森長可が支配していた北信濃の四郡を支配下に収めるとともに、小笠原貞種《さだたね》（洞雪斎《とうせつさい》、玄也《げんや》。長棟の

三村氏の居館跡だったという釜井庵
（塩尻市洗馬元町）

四男、長時の弟）を筑摩郡に送り込み、深志城の木曽義昌を追い出して、周辺に勢力を伸ばした。

北条氏政の子の氏直は六月十九日に上野で滝川一益を破り、勢いに乗って信濃に入って、小諸城の依田信蕃《よだのぶしげ》を追い出して、ここを信濃侵攻の拠点とし、七月十二日に小県郡の海野に入った。その後、諏訪満隣《みつちか》の次男頼忠《よりただ》から求められ、信濃に手を伸ばそうとする家康に対抗するため八月二日に諏訪へ出兵した。

貞慶は六月十二日に家康の支援を受けて信濃に帰り、後庁《ごちょう》勘兵衛尉《かんべえのじょう》に忠節を促した上で、十四日に同人の忠功を賞して奉行人に列した。『甲陽軍鑑』に天文二十四年（一五五五）八月二十六日に信玄が木曽へ出馬した時、信州衆の瀬場《せば》（洗馬）という侍が降参してきたので、九月末に甲府へ召し連れ、一蓮寺で雑兵とも二百十三人を殺したとある。洗馬とは三村長《なが》親《ちか》で、彼の没後嫡男の長行が叔父にあたる岡田伊深城（松本市）主の後庁久親《ひさちか》の養嗣子となって後庁を相続したという。

松本平をねらっていたのは小笠原氏や木曽氏だけではなかった。六月二十日に上杉景勝は小幡昌虎《おばたまさとら》などの信濃の諸士に本領を安堵したが、対象地名の中に信府（松本市）が見える。貞慶の叔父の小笠原貞種が景勝の支援を受けて木曽義昌を追い出して深志城に入っていたので、貞慶は深志城を奪取しようと、七月二日に川辺与三右衛門へ忠勤を促した。また、貞慶を支援する徳川家康配下の榊原康政《さかきばらやすまさ》は、七月五日に深志を調略した後庁勘兵衛尉の忠功を賞した。

小笠原貞種は七月八日に二木重吉に所領を宛がい、小林采女正《うねめのしょう》にも筑摩郡栗林郷（松本市）を安堵し、深志城主として支配を開始した。ところが、貞慶は十日に深志城を手に入れるため恩賞をもって百瀬石見守を誘い、旧家臣たちを糾合して十六日に深志城を回復し、貞種を越後に走らせて、深志の地名を松本へと改めた。そして、十九日に後庁（三村）勘兵衛などに洗馬（塩尻市）の地を与えた。小笠原軍が木曽軍と本山《もとやま》（塩尻市）で戦い、犬甘《いぬかい》治右衛門が戦死したので、貞慶は二十日に治右衛門の弟久知にその名跡を継がせた。また、二十三日に松林和泉に深志の地を沙汰させた。

貞慶は二十七日に小林勘右衛門等に栗林北方（松本市）の地等を安堵し、穂苅太郎左衛門等へ所領を宛がった。また、七月のうちに、江戸時代後期に信濃日光とまで呼ばれ、当時大きな力を持っていた若沢寺《にゃくたくじ》（同）に禁制を掲げた。

一方、正統な支配者を自認する義昌は、七月二十七日に小野内記助に桐原（松本市）の地を宛がい、林郷（同）を預け、支配者としての存在を示した。

貞慶は八月四日、犬甘久知に犬甘（松本市）四百貫文、北方（同）三百貫文等合わせて本領の九百貫文を安堵した。七日に西福寺（塩尻市）へ木曽の禅興寺分および諏訪の慈雲寺分の地を寄進した。九日に長興寺（同）に寺領を安堵し、また祝梅庵に寺領を寄進した。十日には日岐《ひき》城（東筑摩郡生坂村）を囲んでいた犬甘久知に、日岐城主の仁科盛武の降参を許さないことや本山（塩尻市）に出兵して木曽義昌の軍を追い払ったことを知らせ、十二日に日岐城を攻めた。十四日に広沢寺（松本市）と若沢寺の寺領を安堵し、十六日に百瀬伝助へ三溝《さみぞ》（同）を、二十日に中島刑部左衛門へ泉（同）をそれぞれ宛がい、二十六日には宝積寺《ほうしゃくじ》（東筑摩郡山形村）の寺領を安堵した。九月二日に貞慶は金松寺（松本市）へ西牧（同）の地を寄進し、新村伝右衛門へ所領を付与した。

信濃における立場を強化しようとする家康は、八月三十日に義昌へ安曇・筑摩両郡を安堵した。また、九月五日には水上利光等へ本領小松（松本市）の地などを安堵した。

貞慶は九月六日に犬甘久知へ明日日岐へ出馬すると知らせ、十九日には安曇郡の沢渡盛忠《さわんどもりただ》に沢渡（松本市）の地を安堵した。同日、これに対抗するように家康は岩間正明に野溝・平田・村井の庄（いずれも松本市）などを安堵した。二十四日に貞慶は下条頼安に誓紙を送り、後庁久親に不届きの行為があったら召し放つことを約束し、百瀬雅楽助《うたのすけ》等へは埴原《はいばら》（松本市）などの地を与え、貞慶の家臣である犬甘貞知は岩垂忠助へ同じく埴原郷の地を安堵した。十月十日に小笠原貞慶は倉科朝軌《くらしなとものり》等へ曽山和泉遺跡等を、二十七日に本領作次分などを宛がった。

その後、筑摩郡の会田衆等が上杉景勝の支援で矢久城《やきゅう》（覆盆子《いちご》城、松本市）に籠ったので、貞慶は十一月五日に軍勢を派遣して攻め落とし、九日に北沢孫左衛門尉に日岐領などを、坂井与三兵衛に船場栃沢（松本市）を、それぞれ宛がった。また二十一日には武内縫左衛門に飯田（安曇野市）の内などの地を与えた。

貞慶は翌天正十一年（一五八三）にも支配工作を続け、正月二十九日に小山佐渡守等の戦功を賞し、閏正月二十四日に満願寺（安曇野市）へ寺領を安堵した。家臣の赤沢式部少輔・古厩因幡守《ふるまやいなばのかみ》・塔原三河守等が謀叛を企てたので、二月十二日に式部少輔を攻撃して自殺させ、次いで因幡守・三河守をも誘殺した。しかし、貞慶の支配もまだ安定せず、二月十八日に木曽義昌が酒井彦右衛門尉に北和田（松本市）

の地を与え忠節を賞した。

貞慶は二月二十二日に日岐が落着次第知行の割替えや城普請を行うことにし、三月三日に安曇郡の千《ち》国《くに》十人衆へ千国跡職を与え、同郡小谷筋を警戒させた。こうして彼は国境近くまで勢力を伸ばしたのである。

四月二十七日に上杉景勝が麻績《おみ》城（東筑摩郡麻績村）を攻め落とした。五月十二日になると景勝に属した小田切四郎太郎が、安曇郡仁科（大町市）で貞慶の兵を破った。貞慶は六月十六日に三河岡崎城主石川数正の家臣へ書を送り、川中島辺の上杉景勝押領地を取り返すことを約束し、求められた佐久・水内・高井郡への新道開鑿《かいさく》の命令には応じ難いと申し出た。貞慶は上杉に対抗するためにも、徳川との連係を密にする必要があったのである。

七月二十三日、木曽義昌は三村勝親等へ安曇・筑摩両郡を回復したら知行を宛がうと約束し、松本を取り戻す意図を明示した。貞慶は日岐盛武・穂高内膳佐が異心なき旨を誓ったので、八月七日に身上を保証し、盛武へ押野《おしの》（安曇野市）の地を与えた。十一日になると日岐盛武の戦功を賞して日岐遺跡を宛がい、彼の所領が不作だとして米を給した。

貞慶の嫡男である貞政《さだまさ》（秀政）は三河の家康の元で人質になっていたが、天正十二年（一五八四）正月、父に手紙を送り年賀を祝した。

三月に貞慶軍が上杉景勝の属城青柳城（東筑摩郡筑北村）を攻めたので、景勝は十八日に海津城将の上《じょう》条宜順《じょうぎじゅん》（政繁）や大日向佐渡守等に青柳城を支援させた。徳川家康は四月三日、小笠原軍が二十八日に麻績・青柳両城を攻めたことを賞した。四月一日、貞慶は木曽の入口に住む贄川《にえかわ》又兵衛の忠節を賞し、奈良《なら》井《い》義高《よしたか》の欠所地等を宛がった。貞慶の勢力は鳥居峠の以北まで及び、木曽氏を圧迫するようになったのである。次いで倉沢久兵衛に比奈倉（松本市）の地を宛がった。十九日に貞慶のもとへ上杉景勝が海津城（長野市）に出陣するとの情報が入ったので、麻績城を攻めようとして、仁科衆を篠木尾（笹久、長野市大岡丙）へ、犬甘久知を睡峠（眼峠、東筑摩郡生坂村）へそれぞれ出陣させたが、貞慶軍は麻績城で景勝軍に敗れた。

間もなく景勝の軍が海津城に兵を引いたので、二十五日に貞慶は更級郡境に兵を派遣して敵情を監視させた。二十七日、溝口貞秀が日岐盛武・宇留賀与兵衛を犬甘久知の陣に派遣し、協力して敵に備えることを申し出てきた。

小笠原と上杉はしばらくの間均衡状態を保ったが、八月に入ると再び関係が緊張し、信濃に景勝が入った。三日に景勝は小田切左馬助が貞慶の兵を稲荷山口（千曲市）・青木島（長野市）に迎撃して破ったことを賞した。

小笠原の軍は木曽谷に攻め入り、福島（木曽郡木曽町）を焼いた。八月五日に徳川家康は保科正直へ、菅沼《すがぬま》定利《さだとし》の指揮に従い木曽義昌を撃つように命じた。十日、義昌は奈良井十郎に府中の地等を宛がい、和田小三郎に諸役を免許した。義昌は依然として信濃府中を支配するつもりだったのである。

八月十八日、貞慶は日岐盛武等に川中島進撃の後詰をさせ、宇留賀与兵衛等に更級郡牧之島筋（長野市）を調略させた。十月五日に徳川家康から木曽に攻め入った戦功を賞された貞慶は、十一月二日に贄川又兵衛に所領を宛がった。

天正十三年（一五八五）十一月十五日、石川数正が家康に背いて貞慶の人質を拉致し、岡崎城（愛知県岡崎市）より豊臣秀吉のもとに走った。秀吉は離反した家康を来春攻めることにして、十月十七日に真田昌幸に小笠原貞慶・木曽義昌等と甲斐・信濃を計略させた。これに応ずるように貞慶は十二月十三日に、溝口貞秀を上洛させようと針尾（東筑摩郡朝日村）の地を宛がった。秀吉に従った貞慶は十四日に家康と絶交し、伊那郡高遠城の保科正直を攻めた。

このように、天正十二年末になると貞慶の松本平支配は安定するようになった。

天正十四年（一五八六）二月四日、貞慶から大坂の豊臣秀吉へ派遣された倉科朝軌が木曽の馬籠《まごめ》峠（南木曽町と中津川市の中間にある峠）で土豪に襲われて死去した。一方、三月三日、徳川方の保科正直は三村親勝に信府が思うようになったら本領を安堵すると約束した。十月末までに秀吉は関東を家康に委ね、上杉景勝に対して真田昌幸・小笠原貞慶・木曽義昌の所領を家康へ渡すよう命じ、十一月四日に景勝の尽力を嘉し、また昌幸の罪を免じて知行を安堵した。十二月二十四日、先に諏訪上社の神長守矢信真から社領のことを訴えられていた貞慶は、明春落着させることを約束した。

天正十五年（一五八七）三月十八日、秀吉の命令を受けた貞慶や真田昌幸等が駿府（静岡市）の家康と会見した。これによって貞慶と家康の関係も好転し、一応戦乱状態に終止符が打たれた。

天正十七年（一五八九）正月七日、家康は家督を継いだ貞慶の子貞政（秀政）に所領を安堵し、小笠原氏は家康の配下として位置付けられた。天正十八年（一五九〇）正月九日に秀吉は上杉景勝へ援軍派遣を報じ、あわせて小笠原貞慶との争いを止めさせた。貞慶は景勝とともに八王子城（東京都八王子市）を攻め落とし、六月二十八日に家臣の沢渡盛忠等に戦況を報せた。小田原攻撃に参加した貞政は相模大磯（神奈川県中郡大磯町）で北条氏直の兵と戦い戦功をあげた。七月六日、豊臣軍の攻撃に小田原城が陥落

小田原征伐のきっかけをなした名胡桃城
（群馬県利根郡みなかみ町下津）

した。七月十三日、秀吉は北条氏の遺領を家康に与え、諏訪頼忠等の家康麾下《きか》の信濃の諸将を関東に移し、仙石秀康（秀久）・石川数正などを信濃に封じた。こうして、秀吉によって信濃の戦乱時代も幕を閉じた。

2　築城の時代

小田原征伐と信濃・甲斐

天正十四年（一五八六）十一月、豊臣秀吉は関東・奥羽に惣無事令を出し、紛争はすべて豊臣政権の裁定に従うよう命じた。最後に残った領土紛争の地である沼田領は、真田領の三分の二を北条氏に渡し、三分の一を真田氏に安堵することで決着した。ところが天正十七年十一月、北条氏の配下が真田氏の名胡桃城《なぐるみ》（群馬県利根郡みなかみ町）を攻撃して乗っ取った。真田昌幸がすぐさまこれを秀吉に訴えたので、秀吉は十一月二十四日に「条々」で北条氏に最後通告を行った。そして十二月十三日、北条氏に対する宣戦布告の朱印状を出して陣触れを発した。

天正十八年二月七日に徳川家康は先発隊を小田原に向けて出陣させた。家康本人も二月十日に甲斐を含む領国勢二万の本隊を率いて駿府城を出発した。これに信濃から木曽義昌（病気により名代として子の義利《よしとし》）、諏訪頼忠、小笠原秀政、保科正直、小笠原信嶺、菅沼定利などが従った。

北国口の主将には加賀の前田利家《まえだとしいえ》が任じられ、上杉景勝や真田昌幸が付せられた。利家は三月半ばに軽井沢で真田勢や上杉勢と合流した。真田昌幸の嫡男の信幸《のぶゆき》らは三月十五日に碓氷峠で北条守備軍と遭遇し戦となった。四月になると、全軍で大道寺政繁《だいどうじまさしげ》の籠る松井田城（群馬県安中市）を包囲した。

豊臣秀吉、徳川家康の軍は三月十九日に山中城（静岡県三島市）を攻略し、四月四日から小田原城を包囲した。七月五日、ついに小田原城が落城した。

替わる領主たち

北条氏を滅ぼした秀吉は天正十八年（一五九〇）七月十三日、奥羽・関東・東海・甲斐・信濃の「知行割」を発令した。家康は秀吉の命令に従って、八月一日に江戸城に入城したが、北信濃の四郡を支配していた上杉景勝と小県郡の真田昌幸をのぞくと、甲斐・信濃の領主たちも領知に大きな変動があった。

豊臣秀吉による信濃の知行割

松本城にいて筑摩・安曇両郡を領して小笠原秀政は、家康から下総に三万石を宛がわれて古河城（茨城県古河市）を本拠とした。諏訪郡を領していた諏訪頼忠とその子頼水《よりみず》は武蔵比企郡奈良梨、児玉郡蛭川、埼玉郡羽生に所領を与えられて、奈良梨《ならなし》城（埼玉県比企郡小川町）に入った。木曽義昌は下総海上《かいじょう》郡に一万石を得て、網戸《あじと》城（千葉県旭市）に住んだ。佐久郡の依田康真《やすざね》（康勝、信蕃の次男）

は武蔵榛沢《はんざわ》郡と上野緑野《みどの》郡に三万石を給されて藤岡城（群馬県藤岡市）を根拠にした。飯田城にいた菅沼定利は上野多野郡吉井（群馬県高崎市）へ二万石で移った。小田原参陣中に直正から正光に家督が譲られた保科氏は、下総香取郡多胡《たこ》（千葉県多古町）に一万石で入部した。

こうして去った大名たちに代わって信濃に新たに入ってきた豊臣系の大名は、佐久郡に仙石秀康《ひでやす》（後に秀久）、安曇・筑摩両郡に石川数正、伊那郡に羽柴（毛利）秀頼、諏訪郡に日根野高吉《ひねのたかよし》であった。なお、木曽は秀吉の蔵入地となった。

ちなみに、下伊那では郡代だった菅沼定利をはじめ、小笠原・知久・座光寺・遠山・宮崎・市岡氏らが家康に従って関東に移ると、伊那郡一円支配の領主として秀吉侍従の毛利秀頼が入ったが、彼が亡くなると文禄二年（一五九三）に秀頼の女婿の京極高知《きょうごくたかとも》が近江蒲生郡から飯田（飯田市）にやってきた。

加藤光泰と甲府城築城

天正十八年（一五九〇）、家康が関東に封ぜられた後、甲斐には七月に豊臣秀吉の甥で養子となった羽柴秀勝《ひでかつ》が入国した。秀勝は八月三日には甲府の桶大工に城への動員を命じた印判状を出した。しかし、秀勝は天正十九年（一五九一）三月頃に美濃国岐阜へ国替えとなり、その跡に近江国佐和山城番だった加藤光泰《かとうみつやす》が入った。

光泰は天文六年（一五三七）に美濃国多芸郡橋爪（岐阜県養老郡養老町）で生まれ、斎藤龍興《さいとうたつおき》に仕えたが、斎藤氏が滅亡すると美濃衆として木下秀吉（後の豊臣秀吉）の臣下となった。天正十二年（一五八四）に秀吉と家康が戦った小牧・長久手の戦いでは、犬山城（愛知県犬山市）代となり国境の最前線を担った。天正十三年には二万石で大垣城（岐阜県大垣市）主となり、同時に秀吉の蔵入地（直轄地）を預かったが、収入を自身のものとしたため、九月に国替えとなり、秀吉の異父弟である豊臣秀長に預けられた。

天正十五年に赦免され、近江国佐和山城（滋賀県彦根市）の城番を勤めた。天正十八年の小田原の陣では駿府（静岡市）に在番したが、豊臣秀勝の国替えに伴って、甲府二十四万石を与えられたのである。

甲斐国はそれまで徳川家康が領しており、関東八カ国を領する徳川家康との境目にもあたるので、彼に対する秀吉の信頼が厚かったといえる。なお、光泰は郡内（都留郡）の支配を養子の光吉に任せた。

甲府市のシンボルの一つが小高い独立丘を中心として築城された甲府城で、山梨県庁もかつての敷地内にある。築城場所には鎌倉時代の初め頃に甲斐源氏の一族、一条忠頼の居館があったと伝えられ、一条小山と呼ばれた。武田氏の躑躅ヶ崎館からは約三キロ弱ほど南に当たり、大きな城を築くと同時に、広い城下町を構えるにはうってつけの地であった。

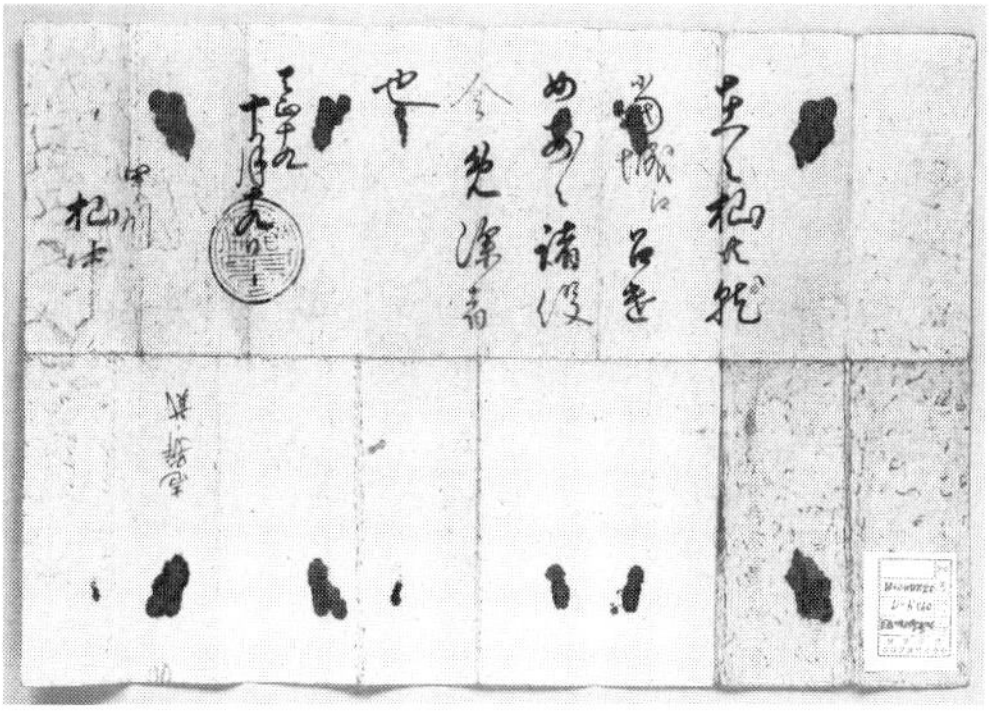

加藤光泰黒印状（山中十二箇村共有文書）

天正十九年（一五九一）十月十九日に加藤光泰は甲州杣中へ、「在々の杣共、当城へ召し遣うについて、前々の如く諸役免除せしむるものなり」（村々にいる杣たちを当城（甲府城）で召し使うので、前々のように彼らの負う諸役を免除する）と黒印状を出した。「前々の如く」とあるので、在々の杣たちは以前から組織されていた。

光泰は甲斐に入ると徳川家康の軍事行動に対処する意味もあって新たな城を計画し、すぐに普請を開始した。十月には杣に

甲府城天守閣跡（甲府市丸の内）

城で用いる木を伐採させているので、この頃には建物の造作も進んでいたのであろう。

十月二十日、光泰家臣の河村伝内が大工衆源蔵・与十郎・喜次郎の三人へ用所を申し付ける代わりとして、本来負担すべき諸役を免許した。時期からして、彼らは甲府城築城に当たって番匠の大工（棟梁）として建物建設の中心になっていたのであろう。さらに、十月二十六日には加藤家家臣の岩佐吉介（元次）が杣・大鋸中に「国中杣・大鋸、公事役・田地役の儀、言上致し候処、御印下され候、人数百四拾七人の分、異儀あるべからず」（北山筋旧十二箇村共有文書）と、百四十七人分の公用役・田地役を免除した。甲府城築城のために木を伐ったり、製材したりする職人が百四十七人も動員されていたのである。

光泰の家臣の井上栄秀は年未詳の十二月二十八日に在々名主に宛てて、「国中杣・おか《（大鋸）》諸役御免許のところに、田役をかけ理不尽に質物を取る由、曲事の次第に候、急ぎ返し置くべの旨御諚候」（山中十二箇村共有文書）と書状を出した。杣や大鋸は甲府城の木を伐っているのに田役をかけられたと訴え、この文書を得たものであろう。

文禄の役に出兵して、朝鮮にいた加藤光泰が文禄二年（一五九三）正月十四日に国家老の加藤光教《みつのり》と加藤大吉へ宛てた書状には、自分たちは息災であるとした上で、「その国ふしん《（普請）》、土手ひがし《（東）》の丸、石かき（垣）出来候や。この表の事、上様御存分に申し付け候て帰国仕り、城をやがて見申すべく候」（大須加藤文書）とある。このように光泰は異国においても甲府城の完成に期待をかけていたが、甲府城の完成を見ることができずに八月に朝鮮の陣中で病没した。

続く築城

加藤光泰の後に甲斐を領したのは浅野長政《あさのながまさ》（長吉《ながよし》）・幸長《よしなが》父子であった。長政は織田信長の弓衆をしていた叔父の浅野長勝に男子がなかったため、長勝の娘のややの婿養子として浅野家に迎えられ、後に家督を相続した。彼は同じく長勝の養女となっていたねね（後の北政所、高台院）が木下藤吉郎（後の豊臣秀吉）に嫁いだことから、秀吉に最も近い姻戚となり、豊臣政権の中枢を担当した五奉行にもなった。

文禄三年（一五九四）六月二十日に浅野長吉（長政）が「国中杣中」に宛てた黒印状に、「国中の杣百三十八人、當城普請召し使い候の中は、諸役免除せしむものなり」（山岡家文書）とあり、甲府城の築城も長吉が引き継いだ。彼は同年十二月二十八日付で北山・小石和《こいさわ》・西郡《にしごおり》・栗原・萬力の杣取中に宛てて、屋敷一人について百坪ずつ年貢を免除する印判状を出した。年未詳十二月二十八日に浅野重義は、郡内山造中に手作分の諸役を免じた。また、同日鳴沢（南都留郡鳴沢村）百姓中に材木用所司代申し付け、とりわけ巣鷹（巣にいる鷹の雛、鷹狩り用に育てる）のことを申し付けるからと高二十石分を免除した。巨大な城の建設には大量の用材が必要であったため、樹木が富士山麓にまで求められたのであろう。

浅野家は文禄四年（一五九五）七月七日、府内桶大工に甲府城の仕事をしているからと伝馬役を免除した。

文禄五年（一五九六）二月十二日には浅野長継（幸長）が「大鋸中・杣中」に、「国中大鋸・杣、この

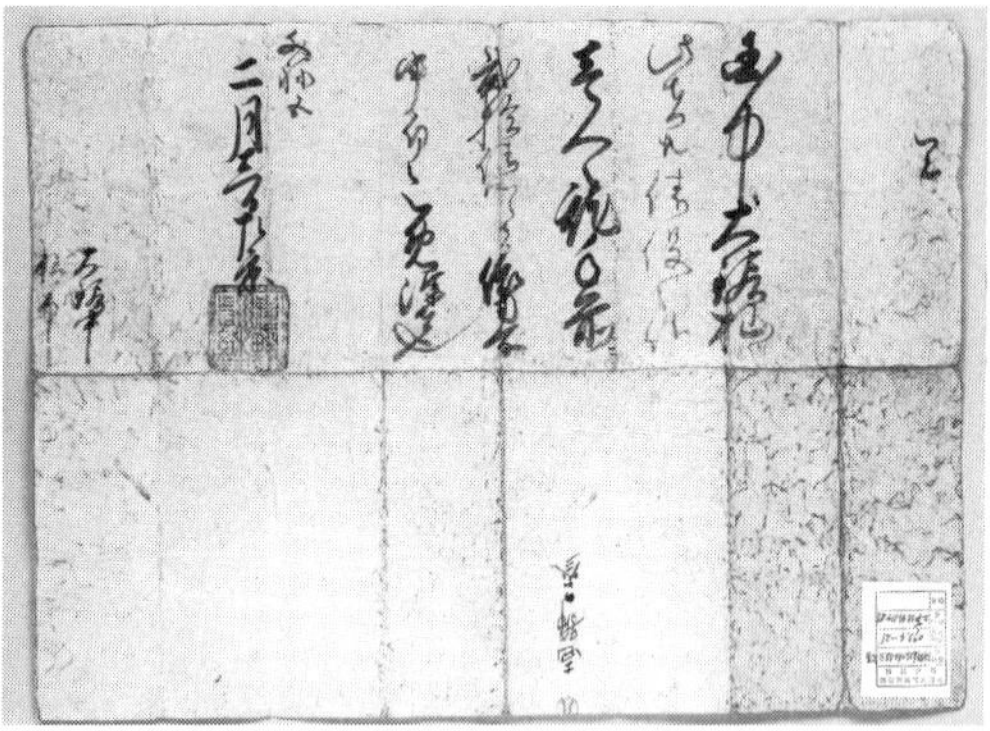

浅野長継黒印状（山中十二箇村共有文書）

者共俵役の儀、壱人の手前に就いて弐拾俵ずつは、用所申し付けるにより、免除せしむるものなり」（国中の大鋸と杣、この者たちの俵役については一人について二十俵ずつ仕事を命じたので免除する）と黒印状を出した。

また、年未詳二月二十四日に浅野忠吉は御棟別御代官衆に、大鋸や杣に下された百坪の年貢、一人につき一俵七升ずつを免許するように申し入れた。

浅野長吉・長継父子は甲府城築城をほぼ完成させたが、慶長五年（一六〇〇）の関ヶ原合戦の後、紀州和歌山に移封となった。

甲府城で注目されるのは、平成二年（一九九〇）度から始められた発掘調査で城内の各曲輪から織豊期に築城された城の特徴である金箔や朱を施された瓦が見つかったことである。鯱瓦は複数個体分発掘されたが、そのうちの一つには鰭や胴部で金箔が若干確認でき、目・口・耳・腹部分には赤々とした朱が残っていた。この鯱瓦の残存部分の高さはおよそ六八センチで、大きさから櫓や門などの屋根に用いられたと推測されている。

こうした鯱瓦は上田城からも出土が確認されている。鯱瓦以外の金箔瓦については松本城・小諸城・沼田城などもあり、江戸城の徳川家康を囲むような分布になっている。甲府城跡では、鯱瓦の他にも金箔の付された鬼瓦（風神）・家紋瓦・軒瓦が発掘された。これは豊臣秀吉が信頼する配下の武将を家康の周囲に配置して城を修改築させ、自分の権力を示すために金箔瓦が使用されたことによると考えられている。

関ヶ原合戦後に再び甲斐を領したのは徳川家康だった。城代となった平岩親吉が甲府城の残りの工事を終えさせた。ちなみに平岩親吉は、年未詳七月二十七日に領分中の山作に諸役と、居屋敷百坪ずつを竹木とともに免許している。

その後、慶長八年（一六〇三）には徳川義直（五郎太。当時四歳）が甲斐に封じられた。義直の国事は親吉が担い、同十二年に義直が尾張に移ると親吉もまた犬山城（愛知県犬山市）に移った。

義直と親吉の移封に伴って、代官の主席にあった大久保長安が甲斐の国事を司った。その後、元和二年（一六一六）に将軍秀忠の次男である徳川忠長が十一歳で甲府に封ぜられた。

甲府城出土の金箔鬼瓦
（『山梨県埋蔵文化財センター調査報告書』第65集より）

松本城

日本には十二の現存天守閣があるが、このうち五城（松本城、犬山城、彦根城、姫路城、松江城）の天守閣が国宝になっている。国宝中で最古とされているのが松本城の天守閣で、北アルプスを背後にして悠然と立っている黒い姿は、多くの城ファンを惹き付けている。

享保九年（一七二四）に編纂された『信府統記』によれば、

松本城の前身の深志城は、永正元年（一五〇四）に小笠原氏の一族である島立貞永《しまだちさだなが》が、小島村（松本市）にあった「井川の城」を現松本城の本丸と二の丸付近にあった坂西氏居館跡に移したのが出発点だという。

その後、武田信玄が松本平を押さえると、支配の拠点として深志城を大きく改修し、筑摩郡・安曇郡支配の拠点とした。武田氏による城の特徴は虎口《こぐち》（城郭や陣営などの出入り口）に丸馬出《まるうまだし》（郭の出入り口前面に設けられた丸形の郭）を設けることだとされるが、江戸時代の絵図を見ると松本城惣堀の出入り口の四カ所に丸馬出が見られる。

天正十年（一五八二）三月に武田氏が滅亡しても、深志城はこの地方の支配の拠点としての役割を維持し続けた。六月の本能寺の変後、叔父と争った末にここを押さえたのは小笠原貞慶で、彼によって城の修築と城下町整備が行われ、城の名も深志城から松本城に改められた。

貞慶は城を拡張し、外堀を掘り、新たに三の丸を囲い、ここに侍屋敷を配置した。また、後に親町三町といわれる東町・中町・本町などの町屋を設けた。

現存する国宝松本城の天守閣につながる建設は、天正十八年の小田原落城後に豊臣秀吉によってこの地に封じられた石川数正とその子康長《やすなが》（三長《みつなが》）によって計画され、主として父の意を引き継いだ康長が行った。『信府統記』は石川氏の城郭の築造について、「（康長）ハ父康昌（数正）ノ企テル城普請ヲ継、天守ヲ建、惣堀ヲサラへ、幅ヲ広クシ、岸ノ高クシテ石垣ヲ築キ、渡リ矢倉ヲ造ル、黒門、太鼓門ノ門楼ヲ立、塀ヲカケ直シ、三ノ曲輪ノ大木戸五ケ所共二門楼ヲ造ル、其外矢庫々々惣塀大方建ツ城内ノ屋形修造アリ、郭内ノ士屋鋪ヲ建テ続ケ、郭外ニモ士屋鋪ヲ割ル、亦枝町ノ家ヲツヽケ、並ヲ能クシ、宮村ノ辺二歩行士ノ屋鋪ヲ造ル」（原文）と記している。

築城の際の石材は山辺山・浅間・岡田から切り出されたようで、城の正門である二の丸太鼓門に城のシンボルとされる玄蕃《げんば》石がある。伝説によれば、井深村（岡田）にあったこの石を運搬させようとした時、人夫の一人に苦情を訴える者がいた。それを耳にした石川玄蕃頭康長は怒って多数の人々の前面に呼び出し、たちどころに首をはね、槍の穂先に貫いて先頭にたて、自らその石の上に飛び乗って「ものどもさあ引け！」と命令をして運搬させたという。

松本城の玄蕃石（松本市丸の内）

寛永二十一年（正保元年、一六四五）二月に記された「系図之覚」に「文禄二年二代目石川様ニ付、御天守建られ奉行致し候、縄張の手から致し、ほう美被下候」（中川治雄『図説国宝松本城』一草舎、八二頁）とあるように、松本城天守閣の天守・乾小天守・渡り櫓の三棟は、文禄二年（一五九三）から翌年にかけて築造された。

文禄四年二月四日に石川康長は河辺与惣左衛門に筑摩郡宮村（松本市）家作のために山家山で材木三百本を伐ることを許し、三月二十三日には東町屋を造るために島之山で材木六百本を伐らせている。城下町整備も急激に進められた。

築城と城下町整備に必要な大量の樹木が伐採され、それにあたった職人も多くいたものと考えられる。

松本城からは、金箔押飾瓦《きんぱくおしかざりかわら》や五七桐紋軒丸瓦《ごしちきりもんのきまるかわら》が出土している。こ

小諸城跡（小諸市丁）

れらは甲府城同様に松本城が豊臣方の武将の居城で、家康包囲網の一部をなしていたことを示す。

慶長十八年（一六一三）石川氏改易の後、再び小笠原秀政が飯田から八万石で入封し、城下町は活気を呈した。その後、元和三年（一六一七）に戸田康長が七万石で入封した。

ちなみに、辰巳付櫓《たつみつけやぐら》と月見櫓は寛永十年（一六三三）に入封した松平直政が増築したもので、現在見ることができる複合連結式の城郭は彼によって完成された。

小諸城

現在の小諸城の地には、地域の豪族大井光忠によって長享元年（一四八七）に築城された鍋蓋城《なべぶた》があった。武田信玄が天文二十三年（一五五四）に鍋蓋城を占拠し、東信州経営、さらに上野進出の拠点として、鍋蓋城を取り込んで小諸城を建設した。現在残っている城跡の基盤の縄張りは、信玄の軍師とされる山本勘助によると言い伝えられているが確実な史料はない。

勝頼の時期に武田家御一門衆の下曾根浄喜《しもそねじょうき》が城代を務め、天正十年（一五八二）の織田・徳川連合軍の甲斐侵攻に際して小諸城に逃れてきた武田信豊を討ち取り、首を織田信長に進上したが浄喜も誅殺されたという。

天正十年に武田氏が滅亡してから、滝川一益、ついで北条氏が領し、後に佐久郡を勢力下に置いた徳川家康は依田信蕃の長男の松平（依田）康国を入城させた。

現在の構えは、天正十八年に入部した仙石秀久《せんごくひでひさ》によって慶長十九年（一六一四）頃までかけての大改修によってできたもので、その頃に三重天守も建てられた。天守には桐紋の金箔押瓦が用いられていたが、寛永三年（一六二六）に落雷で焼失した。秀久は関ヶ原の戦いでは東軍につき、元和八年（一六二二）に二代忠政が上田城へ転封となるまで居城した。

現在、当時の建造物は石垣と現在の懐古園の入り口の三の門、市街地に存在する大手門のみが残り、二つの門は国の重要文化財に指定されている。

飯山城跡（飯山市飯山）

飯山城

長野県の市として最も北に位置し、豪雪地帯として名高い飯山市の中心部、千曲川のすぐ近くに飯山城跡がある。いつ頃最初に築かれたのかは不明であるが、鎌倉時代に泉氏によって築かれたと伝承される。延文元年（一三五六）十月二十三日、現在の中野市に勢力を持っていた高梨氏は小菅《こすげ》（飯山市）の要害に籠って現在の栄村を中心に勢力を持った市河氏等の追撃に遭い、大菅口（同）で応戦した。応安三年（一三七〇）に高梨朝高が高井郡安田郷（同）、大倉郷（同）を領したので、この頃に飯山城もその支配下に入ったのであろう。

弘治三年（一五五七）、高梨政頼は信玄によって高梨氏館から飯山城へと追われ、親戚である上杉謙信に援軍を求めた。三月二十三日、謙信は坂戸城主の長尾政景に援軍を命じ、自身も三月二十四日に出陣すると連絡した。彼は四月十八日に信越国境を越え、山田左京亮の山田要害（枡形城、上高井郡高山村）や須田信頼の福島城（須坂市）を攻略して二十一日に善光寺へ着陣、旭山城を再興して、武田軍の葛山城と対峙した。結局、謙信は六月十一日に飯山城に撤退し、九月に越後に帰陣した。

謙信は永禄三年（一五六〇）八月二十五日、関東出陣にあたり、留守中の掟で信濃のことは飯山城の高梨政頼に任せており、依然として高梨氏がこの城を守っていた。

永禄七年（一五六四）三月から四月、武田勢が飯山口の番所を占領したので、謙信は四月二十日に岩井信能を遣わして上蔵下総守等に飯山城周辺の陣所の警固を命じた（ただし年号については永禄十年説もある）。八月下旬に信玄が塩崎城に入って謙信と対陣した。謙信は信玄に対抗して、越後の防御・信濃計略の前線基地として飯山城を本格的に修築し、同年十月一日に自ら普請の完了を確認した。

永禄十一年（一五六八）七月、本庄繁長の乱に乗じた信玄は長沼城を拠点に飯山城とその支城群を攻撃し、上蔵城（飯山市）を陥落させ、七月十日に飯山城を攻めて首を取った赤見源七郎に感状を与えた。謙信は八月十日に飯山の急を聞き諸将を派遣した。

翌永禄十二年三月、謙信は北条氏康が飯山口に出兵して信玄を牽制するよう求めたので、八月二十三日に飯山・野尻（上水内郡信濃町）・市川（下水内郡栄村）などの厳重な警備を命じ、飯山城へ外様衆《とざま》（飯山の外様に住む土豪衆）を入れた。このように飯山城は謙信にとって信濃の砦の意義を持ち、信玄も手に入れることができなかった。

天正六年（一五七八）に謙信が死去すると跡目を景勝と景虎が争ったが、飯山城は五月二十七日に景虎方の小森沢少輔等の攻撃を受け、周辺の家々が焼き払われた。争いは結局景勝の勝利となり、飯山城は六月に景勝から武田勝頼に割譲された。勝頼は天正七年（一五七九）二月十七日に大滝甚兵衛へ飯山領を検地の後、所領を宛がうことを約束した。同年七月十三日に武田家は松鴎軒《しょうようけん》（禰津常安）へ飯山郷等で知行を与え、天正八年（一五八〇）八月十七日に近隣三十三郷の人足を使って飯山城の普請をするよう命じた。飯山城は武田氏の修築も受けたのである。

天正十年三月、武田氏が滅亡すると飯山城は森長可の配下に入った。かつて飯山城の城主であった岩《い》井信能《のぶよし》は四月一日、安曇郡仁科口警備の任を解いて飯山に差し向けてほしいと直江兼続《なおえかねつぐ》に請うた。

上杉景勝に味方することを決めた芋川親正《いもかわちかまさ》等は、四月五日に廃城となっていた大倉城（長野市）を改修して蜂起し、長沼城主の島津忠直らと連携して飯山城にいた織田信長の家臣稲葉貞通《いなばさだみち》を攻めたが、敗退した。森長可は長沼城を攻略し、大倉城の親正等を攻め破った。これに対して上杉景勝は、四月六日に千坂景親《ちさかかげちか》等へ飯山・長沼両城救援のため上条宜順を信濃に遣わしたことを報せた。

六月二日の本能寺の変で信長が亡くなると、森長可が信濃から撤退し、飯山城は景勝の配下となった。八月八日、景勝は飯山城代に岩井満長《みつなが》（昌能ともいう）・信能父子を任命して城規を示し、九月十六日に信能に飯山城の普請を命じた。信能は十一月二十八日、益村能久の祖母尼に宛てて、飯山町の諸役を免除し、城下の育成を図った。

天正十八年（一五九〇）七月十三日、秀吉の知行割により、北信濃の四郡が景勝領となったが、慶長三年（一五九八）二月の景勝の転封により城は秀吉代官の石川光吉《みつよし》の支配にかわった。慶長六年（一六〇一）六月二日、関一政《せきかずまさ》が長沼城から飯山城に移り、忠恩寺を長沼津町から飯山へ移建して、愛宕町を営んだ。慶長八年六月二日に関一政が美濃土岐に移封となった跡に徳川家康六男の松平忠輝《ただてる》が川中島へ十八万石で入封し、飯山城には家臣である皆川広照が傅役として四万石で入れられた。彼は慶長十四年（一六〇九）に忠輝の不行跡を徳川家康に訴えたところ、逆に家老として不適との指摘を受けて、十月二十七日に所領を没収され、翌年八月一日、越後国坂戸（新潟県魚沼市）より堀直寄が四万石で入封した。元和二年（一六一六）十月、堀直寄は越後国長岡に転封となり、大坂の陣の戦功により近江国高島より佐久間安政が三万石で飯山に入封した。

3 文禄・慶長の役と甲斐・信濃

西生浦で病没した加藤光泰

全国を統一した豊臣秀吉は、日明貿易を復活させるため中間に位置する朝鮮国を味方にしようとした。しかし、長年明国と関係を持つ朝鮮国は応じず、天正十八年（一五九〇）に秀吉の要求を拒絶した。秀吉は天正十九年に肥前国名護屋《なごや》城（佐賀県唐津市）を築き、七月二十二日に明年朝鮮に出兵する軍勢を定め、九月に朝鮮出兵を通達し、翌年一月に派遣軍の部署を定めた。甲斐を領していた加藤光泰には出兵が求められなかったが、自ら願い出て文禄元年（一五九二）の文禄の役に出陣した。

文禄二年五月二十五日に加藤光泰が稲葉長右衛門へ宛てた書状には、「当国都表の儀、去る十九日出候て、今月十二日釜山海まで着陣候、この方家中の者共異儀無く候、八兵衛健に候間、心安かるべく候、大明より御侘言の勅使を守り名護屋に至り差し上げ候、なお御儀走らば、帰朝程あるべからず候」（東大史料編纂所影写本「大須加藤家文書」）とあり、光泰は間もなく帰ることができるだろうと考えていた。

豊臣秀吉は八月六日に光泰へ、「各請け取りの城普請出来においては、一日ばい（買）木を仕り、城中ににほ（にお。刈った稲穂や脱穀後の稲藁を円錐形に高く積み上げたもの）の如くいく所にも積み候て、上を塗り置くべく候、大雪等にて薪ならざる時のため仰せ付けられることに候、しからば薪何程仕置き候通り、城主墨付を取り候て罷り戻るべく候也」（「大洲加藤文書」）と、薪を用意して燃料に困ることのないようにせよと指示した。厳しい朝鮮での冬に対応するため、薪を用意させたのである。

しかしながら、光泰は病気に罹って帰国が不可能になった。八月二十六日に光泰は浅野長政に遺言状を出したが、その中では「我等事、ご存じの如く、この中相煩うにつきて、種々養生仕り候へとも、終に験を得ず、相果て申し候、しからば甲斐の国の儀、かなめ（要）の所、その上御国はし、作十郎（貞泰）若輩の儀に候間、召し上げられ、御近所に召し遣われ候様に仰せ上げられ下さるべく候、何様共せかれ（倅）の事頼み入り申し候、誠に御国下され御用にも立ち申さず、かやうに相果て申す事無念に存じ候、併せて是の事と存じ、是非に及ばず候、随って、上様へ何にても珍しき御道具上げ申し度く候へ共、御存じの如く、我等すりきり故、さ様の道具もこれ無き条、金子五十まい（枚）上せ候て下さるべく候、この地より二十枚これを進じ候、相残る分は国本へ進じ遣わし候、何様共然るべき様に頼み申し候、巨細の儀一柳右近かた（方）へ申し渡し候」（「大洲加藤文書」）と、切々と子供のことを頼んでいる。

西生浦倭城（韓国蔚山広域市）

それからわずか三日後の八月二十九日、光泰は五十七歳で西生浦《ソセンポ》

（大韓民国蔚山《ウルサン》広域市）の陣中で病死した。遺骸は国元へ送られ甲斐善光寺に葬られた（後に大洲曹渓院《そうけいいん》〔愛媛県大洲市〕へ移される）。

秀吉は光泰の嫡男である作十郎（貞泰）が十四歳と幼少だったため、文禄三年正月十七日に美濃国黒野（岐阜市）の四万石に国替し、甲斐国を収公した。その跡に入ったのは、浅野長政とその子幸長であった。

加藤光泰は秀吉に忠誠心を示すため朝鮮半島に出兵しながら、病死したために子供が父の持っていた領地の六分一しか得ることができなかった不幸に見舞われたのである。甲斐善光寺に残る甲府市指定史跡となっている彼の墓は、子孫によって光泰の死後一四六年を経た、元文四年（一七三九）に建立されたものである。

このように、文禄・慶長の役に参加した将士の中には朝鮮半島で病死し、その子孫の運命が一変した者もあった。

両度参陣した浅野幸長

加藤光泰に替わって甲斐国府中（甲府市）二十一万五千石の領主となったのは、浅野長政・幸長（長継）父子だった（一説に長政に五万五千石、幸長に十六万石）。天正四年（一五七六）に近江国浅井郡小谷《おだに》（滋賀県長浜市）に長政の長男として生まれた幸長は、天正十八年の小田原の陣に初陣し、父とともに岩槻城（さいたま市）を攻めた。文禄二年（一五九三）の文禄の役では、朝鮮へ渡海して西生浦に拠った。奇しくも加藤光泰と同じ場所にいたのである。

幸長は文禄四年（一五九五）に秀吉の甥で関白の豊臣秀次の失脚に連座して、能登国津向《つむぎ》（石川県七尾市）へ配流されたが、前田利家・徳川家康の取りなしもあり、間もなく復帰した。

慶長二年（一五九七）の慶長の役では渡海して再び西生浦に着陣し、蔚山《ウルサン》倭城（大韓民国蔚山広域市）に拠って明国の武将である李如梅《りじょばい》の軍と戦った。

蔚山倭城は慶長の役に際して日本軍が築いた日本式の城で、「蔚山之御城出来仕目録」（浅野家文書）によると、本丸・二の丸・三の丸の石垣全長が七七六間二尺（約一・四キロ）、櫓が大小合わせて十二、塀が三五一間二尺（約六三二メートル）、惣構塀が一四三〇間（約二・六キロ）に及ぶ巨大な城であった。

この城の縄張りをしたのは加藤清正で、文禄二年から西生浦倭城を築き、侵略の基地としたが、さらに北へ進もうと慶長二年十一月（一五九七年十二月）後半から蔚山に縄張りをした。築城にあたったのは毛利秀元・浅野幸長らであった。甲府城の築城状況から、甲斐の杣は蔚山倭城の築城用の材木を用意するため、領主であった浅野幸長の動員により参加していた可能性が高い。

蔚山倭城は昼夜問わずの突貫工事で、四十日程度で完成目前となったが、慶長二年（一五九七）十二月二十二日、楊鎬《ようこう》が率いる明と朝鮮の六万人近い連合軍で包囲され、守将の浅野幸長と救援の加藤清正らが防衛した。完成していない城で、城内には食糧も、先に秀吉が加藤光泰に指示したような燃料も備蓄されていなかったが、籠城より十日後に毛利秀元、黒田長政らの援軍が到着して、なんとか城は守られた。慶長三年（一五九八）九月にも蔚山倭城は攻撃を受けたが、再び守り抜いた。

築城途上の城なので材木準備のために城の中に動員された甲斐の杣たちもおり、彼らは攻撃を受けた際の印象があまりに強かったので、万治元年（一六五八）の訴訟文に「こうらい」陣が書かれたのではないだろうか（「はしがき」参照）。

浅野幸長は慶長三年、秀吉の死去に伴い朝鮮より撤退した。帰国後は加藤清正・福島正則らの武断派

大泉寺にある戦没者供養塔
（甲府市古府中町）

に与して、文治派といわれる石田三成《いしだみつなり》らと対立し、慶長四年（一五九九）に武断派とともに石田三成を襲撃した。

慶長五年の関ヶ原の戦いでは徳川家康が率いる東軍に属し、池田輝政《いけだてるまさ》らと岐阜城を攻略し、戦後に紀伊国和歌山三十七万六千石を与えられ、甲斐を去った。

幸長の建てた戦没者供養塔

浅野幸長は秀吉の死去に伴って慶長三年（一五九八）三月に日本へ帰り、甲府市古府中町の大泉寺《だいせんじ》に戦没者の慰霊塔を建てて法要を行った。その慰霊塔には次のような文字が刻まれている。

浅野家一門眷属《けんぞく》
高麗蔚山戦死精霊供養塔

碑文は、浅野家の家系およびその血を引く人々や身内の者、および従者や家来といった配下の者が、高麗（当時の日本人の意識する朝鮮）の蔚山において戦死した霊魂の供養塔という意味で、このような供養塔を建てねばならないほど、多くの浅野家一族および家臣の者たちが蔚山城の戦いで戦死をしたのである。換言すると、いかに蔚山倭城での戦いが厳しかったかが、ここにも示されている。

甲斐善光寺の加藤光泰の墓のすぐ近くには、浅野幸長が建てた父の分墓がある。その正面には「君父之分墓」、右には「幸長謹造営」、左には「眷属戦死霊」、背後には「慶長十五年戌年六月　和歌山大野・安井掛」と記されている。

ちなみに、長政は江戸幕府が成立した後の慶長十年（一六〇五）に、家康に近侍して江戸に移った。その翌年、幸長の所領とは別に常陸国真壁（茨城県桜川市）五万石を隠居料として与えられ、慶長十六年（一六一一）四月七日、真壁陣屋（下野国塩原温泉ともいわれる）で死去した。享年六十五歳であった。その墓は茨城県桜川市にある天目山伝正寺《でんしょうじ》および和歌山県伊都郡高野町の高野山悉地院《しっちいん》にある。

幸長は浅野家の飛躍に繋がり、かつて一緒に統治をした甲斐において、名刹の甲斐善光寺に父の分墓を建てることが重要だと考えたのである。善光寺の分墓が慶長十五年（一六一〇）六月と記されており、長政の死没年と一致しない点は問題が残るものの、重要性は変わらない。幸長は慶長十八年（一六一三）八月二十五日、和歌山で死去した。享年三十八歳であった。分墓を作って間もなく本人も亡くなったのである。

甲府善光寺にある加藤光泰墓に彫られた「眷属戦死霊」（甲府市善光寺）

父の墓に記された「眷属戦死霊」の中心をなすのは、先に見た蔚山倭城などにおける戦死者であろう。大泉寺の石碑のみならず、父の墓にまでこのように刻み込むほど、幸長にとって朝鮮半島での戦いは過酷で、多くの戦死者が出、その慰霊をはからねばならなかったのである。

文禄の役と信濃の大名

天正十九年（一五九一）七月二十二日、豊臣秀吉が明年朝鮮に出兵しようとして軍勢を定めた中には、肥前名護屋（佐賀県唐津市）在陣衆として五千人で上杉景勝、七百人で真田昌幸父子、五百人で石川康長《やすなが》（数正の子）、三百人で日根野高吉、千人で仙石忠政が記されている。また、小山田文書の「高麗へ御人数遣わされ遣候御備え帳の次第」には、三百人で日根野高吉、千人で毛利秀頼、一千人で仙石秀康、一千人で加藤光泰、五百人で真田昌幸、三千人で上杉景勝が見える。

天正十九年十二月二十四日、毛利秀頼の飯田城代である篠治秀政は名護屋出陣のために平沢道正に馬を引いてくるように命じた。天正二十年（文禄元年、一五九二）正月十八日には真田信幸が田村雅楽助に「唐入《からいり》」（朝鮮出兵）を命じて、上野吾妻の地を宛がった。信濃の大名たちの間でも着実に朝鮮出兵の準備が進んでいた。

天正二十年二月二十日に石田三成・大谷吉継、翌日に浅野幸長、二十四日に羽柴秀勝、三月十六日に前田利家、十七日に徳川家康・佐竹義宣・伊達政宗、十八日に小諸藩主の仙石秀久が、それぞれ京都を発った。

四月二十六日に甲斐の身延山日賢は、浅野幸長に従って朝鮮に出陣する信濃の人小川久助へ守符等を贈った。参陣する者たちにとっては初めての異国だっただけに、不安が大きく、お守りを固く信じたことであろう。

松本城主になって間もない石川数正は三月に秀吉から朝鮮への出兵命令を受け、名護屋城へ出兵した。しかし、名護屋城に滞陣中に発病し、帰国することにしたが、途中で病死して、十二月十四日に京都の七条河原で葬礼が行われた。加藤光泰のように異国の地で亡くなったわけではないが、朝鮮出兵の犠牲者の一人といえよう。家康は前日の十三日、数正の子供の康長に筑摩郡と安曇郡の内で五万八千二百二十五石を宛がっていた。

徳川家康は文禄元年（一五九二）十二月十三日に木曽義昌、小笠原秀政、小笠原信嶺等に名護屋出陣を命じた。その他の信濃衆としては、諏訪高島藩主の日根野高吉が三百人、飯田藩主の毛利秀頼が千人、上田藩主の真田昌幸が五百人を従えて、おのおの名護屋城へ出陣した。

文禄二年三月三日に直江兼続は針生彌右衛門尉に、「今般重ねて申し付けた足軽五十人を早々に信州で徴すように」と命じた。彼らは朝鮮に向かったのであろう。文禄二年八月十八日、増田長盛は人畜改御番中に上杉景勝の家臣である高梨頼親の手勢の者等が朝鮮から帰る際、異議なく通過させるよう命じた。

文禄三年十一月二十四日に、石川康長は肥前名護屋より国元である松本宿の松林和泉等に書状を送り、町家の火の用心などを固く命じた。この後、天下を取った徳川家康は重臣でありながら豊臣秀吉の元に走った石川数正の子供の扱いについて考えたであろう。その後、石川康長は弟の康勝、康次とともに大久保長安事件に連座して改易させた。

なお、慶長の役に信濃衆は出陣していない。

4 徳川家康の覇権

豊臣政権内部では秀吉の側近として政務を取り仕切っていた石田三成らのいわゆる文治派と、加藤清正・福島正則・細川忠興らのいわゆる武断派との間で亀裂が生じていたが、秀吉やその弟秀長などの存在により表面化が避けられていた。しかし、天正十九年（一五九一）に秀長が亡くなると、文禄・慶長の役の方針や賞罰をめぐって両派の対立は大きくなった。慶長三年（一五九八）正月十日、秀吉は上杉景勝を陸奥会津に封じたので、北信濃の武士たちの多くが景勝に従った。

家康の勢力拡大

同年夏、秀吉は豊臣政権の安泰を願って、五大老（徳川家康、前田利家、宇喜多秀家、上杉景勝、毛利輝元）と五奉行（前田玄以《まえだげんい》、浅野長政、増田長盛《ましたながもり》、石田三成、長束正家《なつかまさいえ》）の制度を整え、諸大名に実子秀頼への臣従を誓わせた。八月に秀吉が伏見城（京都市）で死去すると、家康は文治派の専制・集権体制を阻止しようと、禁止されていた大名同士の婚儀や加増を取り仕切り、他大名と結び付いて勢力を大きくしていった。この動きを前田利家が厳しく糾弾し武力衝突しそうになったが、誓書の交換などでなんとか対立を避けた。

翌年閏三月に利家が死去すると、武断派の加藤清正・福島正則など七将は文治派の石田三成を襲撃した。難を逃れた三成は事件の責任を取らされ、佐和山城（彦根市）に蟄居となった。

九月七日、家康は秀頼への重陽の節句挨拶を名目に大坂城に入城し、利家の嫡男で加賀藩主の前田利長に家康暗殺の陰謀があったと発表し、警護の名目で譜代の家臣と兵を引き連れて大坂城に留まった。十月二日に家康は暗殺計画に加担した諸将の処分を発表し、翌日利長を討つ号令を大坂に在住する諸大名に発した。利長は弁明に努め、母を人質として江戸に派遣して事態を収めた。この結果、五大老・五奉行の制度は瓦解した。

家康は高台院《こうだいいん》（秀吉の正妻北政所《きたのまんどころ》）退去後の大坂城西の丸を本拠とし、大名への加増や転封を実施した。その中には、天正十年の武田攻めに活躍し川中島を信長から与えられた森長可の弟、忠政《ただまさ》への信濃川中島十三万七千石の加増もあった。

会津征伐と上田合戦

家康は会津の上杉景勝に上洛を求めたが応じなかったので、秀頼の命として上杉征伐を決め、六月二日に東北・関東・北陸の諸大名に出陣を命じ、自身も六月十六日に大坂城を出て一旦伏見城に入った。

一方、三成は家康の留守を狙って挙兵し、西国大名を糾合して家康を討ち果たす決意を固め、七月十二日に毛利輝元へ西軍総大将就任の要請をすることなどを決定した。これに応じた毛利輝元は七月十七日に大坂城に入城して、西軍の総大将に就任した。三成は増田長盛・長束正家・前田玄以の三奉行の連署で家康の違法を述べた挙兵宣言「内府ちがひ《（違）》の条々」を発し、八月十日に大垣城（岐阜県大垣市）に入った。

七月十九日、江戸城の家康に増田長盛から三成らの動向を伝える書状が届いた。家康はそのまま七月二十一日に江戸城を発ち、二十四日に下野小山（栃木県小山市）に到着して、三成が挙兵して伏見城の攻撃を開始したことを知った。翌二十五日に軍議を催し、従軍したほぼすべての諸将が家康に従う誓約をしたが、信濃上田城主の真田昌幸と美濃岩村城主の田丸直昌《たまるなおまさ》だけは西軍側についた。

山内一豊《やまうちかずとよ》が居城の掛川城の提供を申し出ると東海道筋の諸大名がこれにならったので、そうした城へは保科正光をはじめとする徳川譜代の武将が入城し守備した。諸大名は七月二十六日以降に次々と出陣した。家康から中山道より美濃方面への進軍を命じられた徳川秀忠は、約三万八千の軍勢で八月二十四日に宇都宮から中山道を西上した。

二千の軍勢で上田城に立て籠った昌幸は九月二日、小諸城に入った秀忠から降伏勧告をされると、降伏の旨を伝えたが、開城の手続きを進めなかった。秀忠は上田城の東五キロに位置する染屋台に陣を張り、真田信幸に上田城の支城である戸石城攻略を命じると、守備していた信幸の弟信繁《のぶしげ》（史料には出ないが幸村《ゆきむら》の名で知られる）が開城し、上田城に引き払った。

秀忠は上田城近辺で苅田を行い、真田勢をおびき出そうとした。徳川勢は作戦通りに城から出てきた兵を押し包み、上田城へなだれ込んだ。この時、城兵が打って出たが旗本七騎が踏みとどまり、多勢の力を借りて徐々に真田勢を押し返した。町家に逃げ込んだ真田勢を徳川勢が追うと、上田の北西にある虚空蔵山の林から真田の伏兵が現れて鉄砲を撃ち掛け、秀忠の本陣を攻撃した。これにあわせて信繁の一隊が上田城の大手門を開け、徳川勢に襲いかかった。徳川勢は町家の狭い通路で動きを封じられて鉄砲の的になり、撃ち倒された。

上田城跡（上田市二の丸）

関ヶ原合戦と真田氏

東軍が八月二十三日に岐阜城を落としたことを知った家康は、九月一日に約三万三千の兵で江戸城を出陣し、九月十四日に赤坂の岡山（岐阜県大垣市）に設営した本陣に入った。三成は東軍よりも早く大垣城を出陣、関ヶ原方面へ転進したが、情報を得た家康も関ヶ原へ向かった。

九月十五日、ついに決戦となり、結局東軍が勝利したことは周知の事実である。この時東軍に味方した甲斐・信濃に関係する大名としては、浅野長政・幸長、京極高知、佐久間安政がおり、東海道別働隊に山村良勝《たかかつ》がいた。

真田信幸・仙石秀久・日根野吉明ら、信濃の大名の多くは秀忠隊に属していた。また、対上杉・佐竹守備隊として小笠原秀政が控え、武田信吉（家康の五男、穴山信君の子勝千代の没後武田氏の名跡を継承した）・浅野長政が江戸城留守居を勤めた。在国したのは森忠政・京極高広・石川康長だった。

一方、西軍に味方したのは会津の上杉景勝で、真田昌幸も信濃で秀忠軍と戦った。家康を裏切って関ヶ原合戦で秀忠の西上を遅らせた昌幸は殺されても仕方のない立場にあったが、家康に忠節をつくした嫡男の信幸とその舅で家康の重臣である本多忠勝《ただかつ》のとりなしで、赦免されて高野山麓の九度山（和歌山県伊都郡九度山町）への配流になった。慶長五年十二月十三日、昌幸は家康の命に従って上田城を明け渡し、信繁とともに高野山の九度山に赴いた。

家康に味方した信幸は昌幸・信繁が配流されると、昌幸の旧領に加え三万石を加増されて九万五千石（沼田三万石を含む）で上田藩主となったが、上田城の破却を命じられ（上田城の再建修築は、後に上田藩主として入った仙石氏が行う）、引き続き沼田城を本拠とした。

沼田城跡（群馬県沼田市西倉内町）

白鳥神社（東御市本海野）

　信之の小県支配を具体的に伝える最も古い残存史料は、慶長五年十二月二十六日付で、海野（東御市）の白鳥明神（白鳥神社）に社領を安堵し、祈念や祭などを油断なくするようにと命じた文書である。

　年が改まった慶長六年三月十日、信之は東上田村（上田市）の彦助に同郡小玉山の地を安堵した。その後しばらく文書を出さず、七月二十九日に至って、湯本三郎右衛門尉に草津湯銭を免じた。信之は八月二日に横山久兵衛等に東上田（上田市）で、三日に大熊五郎左衛門と海野三右衛門尉に小県郡で知行を与え、五日に真田壱岐守に本知行を安堵したのを手始めに、多くの者に知行を安堵した。

　八月五日の判物においてそれまでの「信幸」から「信之」と改めたのは、父昌幸からの決別を明示したものであろう。これ以前は印判状などを用いているため、正式にいつから「幸」の字を「之」にしたのか判然としないが、残存する文書ではこの時からである。

大坂の陣と真田氏

大坂の陣に関わる最も有名な信濃武将は真田昌幸の次男信繁であろう。天正十年（一五八二）三月に武田氏が滅亡すると、昌幸は織田信長に従って上野国吾妻郡・利根郡、信濃国小県郡の所領を安堵された。六月に信長が亡くなると、越後の上杉景勝、相模の北条氏政、三河の徳川家康が旧武田領国を狙って争った。昌幸が上杉景勝に属して自立し、やがて豊臣秀吉に従ったため、信繁は人質として秀吉のいる大坂に移り、後に豊臣家臣大谷吉継の娘を正妻に迎えた。彼は天正十八年の小田原陣に際して父昌幸と従軍し、石田三成の指揮下で大谷吉継らと忍城《おし》（埼玉県行田市）攻めに参戦したと伝えられる。

信繁は慶長五年（一六〇〇）に徳川家康が会津の上杉景勝討伐に向かうと、父とともに従軍し、石田三成らが挙兵すると、西軍に加勢した。

昌幸と信繁は徳川秀忠が中山道を進軍すると、居城の上田城に籠り迎え撃ち、秀忠の参陣を遅らせた。西軍が関ヶ原合戦で敗北したため、親子は死罪を命じられるべきところ、信之と本多忠勝のとりなしで紀伊国九度山への配流で済んだ。昌幸はここで慶長十六年に死去し、翌年信繁は出家して好白と名乗った。

慶長十九年、方広寺鐘銘事件をきっかけに徳川氏と豊臣氏の関係が緊張すると、大名の加勢が期待できない豊臣家は浪人を集め、九度山の信繁にも声がかかった。これに応じた信繁は国許（上田）の旧臣たちに参戦を呼びかけ、九度山を脱出して、嫡男の大助と大坂城に入城した。

信繁は大坂冬の陣で大坂城籠城案に反対したが、受け入れられなかった。信繁は籠城策が決定すると、三の丸南側、玉造口外に真田丸と呼ばれる土作りの出城を築き、鉄砲隊で徳川方を挑発し、先鋒隊に大打撃を与えた。冬の陣の後、真田丸は講和に伴う堀埋め立てに際して取り壊された。

慶長二十年（一六一五）の大坂夏の陣では、五月六日に後藤基次隊を救援するため道明寺で戦ったが、駆けつける前に基次が討ち死にした。信繁は死を覚悟したが、毛利勝永の慰留で殿軍《しんがり》を務め、追撃する伊達政宗勢と戦いながら豊臣軍を撤収させた。

後藤基次や木村重成などの主だった武将が相次いで戦死したので、信繁は兵士の士気を高めるため豊臣秀頼の出陣を求めたが、豊臣譜代衆や秀頼の母淀殿に阻まれた。

五月七日、信繁は大野治房・明石全登《あかしたけのり》・毛利勝永とともに、四天王寺・茶臼山付近に布陣し、射撃戦と突撃を繰り返して家康の本陣を孤

真田幸村像（JR上田駅前）

立させ、急襲する作戦を立てたが、毛利勢が合図を待たずに射撃を開始したため作戦を断念し、信繁は家康本陣に突撃した。真田勢は徳川勢と交戦しつつ、越前松平家の松平忠直隊・一万五千の大軍をも突き崩すと、後方の家康本陣にまで攻め込んだ。しかし、最終的には兵力で勝る徳川勢に追い詰められ、四天王寺近くの安居神社（大阪市天王寺区）の境内で、味方の傷ついた兵士を看病していたところを襲われ、討ち取られた。享年四十九歳であった。

実際のところ信繁は信濃とはあまり関わりがない人物といえよう。しかしながらテレビやゲーム、本などによって実態以上に信繁の評価が高まり、地域との関連が強調されている。このような動き自体が

歴史的な産物なのである。

戦死した小笠原父子

慶長二十年（元和元年、一六一五）の大坂夏の陣に松本城主の小笠原秀政・忠脩《ただなが》父子は参陣し、本多忠勝の次男忠朝《ただとも》を救援した。しかし、五月七日の天王寺口の戦いで大坂方の猛攻を受けて忠脩は戦死し、秀政も瀕死の重傷を負って戦場を離脱し、間もなくその傷により死去した。

秀政は享年四十七歳で、京都において火葬に付された。同年八月、松本城下埋橋の臨済寺（後の宗玄寺）近郊で両人の葬儀が営まれ、秀政は臨済寺に、忠脩は家臣とともに浅間大隆寺跡に建てられた法性寺墓地に葬られた。

その後、寛保三年（一七四三）三月に水害にあったため、骨灰を広沢寺（松本市）開山堂背後の山中に移した。なお、浅間御殿山にも小笠原貞慶、秀政、忠脩の墓所がある。

法名は、秀政が両選院殿義叟宗玄大居士、忠脩が法性寺殿正甫宗中大居士で、秀政の法号が御殿山小笠原家廟所にある法号と異なっている。

小笠原の家督は次男の忠真が継いだ。なお、この時の秀政の戦死が後の小笠原氏の改易危機に際して、常に「父祖の勲功」として救われる一因をなした。

第四章　山国の物資の流れ

山国の甲斐や信濃では自給できない物資も多く、よそから様々なものを運び込まねばならなかった。逆にそうした物資を得るためには、産物をよそに運び出し、換金などをする必要があった。四方を山に囲まれた甲斐・信濃のどんな地域であっても決して閉ざされた世界ではなく、広く日本と、さらに世界に結び付いていた。前章まで政治史を中心に甲斐と信濃の動きを述べてきたが、本章では主として物資の流通から両国の特質を探ってみたい。

1　物資流通

掘り出される遺物

長野県飯山市の千曲川沿い、上野集落の東の山中に大倉崎《おおくらざき》館跡（上野館跡）がある。遺物から館は十四世紀から十五世紀に存在したことが知られ、戦国時代より少し前から戦国時代前期における地域土豪の生活をしのぶことができる。

遺跡は東を千曲川の断崖、北・西・南の三方を幅一〇メートル、深さ五メートル以上の大きな外堀で囲んでいる。外堀の大きさは北辺が三四メートル、西辺が一〇四メートル、南辺が四二メートルである。

大倉崎館から発掘された瓦質風炉
（飯山市ふるさと館蔵）

大倉崎館跡（飯山市常盤）

郭内の広さは一六〇〇平方メートル、三方が土塁によって囲まれている。本来は一町四方の方形であったのが、東側を千曲川に削られ、中央を道路が走って現況のようになったものと推察される。郭内には掘立柱の建物があったことが発掘の結果わかった。

館跡からの出土品には、中国から輸入された白磁や青磁の碗や皿や壺など、遠く北陸地方から運ばれた珠洲焼（石川県）・越前焼（福井県）の大甕、美濃焼（岐阜県）や瀬戸焼（愛知県）等の天目茶碗や香炉、中国銭、鎧の一部の小札などの鉄製品、茶臼・砚など、多様で貴重なものがあった。白磁・青磁は食器として、美濃・瀬戸等の陶磁器は茶や香などの嗜好品の道具として、大甕は水甕として使われたものであろう。

注目されるのは瓦質風炉で、現在市の文化財に指定されている。これは口径二八・六センチ、器高二四・五センチ、胴最大径三六・六センチで、口縁部外面には櫛歯文、胴下半には花文と蓮弁文が施されている。風炉は瓦質で抹茶・煎茶用の湯を沸かす道具で、雪深い北信濃の地にも茶の文化が根付いていたことが知られる。

いずれにしろ、北信濃の小さな領主の館にも、日本だけでなく世界各地から多くの物資が運び込まれていたのである。

持ち込まれる物資

大倉崎館跡からも中国の焼物が出てきたが、中世の遺跡を発掘すると、必ずと言っていいくらい中国や朝鮮で焼かれた陶磁器が出てくる。内陸の甲斐や信濃でも遠く海外からやってきた陶磁器が流通していたのである。

中世の貨幣はほとんど中国からの輸入品だった。ということは、大量の銭を、船によって中国から日本に運んでいた者たちが多数存在したはずである。銭は日本全国隅々まで流通したので、海外からもたらされた品々は当時の人たちにとって、身近な物であった。同時にそれを全国に行き渡らせ、運ぶ者も多数であった。

国内産の陶磁器も広範囲にわたって流通していたことは、大倉崎からの発掘品でも明らかである。陶磁器のことを多くの地域で瀬戸物《せともの》と呼ぶのは、尾張瀬戸（愛知県瀬戸市）地方で焼かれたものが入ってきたからである。

戦国時代の地域を明らかにする手法として考古学は多くの知見をもたらした。ただし、その最大の弱点は腐らないものが遺物となることで、陶磁器や銭はその最たるものであるが、私たちが日常に使う衣類や食品、伝達の紙など多くのものは朽ちてしまい、遺物として残ることはまれである。

古文書や記録からも全国的な物資の流れは確認できる。天正（一五七三〜九二）末頃と判断される二十八日付で、武田勝頼の重臣である跡部勝資の長男で上野和田城（群馬県高崎市）主の和田信業《のぶなり》は石原作右衛門と黒崎一兵衛に手紙を送り、備前物と蜜柑《みかん》をこの便で持参してほしいと求めた。備前焼（岡山県）が広い範囲にわたって流通していたことを示す。同時に出てくる蜜柑は上野や甲斐・信濃では作ることのできない、暖かい地方の産物である。蜜柑などの嗜好品もまた、遠くから甲斐や信濃に運び込まれていたのである。

慶長十一年（一六〇六）に作られた甲州の大商人である末木新左衛門尉の「八田村新左右衛門尉家材改《かざいあらため》」によれば、一つの茶弁当の中に棗《なつめ》（抹茶を入れる蓋物容器）、天目《てんもく》、中次《なかつぎ》（薄茶器の一種）が入っている。天目とは天目茶碗のことで、書きぶりからして輸入品の可能性が高い。また、染付皿十二枚、染付鉢一枚があるが、これも中国からの輸入品だろう。同年の「文庫内改日記」には染付の鉢二つ、青茶碗の鉢一つ、青皿九枚、染付八つ、染付皿十枚、染付皿二十四枚、などが記されている。「八田村新左右衛門息女之家材」の中には沈香《じんこう》十匁が見える。沈香は熱帯アジア産出の高木から採取する天然香料なので、はるばる海を越えて南国から山国の甲斐までもたらされたのである。同じ日記の中には砂糖が少しあるとも書かれている。これは琉球《りゅうきゅう》か中国あたりからの輸入品だろう。「八田村新左衛門尉文庫之内改之日記」にはさらに高麗莫蓙《こうらいござ》が一枚あるが、これは朝鮮半島から来たと推察される。

このように、様々な物資が海や国を越えて、商人の手によって内陸部にある甲斐や信濃の各地域まで運ばれていたのである。

塩と魚

長野県松本市の中心部、本町一丁目に立っている牛繋石《うしつなぎいし》と呼ばれるなめらかな石についていは、次のような伝説がある。

永禄十一年（一五六八）、武田信玄と上杉謙信が戦っていた頃、謙信は松本地方の人々が今川・北条氏の戦略によって駿河経由の塩が断たれ、塩不足に苦しんでいると聞いて、越後方面から海塩を急送してその苦難を救った。たまたま、その塩が牛の背に付けられて到着し、牛が繋がれたのがこの石である。史料からはこのような事実を確認することができず、実際に謙信が援助のために塩送付をした証拠はない。しかし、この伝説はどんな山の中でも塩を必要とし、それが供給されていたことを伝えている。元亀三年（一五七二）の吉田村（富士吉田市）新宿の「屋敷割覚」中には、「志ほや」（塩屋）が見える。人間が生きるために塩は必須であり、富士山麓でもこれを扱う店があったのである。

上杉謙信の義塩の伝説がある牛繫石
（松本市中央２丁目）

武田家は天正元年（一五七三）十二月二十三日に山下勝久へ河東の塩座役の所務を命じており、塩座に課せられた役が武田氏の収入になっていたことが知られる。

天正十年（一五八二）七月二十三日に徳川家康が左右口《うばぐち》郷（甲府市）に宛てた朱印状には、「祖母口《うばぐち》の在家四十七間、往還の伝馬勤るの条、関塩相物《あいもの》その外諸役、前々の如く相違なく免許せしむ」（右左口区有文書）とある。相物（四十物）とは鮮魚と乾魚との中間物の意味で、干魚など塩で処理した海産物の総称である。海から遠い甲斐や信濃へ鮮魚を運ぶのは難しいので、加工をして運ぶしかなかった。当時、甲斐の国中地方で消費される塩や魚の多くが駿河と甲府とを結ぶ中道《なかみち》を通って運ばれ、その輸送に左右口郷民があたっていたのである。

信濃では塩の道として、糸魚川から松本をつなぐ道や中馬街道（伊那街道）と呼ばれる三河と信濃を結ぶ道などが有名であるが、山国の甲斐や信濃の住民の生活を維持するために、塩や魚を搬入することは必要欠くべからざることだった。それゆえ、その輸送に従事する者も多くおり、近世には馬を使っての輸送業者は中馬と呼ばれた。

峠を越え遠隔地を結ぶ

年未詳の三月、武田家は妻籠（木曽郡南木曽町）在番衆に、留め置いた商人十五人と荷物二十駄を異儀無く通すように命じた。妻籠は美濃から信濃へ入る通路の入口に当たるが、十五人もの商人が馬二十疋を引き連れてキャラバンのようにして商品を運んでいたのである。大量の物資を安全を確保しながら運ぶためには、このように多人数で移動する必要があったのであろう。

大規模な商人たちだけではなかった。徳川家康は駿河と甲府を結ぶ中道往還の左右口郷に天正十年七月二十三日に諸役免許をしたが、その前日には九一色《くいしき》衆と郷中に九一色諸商売の役を免許しており、中道沿いの住民たちも甲斐と駿河とを結んで物資輸送をし、商売をしていたことがわかる。

九一色郷の一つに西湖の郷があるが、武田信虎は命禄《みろく》元年（天文九年、一五四〇）七月十日にこの地の住人である西之海《にしのうみ》衆に古関（南巨摩郡身延町）の役を免除した。受給者は古関の関所を通行するに際して関役を出さなくてもよくなったのである。武田家は天文二十二年（一五五三）五月晦日に西之海衆へ、本栖（南都留郡富士河口湖町）の関所の番を勤めたり材木等の奉公をしているからと、諸役を免許した。さらに、天正五年二月二十二日に高萩の郷（西八代郡市川三郷町）などの九一色郷に諸役を免許した。

永禄十一年十一月三日、武田家は山中湖（南都留郡山中湖村）畔の平野郷民に、甲斐と駿河両国の通行が不自由の間、本栖地下人のように諸役を免除した。平野からは相模や駿河に抜けることができるので、平野郷民も物資輸送や正行をしていたのであろう。

武田家は天文十九年六月二日に奈良田郷（南巨摩郡早川町）中より商売に出る人に諸役を免除し、天正九年（一五八一）六月十九日にも重ねて商売役を免許した。武田家滅亡後に甲斐を領した徳川家も、天正十一年（一五八三）十月六日に奈良田と湯島郷（早川町）の名主へ宛て商売の者に諸役免除した。

奈良田や湯島は南アルプス山麓の標高が高い山間に位置する集落で、ここの住民たちも商業に携わっていた。おそらく彼らは山中であるがゆえに林産物などを売り、生活物資を入手していたのであろう。

永禄二年（一五五九）三月二十日に甲斐の武田家は「分国商売之諸役免許之分」という、それまで武田家が出した通行許可証（過所《かしょ》）三十四件をまとめた文書を作成した。与えられたのは武田家の分国内を自由に動き回る権利なので、特権の受給者は遠隔地を結ぶ商人が多い。武田氏とつながりの深い甲府の坂田氏などは入っていないので、商人のすべてを網羅していないが、これを見ると遠くから甲斐にやってきた商人の一端がわかる。文書中から特に目につく人物を挙げたい。

年未詳の十月吉日、武田家は小園八郎左衛門へ京都絹布以下の用所を一人に申し付けるからと、分国の関所通行について一月に馬三疋（頭）分の諸役を免許した。京都の織物は日本国内において最も質の高いものだった。甲斐において身分的に最上位に位置した武田信玄やその一族は、身に着ける物も身分相応の高級品である必要があった。そのために、武田家では京都の絹布を求め、それを商っていた小園八郎左衛門と関係を持っていたのである。

武田信玄が三百挺の鉄砲を入れた旭山城
（長野市平柴）

京都寂光寺《じゃっこうじ》の「蓮祖舎利伝来記」によれば、天正二年（一五七四）、三年頃に降屋祐右衛門という京都の商人が商売のために甲州へ往き来し、武田勝頼の御用を承ったという。当時、日本の政治経済の中心であった京都と甲府を結ぶ商人は、扱う商品に応じて多数存在したことであろう。

天文十九年（一五五〇）四月三日、武田家は濃州（岐阜県）の商人である佐藤五郎左衛門尉へ、分国内の諸役所を一月に馬三疋通行する権利を付与した。年未詳の十二月十九日には濃州商人の源五へ越中（富山県）へ使者を送った時に案内をしたからと、一月に馬一疋分の商売を免許している。源五は美濃に居を構え、越中や甲斐を商圏にして、馬に荷物を乗せて活動していたのであろう。美濃は京都と甲斐の中間に位置し、西国と東国の中間にも当たるので、この地域の商人が京都や堺（大阪府堺市）などと、関東や北陸などを広く結んで活動していたと考えられる。

弘治三年（一五五七）正月二十八日に武田家は彦十郎に、煙硝《えんしょう》や銀を運ぶに際して、分国の内で一月に馬三疋ずつ諸役所を通行することを許した。煙硝は火薬の原料で、鉄砲を使用するのに必要である。『勝山記』によれば天文二十四年、武田信玄は上杉謙信との戦いで旭山《あさひやま》城（長野市）に鉄砲を三百挺入れた。事実だとするなら、相当量の火薬が武田氏のもとに用意されていたはずである。戦争の背後に彦十郎のような武器に関わる商人がいたのである。

弘治四年（一五五八）三月六日、武田家は会津の高橋の郷（福島県会津若松市）の大島次郎右衛門尉へ、甲斐と信濃の両国の内において一月に五駄宛荷物にかかる諸役を免許した。東北地方からも甲斐に商人がやってきていたのである。

戦国大名と結んだ商人

甲府の商人として最も有名な家の一つが、江戸時代に町年寄を勤めた坂田家である。この家の詳細な系図や由緒書は伝わっていないが、略家譜によると先祖の生国は伊勢（三重県）で、北畠家に仕えていたが、天文（一五三二～五五）年間に甲州へ来て武田家に仕え、府中八日市場（甲府市）に居住したという。坂田家に現存する最古の文書は天文十一年（一五四二）閏三月十五日付の武田家が与えた通行許可証である。また、武田家に肴《さかな》の奉公をするからと、一月に馬三疋分の諸役が免除された。伊勢商人は近江商人と並んで全国的に活動したことで有名であるが、坂田氏も伊勢商人として甲斐にやってきて、武田家とつながりを持ったのではないだろうか。

甲府の繁栄とともにその消費力を目当てに全国から商人が集まってきた。その中には坂田氏のように御用商人として成長を遂げた者もあった。商人の定住は戦国時代を通じて各地に城下町などが形成されたので、全国的な動向である。換言するなら、地域に商人が定住し、地域住民の需要に応えることができるほど、地域で生み出された富が地元にとどまるようになったわけで、地方の時代が開幕したともいえる。

武田家の御蔵前衆《おくらまえしゅう》は武田家が直接治める御料所から年貢を徴収し、棟別銭など武田氏の収入となる税金を管理し、財政を預かる役割を負っていた。その中に諏訪春芳《すわしゅんぽう》と伊奈宗普《いなそうふ》という二人の信濃商人がいた。『甲陽軍鑑』では、武田信玄が「諏訪の春芳、甲州の八田村、京の松木珪琳《けいりん》などと申す地下町人

諏訪の大商人春芳の伝説を伝える石造弥勒菩薩像
（諏訪郡下諏訪町上久保）

を召し寄せ給ふ」などと記し、春芳を信玄が召し寄せた商人の一人として特別に扱っている。ちなみに、甲州の八田村というのは「持ち込まれる物資」で触れた末木新左衛門尉のことである。

天正二年（一五七四）八月、春芳は諏訪下社の千手堂《せんじゅどう》を造立して上棟式を行った。棟札には「大守武田大膳太夫勝頼公、武運長久国家安穏」と記されており、春芳が勝頼と特別深い関係にあったことが示されている。千手堂は翌年四月二十一日に完成したが、棟札などから彼の子供の名が小田切神七郎昌親《まさちか》、跡部新八郎昌光《まさみつ》だったことが知られる。小田切・跡部姓は勝頼の家臣として重用されているので、春芳も勝頼の時代に信玄時代以上に重く用いられたのであろう。

下諏訪町上久保の土田墓地に安置されている、もと神宮寺千手堂にあった石造弥勒菩薩《みろくぼさつ》像には、天正二年十月二十八日の日付とともに春芳の名前が刻まれている。像は春芳をモデルにしているとの伝承がある。天正三年（一五七五）十一月に春芳は勝頼の命令を受けて宮木諏訪社（上伊那郡辰野町）を再造したが、棟札に春芳が高島（諏訪市）の住人だと記されている。さらに天正五年三月には、勝頼の命により春芳が私財をなげうって造った諏訪下社の宝塔が完成した。

諏訪に住んだ春芳は大きな財力を持ち、本来諏訪氏である勝頼に命じられ、諏訪社の造営などに当たっていた。春芳が御蔵前衆であったことからして、これらの造営には武田家の資金も使われたのであろうが、資金の多くを春芳が出したと思われる。

春芳がこのように財力を蓄え得たのは、諏訪と京都などの遠隔地間を結び付ける商人としての活動をしていたからだろう。武田家は集めた年貢を売却して、生活必需品や武器などを購入しなければならなかったが、このために経済に詳しく、また直接商取引に関係している者を御蔵前衆に入れた方が都合が良いと判断し、春芳が御蔵前衆に抜擢《ばってき》されたようである。武田氏にとっては商業で蓄えた彼の財力そのものも魅力だった。

戦場の商人たち

信濃の領主だった小笠原氏の系図によれば、天文十九年（一五五〇）、武田信玄の軍は小笠原長時を中塔城《なかとお》（松本市）に攻めて敗北した。信玄が再度中塔城攻撃にかかったところ、城中の大手の侍大将である二木《ふたつぎ》氏が素晴らしい馬に乗って走り回ったので、武田方の飯富《おぶ》の手の者が「その馬を売らないか」と声をかけた。すると二木は「古より陣中で売買の例はある。代わりに何をくれるかによって売ろう」と答えた。武田方が「武具が欲しいか馬具が欲しいか、籠城で兵粮が欲しいか、望みの物を言え」と応じたので、「逆心人の三村・山辺《やまべ》（山家）、それに武田晴信《はるのぶ》（信玄）の首を渡せば馬をやろう」と返答した。こうした悪口を聞いて、武田軍は矢を射始めた。

ここでは武士同士の物資交換が問題になっているが、商人が命をかえりみずに戦場に行って商売をすれば、大きな儲けになる。実際、そのような商人は多く存在していた。

武田勝頼は天正五年（一五七七）五月二十四日に木曽の山村良利《たかとし》へ、「信濃境目田立《ただち》口出合《であい》事」について、一月六ヶ度に日限を定めて会合するように、法度に背いてみだりに出入りをしないようになどと命じた。田立（木曽郡南木曽町）を過ぎると信濃と美濃の国境になり、当時は武田と織田の領国の境目に当たっていた。しかも、この文書が出た二年前の天正三年に長篠合戦が行われ、両者は敵対関係にあった。領域の境界線上でも敵と味方の商人が入り乱れて商売をしていたが、この文書によって一月に六度ずつの市と日数が決められ、それ以外は商売をすることが禁じられたのである。

戦国時代に戦場での商業は広く行われた。年未詳の九月晦日、信玄の親戚である穴山信君は、駿府今宿（静岡市）に住んで今川氏の御用商人として有名だった松木与左衛門尉やその他九人に宛てて、半手《はんて》において商売をする時の定を出した。文中には水川の郷（静岡県島田市）において互いに河端に出合商売をすべきだとか、敵方より鉄砲や鉄を相違なく出したならば夫馬を遣わすべきだとか、書付に書かれた商人のほかは商売をしてならない、といった内容が記されている。

半手とは半分手下の者、敵に年貢米などを納めて半分支配を受けている者の意味で、敵との境目で敵方の商人と取引することを半手商売といった。つまり、松木与左衛門尉をはじめとする者たちは、穴山氏ひいては武田氏の支配を受けながら、敵方にも関係をもって、領域の境において商業を行っていたのである。

敵対する領主の双方に属したり、領域の境目において商行為を行うので、商人には危険が伴った。しかし、危険であればあるほど彼らのもうけは大きく、利益に群がった人も多かったのである。

2　市場と町

神仏と市

現代人と中世の人々の最も大きな意識の差は、神仏への帰依であろう。戦国時代の人々は私たちが考えるよりはるかに神仏の存在を信じ、それを前提にして行動していた。人々が物資を入手する場である市や町においても同様であった。

理性院厳助《りしょういんごんじょ》の「天文二年（一五三三）信州下向記」によれば、九月四日に文永寺《ぶんえいじ》（飯田市）の近辺には、「法事の頃市町を立つべき」由の立て札が掲げられ、九月二十一日に文永寺本堂で結縁灌頂《けちえんかんじょう》（仏縁を結ばせるため灌頂壇で諸尊の上に花を投げさせ、当たった仏をその人の有縁の仏とし、その仏の印と真言を授けること）が行われ、この日から二十七日まで市町が立てられた。こうした宗教行為の節目となる日に市が開かれたのは、神仏とつながる日に市が開かれるという古くからの発想法からだった。

文永寺（飯田市下久堅南原）

甲州市勝沼に本堂が国宝として名高い柏尾山大善寺《かしおさんだいぜんじ》がある。天文二十四年（弘治元年、一五五五）九月五日に書かれた「柏尾山造営記」によれば、柏尾山大善寺の本堂が上葺きされた弘治元年三月の落慶供養に、「京都・田舎の商人、隣国自国の輩、山庭大門市を成し、前後歩行の方角を忘れ、胸打本戒《むねうちほんかい》、猿曳《さるひき》、千寿万歳《せんずまんざい》、その他万《よろず》の遊者雲霞《うんか》

箕輪城跡（福与城跡，上伊那郡箕輪町中箕輪木下）

の如し」（大善寺文書）という状態になった。ここに出てくる胸打本戒とは『三十二番職人歌合』に「胸叩《むねたたき》」と出てくる、胸をたたきながら「節季候《せきぞろ》節季候」などと唱えて米銭を乞い歩いた者である。猿曳は猿回し、千寿万歳とは年の初めに家々を訪れて祝言を述べ米銭を得る芸人である。このような芸能民が人の多く集まる場所にやってきて、観客から利益を得ようとした。彼らは単なる芸人ではなく、神仏に代わって祝福をもたらすことができる、特別な能力者とみなされていたので、寺の本堂完成を祝福する側面もあったと思われる。現代人は芸能人に芸に対する報酬として金銭を支払うが、当時の人々は彼らを神と人間の中間に位置できる人と意識しており、その特別な能力に対して米銭を渡していたのである。

本来市での行為は神仏が見届けてくれる、領主権力から離れたものだった。しかし、領主権力によって安全がはかられるという側面も間違いなくあった。一方でこの時代に市からは次第に宗教的な意識が消えていくという側面もあった。

領主と市

天文十四年（一五四五）四月に武田信玄の軍は高遠（伊那市）を攻め、ついで箕輪城（福与城、上伊那郡箕輪町）に藤沢頼親を攻撃した。『二木家記《ふたつぎかき》』によれば、伊那衆は残らず後詰をし、箕輪城の城際にある三日市という所に陣を取ったというので、城の近くで三のつく日に市が開かれていたことがわかる。領主は領地から取った年貢などを売却し、必要な物資を購入しなくてはならない。城のすぐ近くに市があれば、年貢などとして集めた物資を売る側としては大変都合がよい。また地域で最大の消費者である領主の元で商買をすれば、大きな利益につながる可能性があったので、そうした市場には多くの商人が集まった。

天正八年（一五八〇）八月朔日に仁科盛信（信盛）は、等々力《とどろき》次右衛門尉に領中および安曇郡大町・同町真々部《ままべ》市を穂高（安曇野市）に移して、馬市を立たせた。馬は戦国時代、きわめて重要なものであり、多くの金も動いたので、仁科氏は馬市を自分の手の届くところにおくことによって、大きな利益を得ようとしたのであろう。

このように、戦国時代には各地の領主の掌握の元に市が開かれるようになっていった。

諏訪の町

戦国時代の人々が物資を入手する方法として比較的率が高いのは、行商人から直接買うか、日を決めて行われる市、もしくは商人や職人が集住する町で購入するかであろう。

『守矢満実書留《もりやみつざねかきとめ》』には、文正元年（一四六六）十一月二十一日の諏訪上社神使等の上原精進初めにおいて、「白酒を町より取り寄せられ候」と記されている。上原城に諏訪総領家が住み、その城下には城主や家臣たちを相手として商人や職人が住む町ができていた。

文明二年（一四七〇）四月、前宮の三の御柱を立てる日に大町で喧嘩があった。また、文明十二年（一四八〇）正月六日には諏訪下社の金刺興春などが上社神原に火を放った。この状況を同書は「六日夜、東大町大橋爪、悪党ども南風に火を懸け、雑物奪い取ること隙なし」とし、さらに三月五日にも「また悪党ども上西大町に火を付く。南風すさまじく吹く。然る間、神原群衆の上下諸人・道俗男女、我々が宿々に置ける衣装・太刀・馬・具足に心を懸け、神原を乱れ出で、大御門戸内四つ目の鳥居前後に死人数を知らず」と記している。文明十四年四月十七日御柱引きの日、大町で喧嘩が起き二、三人が死んだ。同年五月二十五日から大雨となり、晦日に大増水し、「大町・十日市場・安国寺」が押し流され、大町は水海となった。

文明十四年（一四八二）閏七月二十五日に諏訪地方は大雨に見舞われ、晦日に田沢宿、五日市場、十日市場（いずれも茅野市）が大海となった。このうち五日市場は上川近くで、文正元年（一四六六）にあった栗林五日市場は上川に沿う常願寺《じょうがんじ》の門前市場だった。何日市場とあるのは、数字がつく日に市が開かれていたことを示す地名なので、ここでは五のつく日と、十のつく日に市が開かれる場所だった。一カ月に五のつく日は三回あり、月に三度開かれる三斎市だった。

以上からして、十五世紀半ば頃までに諏訪社前宮の前に大町ができあがっていて、東大町・上西町などと区分がなされていたことがわかる。また近辺には五日市場・十日市場というように市が開かれ、町化する可能性のある場所があった。

文明十七年（一四八五）閏三月二十七日に書かれた「大祝職位事書」によれば、大祝は即位の際に磯並《いそなみ》大明神（茅野市）へ社参の後、小町屋（同）を通って荒玉大明神（馬場ノ脇）へ参っている。地名からして小町屋も町場化していたものであろう。その後、前宮から上原道を上り、楠井大明神（上原）に社参し、大歳大明神（塚原）、それから南に向かって五日市場にかかり、川（上川か）を越して千野河大明神（茅野）に向かった。順序から五日市場は塚原の川に近い場所だろう。ちなみに、五日市場は『大塔物語』の文正元年の奥書に「諏訪上社栗林五日市閑室にて之を写す」と見え、栗林郷内に十五世紀半ばまでにできあがっていた。

天文十一年七月に武田勢が諏訪頼重を攻めた時、一日に甲州勢は御射山《みさやま》（諏訪郡原村）に陣取り、頼重は矢崎原犬射馬場（茅野市）に馬を出し、夜六時頃諏訪勢は十日町に陣取った。これに対して甲州勢は長峰・田沢（同）に進んだ。十時頃諏訪方では上町から武田軍が夜がけをしてくると叫ぶ者があり、上町犬射原口へ我先にと出た。二日、武田勢は安国寺の門前大町に放火した。この日の夜十時頃頼重は上原城から桑原城に移り、その後屋形に火を放った。これを見て武田勢は五日町・十日町・上原町の堀周りに、悉く放火した。

この書き方からすると上原城の麓では上原町が最も北側にあり、その南に十日町・五日町の順に町が広がっていた。五日町や十日町は五日市や十日市から発展したものと考えられる。

諏訪大社上社前宮前からかつて町屋があった方面
（茅野市）

さらに、「信玄十一軸」の中には「神宮寺高部町の棟役銭」の記載がある。上社本宮と前宮の中間に位置する高部（茅野市）も町化していたのである。

このように、諏訪地方を代表する町は諏訪上社大祝の諏訪氏の居城である干沢城と安国寺の間に広がっていた大町で、前宮の北東には小町屋があった。大町から千野の方向に向かっては十日市場・五日市場の順で市場も設けられていた。

諏訪の総領家が住んだ上原城の城下にも町が開けており、特に戦国時代に諏訪氏が諏訪全体を押えると城下町も発展し、五日町・十日町・上原町などができた。しかも、武田信玄が攻め込んできた時、五日町・十日町・上原町の周りには堀が巡らされていた。「信玄十一軸」のうちの「上社神事再興次第」の中には「町堀」の記載がある。戦乱のなかで町は環濠集落のような様相を持っていたのである。この背後には領主である諏訪氏の意図もあったかもしれないが、主として町人たちが自営のために掘った可能性が高い。もしそうだとすると、ここに町の自治的な側面が見られる。

当然、上社門前に開けた町に対応して下社の近辺にも町が開けていたが、下社の金刺氏は上社の諏訪氏に敗れたため、戦国時代の諏訪下社の鳥居前町は上社の前に開けた町ほどの規模を持っていなかったようである。

武田氏の諏訪における政庁は天文十七年（一五四八）まで上原城に置かれたが、天文十八年正月八日、長坂虎房が高島城（諏訪市）に移った。これによって諏訪の政治的中心地は現在の諏訪市の中心地の方面に動き、自然に町もこちらに移っていった。

このように諏訪社の前に町が開けたのは、諏訪社そのものが大きな神社なので、神社自体が大きな経済力を持ち物資をも必要としたこと、そこに奉仕する人々などにも消費があったこと、諏訪社に参詣する人々を目当てにして商売することができたこと、神社などでは権力に関わらないで商売などをしやすかったこと、本来市場といった場所で行われる商行為は神の前でなされることが多かったこと、などの原因が考えられる。しかし、こうした町も、次第に政治権力を持つ者の城下町に経済力を奪われ、城下町が町の中心となっていったのである。

甲府八日市場

甲斐で最も有名な市場は甲府の八日市場であろう。『甲陽軍鑑』には「甲府に三日市場、八日市場とて、日市の立町あり」とある。甲府市には荒川沿いに二日市場、近くには古市場の地名も残る。甲州市には三日市場と、九日市場の地名が、山梨市には七日市場と八日市場、笛吹市には笛吹川沿いに四日市場がある。身延町にも八日市場の地名が存在する。

甲府の八日市場の由来は、武田氏の時代に長禅寺《ちょうぜんじ》前にあった八日市場の名を移したことによるという。弘治二年（一五五六）十月十日に武田家は八日市場の夜廻りの番帳を定め、当番の日に宿に盗賊があったならば、貴賤貧富にかかわらず鳥目百疋を出すように、宿中で出火したら火を出した家主は追放、賊の仕業で焼失したならば右の懈怠に準ずるように、夜廻りの番を放免されている者は火賊の難に遭っても番衆にその科をかけてはならない、番帳の内で人がいないと私的に書き直したならば罪科は軽くないので成敗する、自分の屋敷でなく他の家地を抱えている者はたとえ家がなくとも番を勤めるように、いわんや家を造っている者は当然番を勤めるように、と命じた。八日市場は完全に武田家の支配下にあったといえるだろう。

武田家は天正二年（一五七四）卯月十日に八日市場の町人等に、伝馬の役割を闕所（没収された所領）だからとその負担を厳重に勤めよとして、来る二十八日の市中諸役を免許し、町人等を集めて宿中を繁栄させるよう命じた。八日市場には重要な要素として宿の機能もあったのである。

天正四年（一五七六）六月二十八日、武田家は八日市場に次のような定を出した。

定め

一、獅子の御印判無くんば、一切人足を出すべからざるの事。

一、長禅寺の舂稲《つき》、停止せらるるの事。

一、長伝馬出すべからざるの事。

一、伝馬を勤る衆三拾人の前、町役壱間ずつ御免許。但し定年貢は、拾六の座の領主へ償うべきの事。

一、市の日は、前々の如くたるべきの事

一、毎月下旬の拾日は、伝馬役あるべからざるの事。

一、毎月上の二十日は、疎略なく伝馬を勤べし。但し一日に四疋の外は御赦免。また容赦なく一里一銭取るべきの事。

一、綿ならびに麻布は、内藤源三・日貝惣左衛門尉手形に非ざれば、町において商売禁ずべきの事。

右、具《つぶさ》に前にあり。

天正四年丙子　　　武藤三河守

六月二十八日（竜朱印）　安西平左衛門尉これをうけたまわる

八日市場

（坂田家文書）

同日、武田家は八日市場の伝馬衆を割り付けた。前掲の文書の第一条、第三条、第四条、第六条、第七条に示されているように、武田家にとっては八日市場の者たちのはたす伝馬の役割が大きかった。

城下町下山

戦国時代の甲斐を代表する城下町は甲府であるが、そのほか穴山氏の下山（南巨摩郡身延町）や小山田氏の谷村《やむら》（都留市）が城下町化していた。

穴山氏は新羅三郎義光《しんらさぶろうよしみつ》から十代、武田信義からは七代目の信武六男義武が逸見筋《へみすじ》穴山（韮崎市）によって穴山を苗字としたのに始まる。穴山氏が河内に移った時期を佐藤八郎氏は応永二十五年（一四一八）、信介の時とする。はじめに穴山氏が居した場所については、穴山館趾との伝承をもつ南部町内船《うつぶな》の「地頭屋敷」か、下山か不明である。しかし、戦国時代に信友が下山に住んだことは疑いない。居館の場所について『甲斐国志』は、本国寺の境内および下山の所々に堀や土塁などが存していると記しており、この辺りだと推定している。

穴山信君が創建したという南松院
（南巨摩郡身延町下山）

天文七年（一五三八）二月二十一日、臨済宗寺中壁書が南松院末寺・松岳院・浄光寺衆中に宛てて出ている。したがって、この頃に下山は穴山氏の膝元として城下町化していたのであろう。

天文十一年正月一日、穴山信友は下山一之宮と下山二之宮に勝千代（信君）祈禱として神田を寄進した。下山に一之宮と二之宮が設けられていたことは、強い領域意識があり、背景となる経済力も育っていたためであろう。

天文十七年六月十九日、穴山信友は芦沢宝永へ知行名田ならびに問屋役所等を安堵した。下山は富士川沿いに駿河と甲府を結ぶ要地にあり、交通運輸の基地としての意味を持っていたので、問屋役所が設けられていたのである。

元亀三年（一五七二）十月七日に穴山信君は、十左衛門に鷹の餌として町の小関を宛がった。文書の所在地からこの町は穴山氏の城下にあたる下山の町であろう。

吉田の町

戦国時代の甲斐を代表する町として、宗教都市ともいえる吉田（富士吉田市）があった。以下、主として『勝山記』によりながら、その概略を確認しておきたい。

永正六年（一五〇九）に国中勢《くになか》（甲府盆地を中心とする勢力）と郡内勢（都留郡の勢力）との戦いがあり、極月に「下ノ検断殿」と「吉田ノ要書記」が討たれた。

吉田には城が築かれていたが、文亀元年（一五〇一）に甲州勢が駿河勢から手に入れたものの、再びこれを取られたために、永正十三年（一五一六）に駿河勢が籠る城を甲州勢が攻めた。永正十四年になると、前年からの攻撃で甲州勢の先方衆が切り勝ったため、「吉田自他国一和に定めるなり」という状況になった。駿河と吉田とが講和を結んだのであろう。要書記の存在をも考えると、当時の吉田には強力な自治組織が存在したようである。ちなみに、永正十五年五月には「駿河と甲州都留郡」が和睦し、大永五年（一五二五）には駿河と甲州はいまだ和睦がなかったが、大永七年（一五二七）になって両国が和睦した。記載の状況からして、吉田の上に郡があり郡の上に国があって、この順序で和睦していったのである。

享禄三年（一五三〇）四月二十三日、八坪坂（上野原市）で小山田信有と北条氏綱の合戦があり、小山田勢が負けて「吉田衆」が討ち死にした。

天文二年（一五三三）三月十六日夜、上吉田が全焼したが上行寺は残った。この年に下吉田方々が渡邊庄左衛門と水争いをしたが、最終的に下吉田が勝った。これが上吉田・下吉田の初見で、上吉田だけが焼けている。上吉田だけが焼けたことから両者は地域的にも分離していたと推測される。ちなみに、この時の上吉田は現在の場所から東へ二十町の城山の北西にあったとされ、現在ここは古吉田と呼ばれている。一方、下吉田は東方の森または大森と呼ばれる地（東町）にあったとされる。上吉田で上行寺だけが残ったのは、明応八年（一四九九）に上行寺を上へ引き、上吉田の集落から離れていたためだろう。

天文四年（一五三五）八月二十二日に北条氏と武田氏が戦い、殿軍を勤めた小山田軍が負けた。この日、上吉田が、翌日下吉田が焼けている。北条軍によって吉田に火が放たれたのであろう。

天文七年五月十六日の夜に、北条勢が新宿を夜がけしたため吉田宿中の「ヲトナ衆」は下吉田の河原に住んだが、後に武田信虎と北条氏綱が和談したので吉田に帰った。十月十二日夜、駿河の須走氏と八刀氏が談合して上吉田に夜がけをした。一宿の方々は油断していたために、ことごとく撃ち殺されてしまった。新宿を夜がけされ、吉田宿中の乙名衆が下吉田の河原に住んだというので、富士参詣の人たちに対応するため上吉田では宿の整備が進んでおり、新宿と表現されたのであろう。

天文十四年二月十一日、富士山から雪代水《ゆきしろ》（雪解け水）が吉田へ押し出して、人馬ともに流された。

天文二十一年には、吉田の友屋にツケ塚の宮内左衛門が屋形（武田信玄）の御蔵を建てた。武田家の御蔵が吉田以外の住人によって建てられたのは、吉田が大きな町として特別な役割を帯び、物資の集散などの機能を持っていたためで、流通の拠点として蔵を置く必要があったからだろう。天文二十三年八月十二日の大風のために「吉田は千間《（軒）》の在所に直ぐなる家一つも御座無く候」という被害を受けた。千軒の在所という記載は吉田がいかに繁栄していたかを象徴的に示している。

元亀元年（一五七〇）十月十三日、小山田信茂は西念寺の伽藍焼失に伴う造営等の条目を定めた。これに対応して同日付で「西念寺僧衆番帳」ができたが、中には筒屋、箸屋、紙衣屋、塗師屋、念珠屋、軸屋といった名前も見える。同じく元亀元年十月吉日付の「西念寺領仕置日記」には、菊屋、小竹屋、大竹屋、小猿屋、大工免といった記載があり、御師《おし》（祈禱などに従う身分の低い神職・社僧。宿坊の経営や参詣人の案内を兼ね信仰の普及にも努めた）や職人の住む町の具体的状況を伝えている。

文化十一年（一八一四）に完成した『甲斐国志』は、吉田を「御師町ヲ以テ上吉田トシ、百姓町ヲ以テ下吉田トス」し、上吉田は「元亀三年壬申閏正月、一村挙テ今ノ地ニ移ル」と説明している。『甲斐国社記・寺記』にも、「元亀三年荒田を除きて、今の吉田邨《むら》を神戸代となし、則此所に家中を移し、六・七両月富士参詣の時は諸国の商人出店市御免ありていと賑々しく有ける」と記されている。

富士山から北流する間堀川《まぼりがわ》は、宮前橋で西に流れ、その後再び北に向かう。この屈曲がなければ、水流は直接古吉田に当たる。したがって、大きな雪代による土石流が起きた場合、間堀川は古吉田を直接襲う可能性があり、雪代の被害を避けるとの説明は納得できる。理由はそれだけではない。吉田が甲斐と駿河との国境に近いこともあって、吉田の城をめぐって取り合いがなされ、住民も戦乱に巻き込まれた。戦乱から身を守るには城山から離れ、安全が確保できる地が求められた。現在の吉田は東を間堀川、西を神田堀川に囲まれているが、いずれも西南の字細小野に発し、深さ数メートル、三〇メートルほどの幅である。この二つの川は堀の役割を果たし、地域の安全に都合が良いと判断された可能性が高い。

上吉田の移転後の町割については、元亀三年閏正月吉日付の『吉田村新宿帳写』で知ることができる。

この中には玉屋周防守、大黒屋、鶴屋、志ほや、友屋、橘屋、志ゆずや（数珠屋）、とらや、山口番匠屋、番匠屋敷、小さるや（猿屋）などの屋号が見られ、御師が職人や商人としての側面を持ち、この地がそうした面でも町化していたことを伝える。

町の自然景観中の全体プランは東西の二つの川が堀の役割を果たした、この川はそのまま異界との接点として、住民にとって特別な意味をも持った。東側は間堀川に沿って南から北へ、西念寺（上宿東町）、吉祥寺（中宿東町）、根の神神社（中宿）、地蔵寺（中宿東町）、山の神社（中宿）と続き、宗教的なゾーンが形成されている。このうち根の神神社は古吉田から上吉田へ移る時、地の神を鎮めるために一番先に祀られたと伝えられる。

東側の神田堀川の内側に、南側に祥春庵（上宿西町）、最も北側にある山の神社（下宿、江戸時代の末に勧請されたという金比羅神社境内）がある。

全体の最も高い位置（南側）には上行寺（上宿横町）がある。さらにその南側には、道祖神、山の神神社、諏訪明神社と続く。町の最も北には金鳥居があるが、これは古吉田から現在の地に吉田が移った時に、御師団の手で木造の鳥居が建てられた伝統をひくという。

このように新たにできた上吉田の集落は、東西を二つの川ではさまれ、その内側に町を精神的に守るように宗教ゾーンを設け、最も高いところに位置する南側には村の鎮守である諏訪明神、その下に上行寺などを配し、神や仏で守られた空間が設定されていた。

身延山久遠寺の門前町

身延といえば日蓮宗総本山の身延山久遠寺で知られる。日蓮は文永十一年（一二七四）に南部実長《なんぶさねなが》の招きに応じて入山し、以後この地が日蓮宗の聖地となっ

身延山久遠寺（南巨摩郡身延町身延）

たのである。

大永二年（一五二二）に武田信虎は身延山で受法し、甲府に信立寺《しんりゅうじ》を開いた。信虎がわざわざ赴くほど身延山は人を集め、栄えていたのである。

永禄元年（一五五八）十二月十五日に武田信玄は身延山久遠寺に禁制を与えたが、文中に「身延山寺家ならびに町」と見え、久遠寺門前が町化していたことがわかる。同日、穴山信君も身延山衆中へ、身延山寺家ならびに町については前々の如く不入とするとした。信君は永禄九年（一五六六）臘月（十二月）十一日に久遠寺へ禁制を出したが、文中に寺家町の諸公事の文言があり、寺家町が存在していたのである。

大きな寺にはそこに住む多数の僧侶がおり、その生活物資を用意したり、寺で用いる道具などを調整準備するために、職人や商人を必要とした。しかも参詣客が多い寺では、参詣客を目当てに商売をすることもできた。宗教都市が多かったことが戦国時代の特徴でもあった。

3　共通する文化

武田氏館跡

甲斐・信濃で最も有名な武士の館は、昭和十五年（一九四〇）に国の史跡に指定された甲府市にある武田氏館跡で、所在地を躑躅ヶ崎《つつじがさき》と呼ぶことから躑躅ヶ崎の館の名称でも知られる。所在地は相川扇状地の扇央部分で標高が三三四から三六五メートル、日当たり・水はけの良い緩傾斜地である。館は武田信虎が永正十六年（一五一九）にそれまでの川田から移したことに始まり、三方を山に囲まれ、南方が甲府盆地につながる。

現状の館跡の主郭部分は東西一五六間（二八四メートル）、南北一〇六間（一九三メートル）、周囲を高さ三から六メートル土塁と幅広く深い堀が囲んでいる。西曲輪の北には北曲輪、中曲輪の北に稲荷曲輪、東曲輪の北に隠居曲輪が上塁と堀に囲まれた曲輪として存在する。中、西曲輪の南にも武田氏滅亡後に造られた梅翁《ばいおう》曲輪と呼ばれる一郭がある。現在中心部分には武田神社が鎮座しているが、神社が建立される以前、石塁や土塁によって東曲輪と中曲輪に区分されていた。また堀で隔てられた西側には西曲輪がある。『高白斎記』によれば、西曲輪は天文二十年（一五五一）に武田義信と今川義元の女との婚儀に際して築かれたものなので、信虎が最初に館を築いた段階では百間（約一八一メートル）四方の単郭の曲輪であったと思われる。この大きな方形で単郭の館は、守護のステイタスであり、京都と共通する文化施設を目に見える形で示している。

武田氏館跡の堀（甲府市古府中町）

平成八年（一九九六）度の試掘調査により、中曲輪は武田氏時代と考えられる庭園遺構を伴う生活面を最終期に石塁などで大規模に造成したことが判明した。庭園もまた、日本全体とつながる文化的要素で、客をもてなす装置である。

発掘結果などから、館には五期があることが確認された。第一期が遺構の確認できる最下層で、全体的に標高三四四メートル前後で比較的平坦面を構築している。第二期は標高三四四・五メートル付近に生活面が形成され、土塁は確認されていない。明確な遺構が検証されないため全体像は不明であるが、この段階で館として機能を始めたと考えられる。

第三期は標高三四五メートル前後の土塁三期に該当する。この時期には小規模ながら土塁の形成が認められ、火災層も検出されている。記録によると館は天文二年（一五三三、『勝山記』）と天文十二年（一五四三、『高白斎記』）と、短期間の間に二度も焼失しているが、焼失面からこの時期と想定されている。

第四期は標高三四五メートル付近に確認される三期の土塁を埋め立てた、土塁四期に伴うと考えられる生活面でできている。池岸に敷かれた洲浜と考えられる敷石状遺構、立石を伴って庭園ができていた。庭園は北側から見ていたようで、富士山を借景としていた可能性もある。年代的には十六世紀の半ば以降の可能性が高いようである。

第五期は土塁五期に伴う土塁・堀の大規模造成段階で、曲輪外への拡幅を行っている。土塁の構築技法から天文二十年の西曲輪造成以降に構築されたと想定されている。

武田氏館の最終段階を示す第六期は武田氏滅亡後の徳川氏・加藤氏段階と考えられる。古絵図などには中央を境として館を東西に大きく仕切る石塁が描かれ、これをもって東曲輪と中曲輪に分けている。中曲輪の試掘調査では、絵図に描かれていた石塁跡を検出した。石塁については、加藤光泰の事跡を記した『北藤録』に記載があり、加藤光泰領有時代の天正十九年（一五九一）から文禄二年（一五九三）に構築されたものだろう。なお、館の北西隅には土塁を利用した天守台と呼れる野面積みの石垣が残されているが、構築年代は不明ながら武田滅亡後に築かれたものと理解されている。

したがって、武田氏館跡という名称を代表する武田信玄から勝頼の時期は、第三期から五期にかけてである。『甲陽軍鑑』によれば、その頃居館内に御くつろけ所・毘沙門堂・御看経所・御弓の番所・御旗屋・御閑所・御風呂屋・御寝所・楽屋などがあったという。永禄（一五五八～七〇）年間の古図といわれる桜井成広氏所蔵の古絵図では、単郭構造で出入口が東・北・西の三カ所に設けられており、大手口は東側にあたると想定される。東側の門を入ると北側に御番所、南側に的山があり、中央に主殿と本主殿が位置し、火焼《ひたき》間、看経間、膳所が付設され、南に築山と泉水からなる庭園、北に御裏方の建物と台所が存在している。その西北に太郎様御所と台所、西に看経間に続くクリ《（庫裏）》と風呂屋、西南に蔵、三階ヤグラ《（櫓）》、雪隠等が配置されている。館の鬼門に当たる東北隅には、毘沙門堂や不動堂があった。

中曲輪などからは多量の遺物が出土している。出土遺物全体の九割近くを占めるのがかわらけ（土器）で、酒宴などの儀礼に使われたものであろう。圧倒的多くは褐色系の底部に回転糸切り痕の残るロクロ《（轆轤）》成形であるが、ごくわずかながら手づくね成形によるかわらけがあり、京都文化とのつながりを示す。土器製品としては他に内耳鍋、擂鉢、香炉などがあるが、点数が少なく質も悪いため、在地で製作されたものであろう。国産陶器としては瀬戸美濃（灰釉皿、小皿、鉄釉皿、天目、小碗、擂鉢、壺）、志戸《しと》呂《ろ》（擂鉢、碗）、常滑《とこなめ》（甕）などがある。一方、輸入陶磁器である青磁（碗、盤、壺、皿、菊皿、輪花皿など）は多種多様な器が出土しているが、年代的には十三世紀から十四世紀代の骨董的な製品を主体としており、武田家の文化的な高さと、権威を形作り見せるための道具が用意されていた。また、白磁（端反皿、菊皿、花皿など）や青花《せいか》（碗、皿、大皿、盤など）については、十六世紀末段階ものが多い。このほ

勝沼氏館跡（甲州市勝沼町勝沼）

か、石製品としては手水鉢のようなものなどが出土している。金属製品としては古銭、釘、錠前、槍先、鉄砲玉などが出ている。

勝沼氏館跡

山梨県の中世居館跡を代表するもう一つが勝沼氏館跡（甲州市）である。この館跡は昭和四十八年（一九七三）に山梨県立ワインセンターを誘致する計画に伴って緊急発掘調査をして、館跡であることが確認され、昭和五十六年（一九八一）に約五万平方メートルが国の史跡に指定された。

館の主であった勝沼氏について『甲斐国志』は「勝沼五郎、武田系図ニ信虎ノ弟次郎五郎信友安芸守、勝沼殿ト称ス、永禄三庚申年霜月二日死ス」とする。また、疑義をはさみながらも、勝沼信友が天文四年（一五三五）八月二十二日に戦死したことについても触れている。その長男を丹波守信元、二男を加藤丹後守信原または信厚といい、天正十年二月十二日に武州箱根崎において死んだとする。信友の名は永正十七年（一五二〇）の岩殿七社権現の棟札の筆頭に「鳥目百匹武田左衛門大輔信友」、大永六年（一五二六）八月十二日の笛吹市境川町の石橋八幡神社の棟札に「敬白大壇那　武田信虎　勝沼氏信友」と見える。

信友没後、勝沼氏は嫡男の丹波守信元（信基とも）が継嗣となった。記録などを見ると彼はいわゆる御親類衆（親族衆）として信玄の重要な軍事力（軍役）の一端を担っていた。しかし、『甲陽軍鑑』によれば永禄三年（一五六〇）十一月に彼の逆心を示す文があらわれ、勝沼五郎は成敗されたという。

館の主要部分は日川が形成した高さ二〇メートルの右岸段丘上にある。館の中核部分である内郭は東西九〇メートル、南北七〇メートルで、南面と西面が日川の急崖、東面と北面が土塁と堀によって囲まれている。北郭は北西郭の北側に位置し、館の北門（正門）があったと考えられている。東郭は内郭の東側に位置し、大規模な水溜や水路、屋敷跡、工房跡などが確認されている。

館は大きく三時期に造られ、第一期は十五世紀代、第二期は十六世紀前半、第三期は十六世紀半ば以降と考えられている。第一期は遺構からすると内郭の出入り口が東門であった時期で、井戸を用いて取水を行っていた。第二期になると外郭帯が北郭・北西郭・東郭に拡大し、内郭は二重の堀と土塁によって囲郭され、防御性が高まった。内郭における水は東郭からの水路を通じて供給されるようになり、井戸が消滅する。この大きな構造変化に伴い、内郭の出入り口が北西部分に移動する。第三期では内郭二重堀・土塁のうち、外側の堀・土塁が破壊され、そこに新たに大型の掘立柱建物が建てられる。また、東郭東辺堀が幅員を縮小させて、堀から水路に変化し、館の防御性が形骸化した。

館跡からは多くの遺物が発掘されている。ここでもかわらけが大量に発掘されている。多くのかわらけの内面にスス（灯心皿痕）の付着が見られるので、灯明皿としても用いられていたといえる。その圧倒的多くは赤褐色ないし黒褐色を呈し、底面に粗雑な糸切痕（ろくろ右回転）が見られる。雑器としては擂鉢などがある。中には溶融物が付着しているものもあり、金の採取などに使われた可能性もある。陶磁器類のうち、いわゆる瀬戸美濃焼（灰釉皿、碗、天目茶碗、片口など）、常滑焼（甕、擂鉢）、輸入陶磁の青磁（香炉）、白磁、染付などがある。

金属製品のうち鉄製品はそのほとんどが釘で、そのほかに刀子、日用器物、刀装具の切羽、鋤先、鉄製容器がある。また、古銭や鉛の鉄地玉が出ている。石製品としては硯、石臼、石磨臼が出土している。さらに、美しい漆器も出ている。

高梨氏館跡（中野市小舘）

高梨氏館跡

長野県の戦国時代を代表する居館跡は中野市にある高梨氏館跡であろう。この館跡は東に位置する鴨ヶ岳の山城跡とともに昭和四十四年（一九六九）に長野県史跡に指定された。中野市はこの館を中心に「高梨館跡公園」を整備するために昭和六十一年（一九八六）から発掘調査を始め、そうした成果をもとにして平成十九年（二〇〇七）、国の史跡指定を受けた。

館の主である高梨氏は須坂を発祥の地とし、次第に北へ勢力を伸ばし、永正十年（一五一三）に中野氏が没落すると、中野地域を制圧した。武田信玄が信濃に進攻してくると、高梨氏はさらに北に追いやられ、上杉謙信の家臣として大きな地位を占めるようになった。天正十年武田氏が滅亡し、北信濃を領した森長可が本能寺の変の余波でいなくなると、上杉景勝がとってかわり、高梨氏は約三十年ぶりに中野に帰ることができた。

高梨氏は中央文化との交わりが深く、寛正六年（一四六五）二月には政高が室町幕府の奉行人伊勢貞親に馬を贈り、高梨澄頼（政盛か）は永正十六年（一五一九）将軍足利義稙《よしたね》に馬二疋を贈っている。大永三年（一五二三）には高梨氏の家人僧が三条西実隆に金百匹を謝礼し、『伊勢物語』の講談に参加し、帰国に際して扇面の和歌と短冊を贈られている。

一般的に当時の典型的な領主の居館は「方一町」（一辺一〇九メートル）といわれる。高梨館跡は東西約一三〇メートル、南北約一〇〇メートルで、周囲に土塁が残り、その外側には空堀が存在しており、大きさからすると典型的な地域領主の館といえる。発掘前から郭内の南東に庭園の跡が残っており、また深さ約九メートルの野面積みの井戸も存在した。

館跡は何度か修築が繰り返されており、東虎口の修築も四期が数えられる。発掘調査によって一棟の門跡、礎石建物跡五棟、掘立柱建物七棟等が確認された。注目されたのは東南部にある庭園跡で、池の跡などが発掘された。築造には大きく二つの画期があり、一期は池泉庭園であり、池中央南に中島と思われる三石があった。二期目は枯池となり、汀線に川原石が複列に並べられた。もてなし空間としての庭の存在は、高梨氏が京都とつながっていたことをよく示しているといえよう。

また、南方入り口の土塁上には築地塀があったことが明らかになった。

ここからは十四世紀から十六世紀にかけて、とりわけ十五世紀後半から十六世紀半ばの中世土器や銅鋺（佐波理鋺《さはりわん》）などが発掘された。また、館内からは内耳土器、瓦質土器、羽口や鉄滓、釘類、中国陶磁の青磁・白磁や染付、越前窯系の陶器片、珠洲窯系の陶器片、瀬戸窯系の天目茶碗や陶器片、常滑甕の破片、古銭、硯、石臼などが発掘されている。

茶の湯

戦国時代の居館跡から必ずと言っていいほど天目茶碗や茶臼などが発掘されることでも明らかなように、戦国時代の上流社会における共通する文化として、茶の湯があった。どんな片田舎に住んでいても京都と同じ茶の湯を嗜んでいることが文化人である証しであり、その人の地位を象徴する行為だった。また、茶の湯の席などにおいて外交交渉なども行われた。
『甲陽軍鑑』には、武田信玄没後に信州の茶売り商人などが繁盛したと記されており、武田氏の館にも茶売り商人が出入りしていたことがわかる。当然ながら、茶の湯の背後には茶や茶碗などを扱う商人の存在があった。

傾向は異なるが、薬屋も広い範囲にわたって活動していた。天文二年（一五三三）に理性院厳助《りしょういんごんじょ》が信濃に来た時、七月八日に同行の慶心《けいしん》が腹痛になると、薬屋道正の手の者がやってきた。彼の名前は七月十六日にも見える。地域にも薬屋がいたが、その薬は地域で採取されたものだけでなく、中国や朝鮮など海外からも求められていたことであろう。

能と漢詩、和歌

この時代に広く行われていた芸能として能がある。

天文七年（一五三八）六月、金剛大夫が諏訪社下社にやって来て法楽能（神仏を楽しませるために演じられた能）五番を行い、関東に下っていった。翌天文八年六月、諏訪下社では宝生大夫が来て法楽能七番が催され、大夫は関東へと下っていった。法楽能は上社でも行われた。天文九年八月二十八日、金春大夫が諏訪を訪れ、九月一日に宮で法楽能七番が催された。この能にあたって大祝は馬と太刀、諏訪頼重は馬と太刀、五官の祝衆も太刀を出しており、大祝以下相当の出費をしている。これらの能は神に捧げられたものであるが、人々もこれらを楽しんだであろう。

信玄に敗れて天文十一年七月五日、甲府に移された諏訪頼重は、二十一日に板垣の会下《えげ》（東光寺、甲府市）で切腹したが、その時次のような辞世の句を残したという。

おのずから《自》　はてにけり《果》　草のは《葉》の　主ならばこそ　またもむすばめ《結》

この辞世の句でわかるように、当時和歌は少なくても上流武士などにとって生活の中に入り込んだ文化であった。

永禄三年（一五六〇）八月十九日の記載も見られる文書に、上社権祝《ごんのほうり》の矢島卜心の詠じた追懐の和歌が記されている。それは、

年月を　いかで我身に　おくりけむ　昨日の人も　けふ《今日》はなき世に

というものであった。先程の諏訪頼重の句とともに厭世観の漂う内容である。常に死と隣り合わせであった戦国の世の中では、こうした空気が充満していたものであろう。

4　旅人の目

戦国時代に人々が甲斐や信濃を旅した状況の一端をここで触れてみたい。

「厳助往年記」

安全確保の難しさが戦国時代の旅を困難にした。天文二年五月五日、山城醍醐《だいご》寺理性院（京都市）の厳助は信濃南原の文永寺（飯田市）に赴《おもむ》こうと京都を出立した。彼に供奉《ぐぶ》したのは慶心・幸巡《こうじゅん》・下法師《しもぼうし》（身分の低い僧侶。妻帯して大僧の雑役に使われた）だったが、慈心院俊済《じしんいんしゅんさい》が侍従・出羽・海巡・海音、その他下法師等と下向するというので同道し、全員が山伏（山野で修行する僧）のいでたち

江戸時代の宿場の面影を伝える妻籠宿
（木曽郡南木曽町）

になった。山伏姿なら行動しやすく、一般人も手出しをしにくい上、多人数の同行者がいれば安全だと判断したのであろう。

旧田小太郎方より推挙状（推薦状）があったので、彼らは五月十九日に妻籠《つまご》（木曽郡南木曽町）に泊まることができた。二十日に妻籠を発ち、広瀬（同）に向かったが、この間の二里については妻籠より送り人馬があった。それから先には妻籠より連絡がされ、広瀬の者五人が迎えに来た。また広瀬より送りの推挙状が次の宿泊地に宛てられた。山の中では安全を期すため何人かで送り迎えをし、次の受け入れ先に紹介状を用意する必要があったのである。

一行は二十一日に飯田（飯田市）に滞留した。南原（同）にある文永寺までは五十町（約五・四五キロ）の距離だったが、天竜川が大洪水で渡船を出すことができなかったために、幸巡等を派遣し、矢文を使って対岸と連絡をとった。二十二日に南原から船の用意をして早々迎えに行くと手紙が届いた。二十三日、南原より迎えが来たので、飯沼（飯田市）を発った。船着き場では西林院が文永寺の衆徒数十人を引率して待っていた。厳助は輿《こし》、慈心院・侍従・慶心等は馬で文永寺上坊に至った。

同行した慈心院以下は二十六日に諏訪（諏訪市）へ進発したが、送り馬や路次の宿等については本坊よりことごとく申し付けられた。人を送るための馬や宿についてはあらかじめ手配をしておく必要があったのである。

文永寺に滞留していた間、六月三日には文永寺において護摩供《ごまく》（護摩檀を設けて護摩木を焚き、息災・増益・幸福・敬愛などを本尊に祈る修法）、ついで聖天供《しょうてんぐ》（聖天を本尊として除障・富貴を目的に行う修法）を始めた。十五日には文永寺の宗信に印可《いんか》（師僧が弟子の悟りを証明すること）を授けた。二十一日には御影供《みえいく》（故人の影像を祀って供養する法会）を行った。二十六日には神峯《かんのみね》の知久《ちく》氏のもとに赴いた。

九月二十一日には厳助が大阿闍梨《あじゃり》となり、文永寺の結縁灌頂《けちえんかんじょう》（密教で広く一般の人に仏縁を結ばせるために行う灌頂）を行った。

厳助は十月三日に帰洛のために文永寺を発ち、下条（下伊那郡下條村）に至った。道は五里（約二〇キロ）の山中だったが、西林院その他の寺家衆らが送ってくれた。下条からは馬が三疋、迎え衆が数十人やって来た。宿は下条氏の手配で準備された。文永寺から送りに来た人たちとは翌四日に別れた。下条から峠までは下条衆の武者五十人ばかりが警護し、馬三疋で送ってくれた。浪合《なみあい》（下伊那郡阿智村）の原弾正《だんじょう》方へは、かねて申し遣わしてあったので、峠まで武者三十人程が迎えに出ていた。一行は浪合に一宿し、十月五日に出発し、平谷《ひらや》（下伊那郡平谷村）で昼休みを取ったが、この間は平谷の地頭が同行した。上村（岐阜県恵那市）の地頭久志原《くしはら》氏へは知久氏から連絡がなされ、上村多門坊で一宿した。

安全のためには多くの人の警備や知り合いの紹介状などが必要で、現在の我々からするとずいぶん不自由な旅だったといえる。

「信濃国道者之御祓くばり日記」

戦国時代の天正九年（一五八一）伊勢内宮の御師《おんし》である宇治《（荒木田）》七郎右衛門尉久家《ひさいえ》は、お祓い（伊勢神宮の神札）とお土産を配りながら檀那の家々をまわった。その時の記録が「しなの《（信濃）》、国道者之御祓くはり《（配）》日記」として伝わっている。この日記は戦国時代末期の信濃の実態を知る上できわめて貴重な史料で、現代では思いもつかない山中の繁栄を知ることもできる。

山懐に抱かれた会田の中心部（松本市）

松本市の北部に位置する四賀地区、旧四賀村は廃村時の面積が九〇・四五平方キロ、人口が五八〇九人の山間の地域である。この村の中心地だった会田は標高一一三九メートルの虚空蔵山の麓に位置しており、かつて領主会田氏の居館といわれる場所が標高六五〇メートル、周囲を山に囲まれた小盆地のような地形である。

この会田で久家が配った土産物を見ると、岩下殿（熨斗《のし》一把・鰹五節・上の茶十袋）、同名筑前守殿（熨斗五十本・上の茶十袋）、同名備前守殿（熨斗五十本・茶十袋）、同名丹波守殿（熨斗五十本・茶五袋）、同名源田殿（熨斗五十本・茶十袋・帯一筋）、同名監物殿（熨斗二十本・茶五つ）、同名しま殿（熨斗二十本・茶五つ）、鳥羽勘丞殿（熨斗二十本・茶五つ）、同名与三衛門殿（茶五つ）、藤松豊前守殿（熨斗二十本・茶三つ）、同名加賀殿（熨斗二十本・茶三つ）、れうせ《両瀬》重衛門殿（茶三つ）、先達（茶三袋）、宮彼《マヽ》殿（茶三つ）とある。このうち岩下姓の者たちが会田氏とその一族で、最初に書かれている人物が一族の最上位に当たり土産物も豪華である。

同じく会田では、宿の縫之助殿（茶三袋）、弥左衛門殿（茶三つ）、おと千世丸（茶三つ）、勘兵衛殿（茶二つ）、ほり《堀》の内越前守殿（熨斗五十本・帯・茶十袋）、同名若狭殿（熨斗本・茶五つ）、同名六郎左衛門殿（熨斗二十本・茶五つ）、同名藤兵衛殿（茶三つ）、伊勢屋宿彦二郎（熨斗五本・茶壱斤・帯）、念仏孫三郎殿

（茶三つ）、味噌屋三右衛門殿（茶三つ）、六郎左衛門（茶三つ。この人は我等被官で一別に目をかけ候）、与三衛門殿（茶二つ）、丹衛門（茶二つ）、新左衛門殿（茶三つ）とある。会田には岩下氏と並んで堀之内氏も存在した。久家の宿になっている縫之助は宿屋の可能性が高いが、伊勢屋宿彦二郎も宿屋であろう。味噌屋までがあることから会田には町が開けていたといえよう。

同じく会田分として、彦三郎殿（茶二つ）、はけの文六殿（茶三つ）、丸山和泉殿（熨斗二十本・茶五つ）、召田《めすだ》新右衛門殿（茶三つ）、麻口源助殿（熨斗二十本・茶五つ）、同名与左衛門殿（茶二つ）、弥介殿（茶二袋）、七右衛門殿（茶二つ）、宮内衛門殿（茶二つ）、彦左衛門（茶二つ）、神四郎殿（茶二つ）、あら町やふち六右衛門殿（茶三袋）、はんちやう《番匠》小沢殿（茶三袋）、同木丞殿（茶三つ）、同小沢右丞丞《衛門カ》殿（茶三袋。これは今里に居られ候）とある。あら町（新町）の地名があり、番匠（大工）が三人もいることからも、この地が町化していたことは確実である。

さらに、会田分として、小岩井の新兵衛殿（茶三袋。小岩井は会田宿より東へ一キロ弱）、ゑけ寺（上の茶十袋・青海苔・布海苔）、河原さ木《崎》のりんすそ（茶五つ・青海苔・布海苔）、知見寺（茶十袋・青海苔・布海苔）、ほうそうす（茶三袋）、長忠《安》寺（茶十袋・青海苔・布海苔）、はんやう（茶三袋・青海苔・布海苔）、ふた《普陀》寺（茶十袋・青海苔・布海苔）、むれう《無量》寺（茶十袋・青海苔・布海苔）、宮本之みやさか《宮坂》殿（茶三つ）、西宮さと殿（茶二つ）、同六郎左衛門殿（茶二つ）、わこの筑前殿あとつき《跡継》（茶三つ）、ほうおふちの宗兵衛殿（茶二つ）、まちのすまや豊後殿（熨斗五十本・茶十袋）、同与衛左門殿（これは子息。堤市左衛門殿道者也）が記されている。ここでは寺や神社に関係する者たちがまとめられているが、この狭い場所に多くの寺などがあることが注目される。

会田入りの分としては、なかこし《（長越）》木工助殿（茶二つ。長越は会田宿から一・八キロほど東）、同所ゑきしよきのあとつ木《（跡継）》（茶二つ）、同所宮内左衛門殿（茶二つ）、佐蔵主（茶五つ・青海苔）、うへのたいらのぬい《（縫殿）》の助殿（茶三つ）、六郎さへもん殿（茶二つ）、めす《（召）》田下総（茶三つ。召田は会田宿より二・五キロほど東）、両瀬の清左衛門殿（茶二つ。両瀬は会田宿より東へ二・三キロほど）、しひはさまの市衛門殿（茶二つ）、宮のこし源三殿（茶二つ）、なか原の文衛門殿（茶二つ）、かな井の三衛門殿（茶三つ）、同所彦四郎殿（茶二つ）、大あし左京之助殿（茶三つ）、ふしいけ《（藤池）》清八殿（茶三つ。藤池は会田宿から約一・五キロほど東）がある。

会田入の分として、しほはさまの宗左衛門殿（茶二つ）、同所市衛門殿（茶二つ）、かな井《（金）》の与三衛門殿（茶三つ）、かうさい寺（茶五つ・青海苔）、まつ原の宗三衛門殿（茶三つ）、わ田原のぬい左衛門殿（茶二つ）、同所四郎左衛門殿（茶二つ）、かた山新三衛門殿（茶三つ）、いたは《（板場）》九左衛門殿（熨斗二十本・茶五つ。板場は会田宿から南へ約二キロ）、同所一市殿（茶二つ）、かちやさい《（鍛冶屋在家）》け助三衛門殿（茶二つ）、かち原のけき《（外記）》殿（茶二つ）、あな《（穴）》沢の甚右衛門殿（茶二つ。穴沢は会田宿から約三キロほど東南）が出ている。

会田の中心部から約五キロのところに刈谷原町がある。ここは松本から保福寺峠を越えて青木村・上田方面に抜ける街道の宿場として栄え、町地名になっている。その刈谷原分として、甚三衛門殿（茶三袋）、同せんくう（茶三つ）、孫衛門殿（茶三つ）、神五郎殿（茶三つ）、木工助殿（茶三つ）、源右衛門殿（茶三つ）、新助殿（茶三つ）、藤松左《（近カ）》道殿（茶二つ）、宗三衛門殿（茶二つ）、やまた四郎左衛門殿（茶三つ）、こせ《（小瀬）》の右《（近カ）》道殿（熨斗五本・茶五つ）、同平右衛門殿（茶三袋）、源四郎殿（茶二つ）、つちみ道の忠兵衛殿（茶二つ）、まちの与助殿（茶二つ）、くまのくほの安右衛門殿（茶二つ）、反町之宗兵衛殿（茶二つ）、山の田神三衛門殿（茶二つ）、うへのたいら宗左衛門殿（熨斗三十本・茶五つ・櫛）とある。

こうしてみると戦国時代に会田を中心とした地域が完全に町化し、多くの人が住んでいたことが知られる。山中の小盆地にこれだけの人たちを住まわせ、しかも寺や神社、商人、職人が集住していることは、山の中が農業を生計の中心としなくても十分に豊かであり、人々が集住できる要素を持っていたことを伝えてくれる。

第五章　信仰の山

読者の皆さんは容姿の美しい山を見て神々しいと感じたり、思わず手を合わせたくなったりした経験がないだろうか。甲斐に生まれ信濃に生きている私は、日々そのような経験をしている。中世には高く険しい山が信仰の対象で、そこに登ることは宗教行為としての意義が大きかったが、現代人は登山をスポーツと考えることが多く、信仰心が薄くなっているように思う。そこで本章では山と信仰との関係を考えてみたい。

1　富士山と御師

富士信仰

日本人が最も愛する山は、平成二十五年（二〇一三）六月二十二日に関連する文化財群とともに、「富士山―信仰の対象と芸術の源泉」の名で世界文化遺産に指定された富士山である。指定名称でも明らかなように、富士山は信仰の山である。まずは、『勝山記』から、戦国時代の富士参詣の一端を確認しておこう。

文明十二年（一四八〇）三月二十日に富士山吉田の鳥居が建った。現在富士吉田のシンボルともいえるのが天明八年（一七八八）に建てられた金鳥居で、富士山へ登る一の鳥居ともいわれ、この北側が御《お》師《し》の町になる。上吉田は元亀三年（一五七二）に計画移転しているので、直接的に金鳥居にはつながらないが、同じ意図を持って建てられた可能性が高い。この時建てられた鳥居は信仰対象としての富士山を拝し、俗界とを区分する役目をもっていたのであろう。

明応九年（一五〇〇）四月二十日に吉田の鳥居が建った。六月には富士導者（道者、同者）が参詣することが限りなかったが、関東が乱になったので彼らはみな須走（静岡県駿東郡小山町）に着いた。六月は富士山が開かれる月で、富士山を信仰する人たちが富士山に詣でたのである。しかしながら、この年は関東で争乱が起きたため、吉田口に向かうことができずに東口にあたる須走口から入ったという。参詣者が限りなしというので、どれほど多かったか想像できよう。

永正十五年（一五一八）六月一日には富士山禅定《ぜんじょう》に嵐がもってのほか吹き、導者が十三人たちまちに死んだ。富士山の開山日にあたる六月一日、富士山の山頂を嵐が襲い、六人の参詣者が亡くなったというのである。死んだのは富士山頂にいたすべての人ではないであろうし、登山途中の者、下山途中の者もいたであろうから、富士山頂に詣でた人は相当数にのぼっていたものと考えられる。

大永二年（一五二二）には武田信虎が富士参詣して入嶺した。守護の信虎までが登るほど、富士信仰は人を引きつけていたのである。

天文八年（一五三九）には導者が下吉田に着いた。法華堂には籤を取って泊まらせた。本来富士登山の基地となるのは宿泊施設を有する御師の町、上吉田であった。ところが、この年は上吉田で応じきれず下吉田にまであふれ、宿泊施設がないため法華堂に籤引きで泊まらせたのであろう。

天文二十三年（一五五四）には六月の導者がなかった。このような記載がされることは、一般的に開山が行われる六月に多くの導者がいたことを前提にしている。

次に古文書から富士参詣の状況を確認しよう。永禄二年（一五五九）三月二十日に武田家がまとめた分国内往還の諸役免許の中に、十月十日に松木善明・同善三郎へ宛てて、甲斐と信濃の両国において荷物を一月に十駄分を諸役所（関所）や渡以下で相違なく通す、富士参詣の時節も同様であるとの文書が入っている。わざわざ富士参詣の時節と記入されるほど、富士参詣がなされていたのである。

武田信玄は永禄九年（一五六六）五月吉日、浅間《せんげん》大《だい》菩薩《ぼさつ》（神話で木花咲耶姫命は大山祇命《おおやまずみのみこと》の女で瓊瓊杵尊《ににぎのみこと》の妃に位置づけられ、浅間大神といい、また神仏習合により浅間大菩薩とも称された）に北条氏政の妻となっている息女の安産を祈願した。火山に祀られた富士浅間大菩薩は安産を祈る対象でもあったのである。

武田家は元亀二年（一五七一）四月二十一日、御室浅間神社別当の小佐野越後守へ、格別に御祈禱の奉公を勤めているからと駿河国須走浅間社と岡宮社の社務を命じ、いよいよ武田家の武運長久を祈らせた。武田家にとって富士浅間神社は武運長久を祈る神社でもあった。勝頼も天正元年（一五七三）十二月二十四日、小佐野越後守へ特別に富士浅間を崇敬しているからと所領を安堵し、武田家の武運長久と国家安寧の精誠を祈らせた。

元亀三年六月吉日に武田家の家臣である板垣信安は、富士山御室御宝前に武運長久・君臣和合・子孫繁盛のため社領を寄進した。

このように山岳信仰の典型として富士山があり、神体山である富士山は当然のことながら、富士浅間大菩薩を祀る御室浅間神社等が、武田信玄から一般庶民に至るまで多くの人を引きつけていたのである。

御師の支配

富士山御師の集住地としては河口湖の北側に位置し、御坂峠から下りてきた河口（南都留郡富士河口湖町、史料上は川口と出ることが多いがここでは現在の河口で統一する）が吉田（富士吉田市）より早い段階から開かれたようで、武田家や郡内領主の小山田家の御師を支配する文書も古いものが残っている。

武田信虎は年未詳の七月二十七日、河口御師の駒屋方へ関銭を免除した。御師は広い範囲にわたって活動するため、関銭を免除してもらうことにより活動がしやすくなった。

信玄も天文十一年（一五四二）三月七日、渋江右近丞へ河口導者坊を安堵した。武田家は天文十四年（一五四五）十二月二十五日に渋江右近允へ御蔵銭負担を免除した。また、天文十五年九月三日には河口御師の駒屋に過所を与えた。勝頼の時代になっても変わらず、天正三年（一五七五）八月十日に駒屋に関銭を免許した。

吉田の御師旧外川家住宅（富士吉田市上吉田）

郡内の領主である小山田家も同様で、信有は天文十三年（一五四四）十月十二日に特別に奉公したからと河口の御師小河原土佐守と同助次郎へ、彼らが抱えてきた分の諸役などを免許した。弘治二年（一五五六）十二月二十七日に御師小河原大蔵右衛門尉に諸役免許をした。小山田信茂は永禄十年（一五六七）七月十六日、小河原土佐守に諸役を免除し、役所を通行税なしに通ることを許可した。永禄十一年（一五六八）十月十二日、中村与十郎に親が抱えていた屋敷や坊中名田等を安堵し、天正二年四月十二日、猿屋石見守に諸役を免許した。また、天正六年正月七日には河口猿屋敷に諸役を免許した。天正六年（一五七八）十月二十三日、信茂は佐藤平三郎に渡部弥二郎が抱えている屋敷一間分の伝馬役等を免許したが、この人物は御師玉屋の可能性が高い。

永禄四年十月二十四日に信濃大町（大町市）の領主である仁科盛政は、猿屋宝性へ領中勧進を来年するようにさせた。御師の中には信濃方面で活躍する者もあったのである。

天正十年卯月十九日に河尻秀隆は川口猿屋へ屋敷買徳の田地や導者を安堵した。

このように、河口は御師の基地として戦国時代を通じて重要な意味を持っており、そこに小山田氏も支配を浸透させていた。これはそのまま富士山に参詣する導者への影響力にも直結した。

それでは、江戸時代に河口に対して圧倒的優位に立つ吉田の場合はどうであろうか。

年未詳六月九日、武田信虎は菊屋坊へ所領を宛がった。

小山田信有は永禄二年（一五五九）四月十四日、吉田の御師小沢坊に富士参詣の導者が悪銭を持ち込まないように触れさせ、永禄四年（一五六一）十月二十五日には、刑部隼人佐に富士参詣導者の関所通行を認める判物をあてた。年未詳六月一日には「吉田諏訪の下向道、参詣のためこれを登る導者に、駄賃入口の者候はば、見逢いに馬取らすべく候ものなり」（「諸州古文書」）と命じた。また、年未詳卯月二十九日には仁科清八郎へ棟別役を免許した。

元亀三年（一五七二）かと推定される三月吉日、信茂は刑部新七郎に宛てて、この度甲斐と相模が和親したので富士参詣の導者がきっとたくさん出るだろうからとして、神慮や寛宥のためこれから以後は郡中の諸役所を半関にすると報せた。信茂は天正八年（一五八〇）二月十四日、駋之馬場《りゅうのばば》（富士山の吉田登山道の中ノ茶屋から馬返しの間にあった）において善四郎に町役銭等を免許した。この地域が富士参詣者で町の様相を呈していたのであろう。信茂は年未詳の卯月に注連屋《しめや》仁科豊前守へ、富士参詣の導者が近年一円にないということで、この年都留郡の役所を半関とし、参詣者を増加させるようにした。

武田家を滅亡させて甲斐の領主になった河尻秀隆は、天正十年（一五八二）三月に小佐野藤太郎へ富士参詣の導者を安堵した。彼は同年卯月二十一日に御師である浅川の六郎右衛門に檀那屋敷等を宛がった。

ついで甲斐を押さえた徳川家康は、天正十年十二月六日に渋江覚右兵衛尉へ知行を安堵した。天正十年から十八年まで都留郡を領した鳥居元忠は天正十五年（一五八七）七月三日、富士山北室神主に富士山北室造営勧進のため、関東へ下り旦那に勧めるよう指示した。その上で、八月十六日には富士御室神主に富士山御室造営勧進のため、分国中勧進を相違なくするよう命じた。また、年未詳の三月二十六日、小林七郎右衛門尉へ雁丸旦那・屋敷等を安堵した。

天正十八年から文禄二年に甲斐を領した加藤光泰の養子加藤光吉は、天正二十年（一五九二）三月五日に雁丸新八郎へ信玄の代に富士山山室の宮で祈禱したことについて、小佐野越後守方に知らせるよう指示した。

このように、戦国時代の代々の領主は自らの信仰のためにも御師とつながり、御師を支配に組み込みながら、地域を栄えさせ、御師や御師のいる町から利益を得ようとしていたのである。

北口本宮冨士浅間神社

富士山を囲むように多くの浅間神社があるが、山梨県側で最も有名なものは北口本宮冨士浅間神社である。『甲斐国志』に「往古ヨリ此社中ヲ諏方《すわ》ノ森ト称スルハ、浅間明神勧請セザル以前ヨリ諏方明神鎮座アル故ナリト云」とあるが、現在の北口本宮冨士浅間神社の地にはもともと諏訪神社があり、その境内地である「諏訪の森」に浅間神社を勧請したようである。小山田信有は天文十七年（一五四八）五月二十六日、吉田の諏訪禰宜に富士山神事の際に新宮を建てる場合は披露するようにと命じた。

『甲斐国志』によれば、武田信玄が富士権現を造営したのは永禄四年（一五六一）だという。同年三月二日、信玄が吉田の諏訪の森の木を伐ることを禁止しており、この時に社殿が造られたのであろう。現在東宮本殿として本殿の背後東側に鎮座している一間社流造の檜皮で屋根が葺かれた建物がそれに当たるとされている。この建物は明治四十年（一九〇七）に内務省が国宝指定したが、法改定により昭和二十五年（一九五〇）に国の重要文化財となっている。

北口本宮冨士浅間神社（富士吉田市上吉田）

本殿背後の西側にあって、東宮本殿より一回り大きな建物が西宮本殿で、同じく一間社流造で檜皮葺屋根である。文禄三年（一五九四）に都留郡を支配していた浅野氏重が建立したもので、昭和二十八年（一九五三）に国指定重要文化財となった。

現在の本殿は元和元年（慶長二十年、一六一五）に鳥居成次が創建した一間社入母屋造、向拝唐破風造、檜皮葺屋根で、昭和二十八年に重要文化財に指定された。ちなみに、多くの人が接触する幣拝殿は元文四年（一七二九）に富士講の指導者として名高い村上光清が建立したもので、八棟造、向拝唐破風造となっており、本殿に接続している。

神社後方の大塚には日本武尊が東征の折りに、この上に立って富士山を遙拝し、「大鳥居を建て富士の神山は北方より登拝せよ」と言ったとの伝承がある。少なくともこの場所は富士山遙拝の場所であった。北口本宮冨士浅間神社拝殿の前の両脇には、樹齢千年といわれる「富士太郎杉」「富士夫婦檜」の名を持つ大きな御神木がある。本来四本神木があったといわれ、現存するのは三本でそれが前述の名前を持つ木である。したがって、本来この四本で画された場所が神聖な空間で、ここが富士山遙拝の地点だったのかもしれない。

いずれにしろ、富士山はその美しい姿と、山の高さ、長い期間雪を頂く姿が、神秘的な神の山とされてきたのである。

2 諏訪社と守屋山

諏訪信仰と山

信濃の一之宮として全国に知られるのが、諏訪湖の南北に湖を囲むように鎮座している諏訪大社である。諏訪大社は大きく上社と下社《しもしゃ》に分かれている。現在、両社に祀《まつ》られた祭神は、上社本宮（諏訪市）が建御名方神《たてみなかたのかみ》、上社前宮《まえみや》（茅野市）が建御名方神の妃《きさき》神である八坂刀売神《やさかとめのかみ》、下社春宮《はるみや》（諏訪郡下諏訪町）の祭神が建御名方神・八坂刀売神などで、下社秋宮《あきみや》（同）の祭神も春宮と同じだとされているが、中世に諏訪の神様は諏訪大明神として知られていた。

諏訪地方には、

おじりはれ　もりや《守屋》へくも《雲》をまきあげて　もず《百舌》きちな《鳴》かば　かま《鎌》をとぐべし
（山の裾《すそ》が晴れて、守屋山へ雲を巻き上げて、百舌が鳴いたならば、晴になるので仕事のための鎌を研げ）

の歌や、「守屋山《もりやさん》に雲がかかると雨になる」といった諺がある。地元の人たちが抱いていた諏訪の信仰対象は、諏訪市と伊那市高遠町の境にある雨や水と結び付けられた守屋山であった。

上社の本宮は現在南東側が正式な入口で、拝殿《はいでん》が北西に面しており、北西から南東が信仰の線になっている。しかし、北東側の神楽殿、四脚門《しきゃくもん》（勅使門《ちょくしもん》）、磐座《いわくら》（神の鎮座するところ）である硯石《すずりいし》から、南西への直線上に神体山の守屋山があり、本来は北東から南西が信仰の線だった。

諏訪湖と諏訪信仰の源ともいえる守屋山

水は人が生きていく上で欠くことができず、農業にも必要だった。かつて諏訪地方の人々は旱魃《かんばつ》時に、守屋山頂にある守屋大臣《もりやのおおおみ》の石の祠《ほこら》を谷底に転落させて雨乞いをした。この山に雨をもたらす神が鎮座するので、神を怒らせて水を得ようとしたのである。守屋山の水は諏訪郡と伊那《いな》郡へ流れ出た。山から流れ出る水が分かれるところを水分《みくまり》といい、水を分配する神を水分神《みくまりのかみ》と称するが、諏訪信仰の根底には水分信仰が存在したのである。

諏訪大社における水の信仰は今も強く残り、神楽殿と四脚門の間右手に天流水社がある。この社にはどんなに晴れていても天から水が降り、この中にある池が天竜川の源だとされ、雨乞いの際にはこの水が使われる。山宮《やまみや》である御射山《みさやま》（諏訪郡富士見町）は八ヶ岳《やつがたけ》・蓼科山《たてしなやま》の麓《ふもと》に広がり、諏訪大明神の狩場とされていた。また、全国に名をはせる有名な御柱祭に使われる木は八ヶ岳山麓で伐採される。とりわけ上社前宮からよく見える八ヶ岳なども諏訪信仰の対象であった。

八ヶ岳や蓼科山もまた、信濃（長野県）や甲斐（山梨県）の水源だった。

諏訪信仰と浅間山

中世には諏訪大明神が諏訪社の神とされたが、その本地を説く甲賀三郎伝説は日本を代表する火山である浅間山（長野県と群馬県の境に位置し、標高二五六八メートル）ともつながる。

南北朝時代に成立した『神道集』所収の「諏訪縁起事」によると、近江国甲賀郡の地頭の甲賀三郎諏方《よりかた》は、伊吹山（岐阜県と滋賀県にまたがる伊吹山地の主峰、標高一三七七メートル）の天狗に奪われた妻春日姫を探して六十六国の山々を歩き、信濃国蓼科山（茅野市と立科町の境、標高二五三一メートル）の人穴で発見して救出した。しかし、三郎は兄により穴へ落とされ、七十三の人穴と地底の国々を遍歴した。彼は最後に毎日の日課に鹿狩りをする維縵国《いまんこく》に着き、好美翁《こうびおう》と維摩姫のもてなしを受けて日を過ごしたが、春日姫恋しさに日本へ戻りたいと願った。三郎は戒を守り、数々の試練に打ち克って浅間嶽へ出、近江国甲賀郡笹岡にある釈梼堂《しゃか》（岩屋堂）に戻ったが、自分が蛇になっているのを知り、釈梼堂の縁の下に隠れた。その夜、堂に集まった白山、富士浅間、熊野権現などの化身である十人の僧から、人間によみがえる方法を聞き、もとの姿に戻った。春日姫と再会した三郎は、信濃国に諏訪明神として上社に鎮座し、春日姫は下社に祀られたという。

　この物語によれば、蛇体である諏訪明神は浅間山から出現したことになるが、浅間山と龍（大蛇）との関係は深い。長野県北佐久郡御代田町にある真楽寺は、浅間山の祈願所として建立されたといわれ、境内にある大沼池が甲賀三郎伝説の地だとされる。また、御代田町清万から佐久市長土呂《ながとろ》の近津までの沢を蛇堀といっているが、真楽寺の大蛇が通ってこれを掘ったことにちなむという。さらに、小沼郷の跡にあって文禄・慶長（一五九二～一六一五）の頃に廃村となった大沼村は、大沼池に由来するとされる。

真楽寺の大沼池（北佐久郡御代田町塩野）

　享保八年（一七二三）に書かれた『上州浅間嶽虚空蔵菩薩略縁起』によれば、浅間嶽は地獄の火宅を見、広々とした空に絶え間なく噴煙がたなびく衆罪消滅の名巒《めいらん》である。浅間大明神の本地である虚空蔵菩薩ならびに鬼神堂地蔵菩薩の縁起では、強盛勇力の鎌原幸重《かんばらゆきしげ》がここに居住していた。彼は日夜殺生を好み山野で狩暮らし、猪、鹿、猛熊をつかみ割き、長暦三年（一〇三九）四月八日に初めて浅間嶽に登り、北に大きな深窟を見つけた。その奥から鬼形の異類が出てきて、「自分たちは神武天皇の時代に鬼界島に押し渡り、日本を覆そうとしたが、この山の主虚空蔵菩薩に深く封じ籠められた。命を助けていただいたなら善鬼となって御山を守護します」と言った。善鬼を先達として八龍頭の際に至ると、浅間山山頂の釜の廻りは五十余町で、地獄の峯と剣の峯の間より黒煙が焼け出し、石を飛ばし、火を降らせ、黒雲を天に巻き上げ、雲間より撃石の光閃は電光に異ならずという状態だった。幸重が弥陀の宝号を唱えると、煙は忽ち消失し、僧二人が忽然と現れ、

「汝が初めて踏み切った今日、八日を縁日と定め、貴賤の輩をこの地に運ばせ、罪科を消滅させよ。しかしながら、閏年の年は必ず忌むように」と教え、一人は虚空蔵大菩薩と現じ、一人は六道能化地蔵大菩薩と顕れた。幸重は麓に下り浅間山圓乗院延命寺を造立し、行基作の虚空蔵を安置した。山の半腹に涌き出している熊の水という冷水が参詣の御手洗水で、この水はいかなる大旱にも乾くことはない。さてまた、信濃国諏訪の社を建て浅間大明神と崇め奉ったが、社頭はことごとく頽破した。このいわれによって、氏子たちが四足二足を食しても直ちに浅間に参詣するという。

火口が八龍頭と理解され、浅間大明神と龍体である諏訪大明神の同一性が示されている。主人公の鎌原幸重がする狩猟は後述のように諏訪信仰と関係が深い。また、『浅間大変記』には、「信州浅間が嶽ハ、持統《ジトウ》天皇の九年丙申、役《エン》の行者此山にのぼり給ふ、東北《トウホク》山中に柳《ヤナギ》の井あり、是に黒蛇住《コクジヤスミ》て常に毒《ドク》水をはき、役者怪《アヤシミ》て本尊に祈誓《キセイ》し、利剱《リケン》ヲもつて是ヲたやす、それより峯《ミネ》に登《ノボ》りて巌石《イワウ》をたいらけ、自《ミズカラ》草《クサ》の堂《ドウ》をかまへ勤行《ゴンギャウ》す」（『天明三年浅間噴火史料集』上巻）とあり、黒蛇が毒気を吐くのが噴火活動だとの理解も存在した。また柳の井に棲む龍ということで、水と龍の関係も暗示されている。

「諏訪縁起事」には堂に集まった白山、富士浅間、熊野権現などの化身である十人の僧が出てくるが、白山、富士山、熊野などいずれも山岳信仰であり、諏訪信仰もこれにつながるのである。

諏訪大明神と信玄

錦絵などに描かれている武田信玄は、必ず諏訪法性《すわほっしょう》の兜《かぶと》と呼ばれる独特の兜を身に着けている。また、武田家の旗印に「南無諏方《すわ》南方法性上下大明神」「諏方南宮上下大明神」（甲斐市雲峰寺蔵）があったことも、よく知られている。

多くの人に信玄イメージを植え付けた『甲陽軍鑑』は、彼が幼名を勝千代といったのは、父信虎が駿河の福島《くしま》氏と戦って勝った、その日その時に誕生したからで、勝千代誕生の前に種々の不思議を諏訪明神から告げ来たと書く。つまり、信玄は勝利とともに生まれ、勝利の背後に諏訪大明神の加護があったというのである。

信玄が信濃諏訪郡に進軍したのは天文十一年（一五四二）で、高遠頼継と結び、諏訪頼重を挟み撃ちにした。七月四日、武田軍は頼重を捕らえ、翌日甲府に送り、二十一日に切腹させた。この結果、諏訪氏が領していた諏訪郡は、宮川を境にして武田氏と高遠氏によって折半された。

本来、諏訪氏だった高遠頼継は諏訪郡全域を手に入れようとし、高遠軍が九月十日に武田勢の守る上原城（茅野市）を打ち破り、下社をも手に入れ、上・下両社を支配下に置いた。報せを聞いた信玄は、十九日に諏訪頼重の遺子寅王を擁して兵を催し、甲府から諏訪に向かい、二十四日に「諏方法性上下大明神御宝前」に戦勝を祈願した。願書には「勝利したならば、具足一領・馬一匹、伊那郡において百貫文の神領を寄進するので、なんとか勝利を与えてほしい」といった内容が記されている。結局この戦いで勝利して、信玄は諏訪郡全体を領した。

その後、天文十七年（一五四八）七月十九日の早朝、武田軍は諏訪湖の西側にある四郷に放火した上、朝六時頃に塩尻峠に陣取っていた小笠原軍を急襲し、圧倒的な勝利を得た。八月十日、信玄は上社神長に宛てて、「神前において真心を尽くしてお祈りをこめたお守りを謹んで頂戴した。諏訪郡が自分の思う通りになったのは、諏訪大明神が守っていてくれるおかげである。この御礼として太刀一腰を御宝殿に奉納する。以前にも増して武運長久の祈念をお頼みする」といった内容の書状をしたためた。

信玄は諏訪大明神に戦勝を祈願してから、戦場に臨み、諏訪社のお守りを持って戦っていたのである。

彼の意識に代表されるように、諏訪大明神は戦神としても深く信仰されていた。

永禄七年（一五六四）正月十九日、信玄は上社の権祝にお守りなどをもらった礼状を出したが、その後半では「私は他の仏神をさしおいて、諏訪上下両社の明神を崇敬《すうけい》奉っているので、四十日の内に敵城五カ所を攻め落とし、この国が悉《ことごと》く静かに治まるはずである。これは神力のおかげで、あなたの祈念のたまものである。これからいよいよ武田家の武運長久と私が関東を退治できるように、心を込めてお祈りをすることが肝要《かんよう》である」などと記している。武田家の武運長久と関東領有を祈るのが権祝の仕事だといわんばかりである。信玄にとって上社は自分の武運長久を祈る神社になっていったのである。

同年二月十七日より先、信玄は諏訪郡内の薬王寺《やくおうじ》と慈眼寺《じげんじ》に諏訪大明神の意図を尋ねる鬮《くじ》を取らせたが、上下両社の結果が一致しなかったので、二月十七日付で自分が多年にわたり礼奠《れいてん》を怠りなくして、神を敬ってきているのだから、神意を尋ねる御鬮は双方が同じになるはずなのに、異なった結果が出てきたのは寺の怠慢であるとの内容の書状を両寺宛に出し、重ねて鬮を取らせた。鬮の結果が信玄の思う通りに出ないのは両寺が怠っているからだと詰問し、占いの結果も信玄の意図に沿うようにさせている。

永禄八年（一五六五）二月吉日、信玄は諏訪上社に神意に従って軍を進めるので、勝って当然だけれども、勝利したら神前で読経をするなどと願書を出した。おそらく、最初から自分の意図通りの結果が出るように占いなどをさせ、それに従った形をとって出陣したのであろう。信玄は自軍勝利の占い結果を広く家臣に示し、この度の戦いは必ず勝つのだとして、士気を高めていたようである。こうして、諏訪社は信玄の政治的な道具ともなっていった。

なお、諏訪明神に大乗経（大乗の教えを説いた教典）を読経することが感謝の行為になっていることは、本地である仏・菩薩が衆生救済のため仮に神の姿をとって現れるという、本地垂迹説に対応しており、大僧正でもある仏教徒信玄の意識がよく出ている。

権力の浸透と祭礼

天文二十三年（一五五四）八月十六日、信玄は上社神長に「御神前においてこの度の戦陣で勝利できますように、と真心こめて祈念していただいたお守りのおかげで、私の意図が達せられた。これから今まで以上に信濃国が穏やかに治まるよう、諏訪大明神に油断なくお祈りをしてほしい」と礼状を出した。同年九月二十六日、信玄は明春に信濃奥郡へ出陣するため大日方主税助《おびなたちからのすけ》に備えさせ、同年九月晦日には伊那郡攻略がなった御礼として、諏訪社に関係する三斎山《みさやま》大明神に神領を寄進した。

天文二十四年（弘治元年、一五五五）二月十四日、信玄は八剣社《やつるぎ》（諏訪市）に上原（茅野市）の地を寄進し、三月四日に上社の神鷹・神馬の分配法を定めた。上社への奉納物の分配は本来神社内部の決定事項なのに、これを規定したのは信玄が諏訪社を支配下に置いた象徴的な出来事といえる。

同年四月頃に謙信が信濃へ出陣し、七月に善光寺の東の横山城（長野市）へ陣取ったので、信玄は大塚（同）で対峙した。両軍は七月十九日に川中島で戦ったが、膠着《こうちゃく》した戦況になった。九月十日、信玄は上社の神長に戦勝祈願を依頼した。その書状には「この度の戦陣で勝利できるように祈念をこめたお守りが到来し、謹んで頂戴した。越後衆が出陣してきたが、策略に目新しいことはなかったので、あなたも安堵してほしい。神前において、怨敵《おんてき》退散の御祈禱を心を込めて行ってくれるようお頼みする。私の願書数通が叶うように祈念するように。とりわけこの度の軍は、当家の是非を決する大事なものなので、外出を禁止して参籠し、私の武運長久のお祈りをしてほしい」との内容が書かれている。謙信と戦っていた信玄は、どうしても勝ちたいと諏訪大明神の力を頼んだのである。このためもあってか、九月二十五日に信玄は上社に漆田郷内（長野市）の社領を安堵した。結局、今川義元の調停を得て閏十月十五日講和が成立し、両軍は兵を引いた。

弘治三年（一五五七）四月二十一日に謙信は旭山要害（長野市）を再興し、武田軍に備えた。同年かとされる四月二十八日、信玄は神長へ「越後の国衆が出張してきたので息子と出馬する。武田家の有無はこの戦いで決まるので、五官およびそれより以下の巫祝等は、みな一心に真心を込めて、十日を経ずに武田軍が勝利を得るよう、朝と暮の礼拝・祈禱をしてほしい」旨の書状を出した。

諏訪社は神事などを再興するため、信玄の協力を仰がなければならなくなっていた。逆に信玄はこれを信仰のてこにして諏訪社に権力を浸透させていった。

この流れの中で武田信玄（晴信を称しているので、永禄二年（一五五九）以前）は、三月九日付で守矢頼《より》真《まさ》に次の内容の書状を書いた。「諏訪社の御頭役が近年おろそかにされているが、自分が信濃国全体を統治し、百年以前と同じように、祭礼を勤めさせたいと思っていた。十五カ年以上も戦争が止むことがなかったので、土民百姓たちは困窮している。とりわけ島津や高梨などは今に至るまで命令に応じないが、色々思うところがあって黙っていた。島津や高梨が我が軍に属したならば、必ず私の素願のようにその役を催促し、難渋する者については、先の忠節にかかわらず成敗する。毎年三月のお祭りのことはたやすいことなので、分国の内へ堅く下知をする。諏訪頼満・同頼重の時に勤めていた三月のお祭りが、近年怠慢《たいまん》になっている趣を詳細に書き立て、社家の一人を差し添えて、早速こちらの方に送ってくるようにしてほしい」と。

信玄は上杉謙信と戦っていたが、この書状に信濃平定の理由が示されている。つまり、近年諏訪社の御頭役がおろそかにされているが、自分が信濃国を平らげたならば、一国全体の者に祭礼を勤めさせるという。謙信は圧迫された島津や高梨の勢力を元に戻すために出兵すると主張しているが、まったく異なる論理である。信玄は私欲で行動するのではなく、諏訪社のために信濃を統一する必要があるのだというのである。もう一つの趣旨は、十五年前から戦争が止まないので、信濃に住んでいる民百姓は困窮している。戦争を止めさせれば、民百姓が救われるというものである。

武田信玄は永禄二年（一五五九）三月二十八日、上社九頭井《くずい》の祭礼が百年以上断絶していたのを再興するため、諏訪郡栗林郷内（茅野市）に田地六反を寄進し、先々の如く神事を勤めるようにと命じた。

永禄三年（一五六〇）二月二日、信玄は権祝に「上社の造営のことについては、以前からの規則に任せて信濃国中へ催促せよ。もし難渋する者があったならば、早く注進せよ。その程度に応じて罪科に処す。ただし、不作の地については、社家ならびに諏訪郡の老者が話し合って、造営の工米からこれを補うようにせよ」と命じた。

これより先の永禄元年（一五五八）、信玄は信濃守（信濃の守護職）に補任され、信濃国全域に号令をかける名目を得ていたので、信濃国全域に向かって造営の役を負担させた。永禄五年（一五六二）十月二日に信玄は、埴科郡東条・寺尾（長野市）の両郷に上社頭役を課した。前年の九月、有名な第四回川中島合戦があったばかりで、宛名の地域にまで確実に支配が及んでいたとはいえないが、御頭役を命ずることによって権力を浸透させたのである。

信玄による信濃国全域に対する御頭役賦課の集大成が、永禄八年十一月一日から翌年九月晦日にかけて出された、十一点からなる諏訪社の神事再興を命じた、俗にいう「信玄十一軸」である。

彼の方針は信玄と諏訪頼重の娘との間に生まれ、信玄の跡を継いだ勝頼によって受け継がれ、さらに強化された。勝頼が天正四年（一五七六）二月七日、伊那郡笠原郷（伊那市）などに上社の御頭を命じた文書の中には、もし先規に背いて難渋したならば、百姓等を御分国（領国）から追放する、といった内容が書かれている。

現在の諏訪大社下社の御柱祭

天正十年に武田家が滅亡したことにより、信濃には国全体を治める領主がなくなり、各盆地ごとに大名が置かれた。その後、大名ごとの領域が単位になり、統治組織である藩ができ、信濃国全体に諏訪社の御頭役を賦課させる権力はできなかった。今のように諏訪郡の人たちだけで御柱祭《おんばしらさい》などがなされるようになったのは、武田氏滅亡後なのである。

変化する領主と信仰

天文十一年（一五四二）、武田信玄の侵攻を受けた諏訪頼重は甲府で切腹し、諏訪氏の宗家が滅亡した。頼重の従兄弟に当たる諏訪頼忠は、武田氏支配下に神官として生き残り、天正十年（一五八二）に武田家が滅亡し、同年六月に織田信長が本能寺の変で亡くなると、自立して諏訪氏を再興した。一時期は信濃に侵攻してきた家康軍と戦ったが、やがて家康と和睦し、その家臣となって、諏訪の領主としての地位を確保した。

諏訪社は信濃の国の一之宮として、武田氏の時代には一国に御頭役などの賦課をしたが、天正十年以降は国全体をまとめて支配する者はおらず、それぞれの領国化が進んで、諏訪社の御頭役も国全体に及ぼすことができなくなった。

天正十八年（一五九〇）に徳川家康が関東に移封されると、頼忠も家康に従って諏訪を離れ、武蔵国に移った。代わって日根野弘就《ひろなり》の子・高吉《たかよし》が同年に入封した。織田信長と豊臣秀吉のもとで城普請を経験していた高吉は、文禄元年（一五九二）から慶長三年（一五九八）にかけて、現在の高島城がある諏訪湖畔の高島村に新城を設け、石垣の上に天守閣も築いた。城下には上原城周辺にいた商工業者を移住させ、城下町を建設した。その後、高吉の子の吉明が家督を継いだが、慶長六年（一六〇一）下野壬生藩に移封された。

高島城（諏訪市高島）

同年、諏訪頼忠の子である諏訪頼水が旧領の高島に復帰した。所領は当初は二万七千石、第二代藩主の忠恒は大坂の陣に参陣した功績により、元和四年（一六一八）に五千石を加増され、三万二千石を領した。以後、諏訪地方は諏訪氏の支配下として明治に至った。

諏訪大社と特別な関係にある諏訪氏が諏訪地方を領したことによって、御柱祭など諏訪社の行事が諏訪郡全体の賦課として続けられることになったのである。

3 転々とする善光寺

善光寺信仰と山

信州を代表する寺院といえば、「牛に引かれて善光寺」で有名な善光寺である。善光寺信仰の背景にも山の信仰がある。長野市立博物館が所蔵する「信濃水内郡彦神別神社遺跡之図」は、寛文六年（一六六六）に完成した如来堂を描いているとされる（口絵参照）。この絵図は中世の参詣曼荼羅《さんけいまんだら》の伝統上に描かれ、善光寺の世界観を示しているが、絵図の最上部にいくつもの山が重なるように描かれている。

北（上部）に示された山のうち一番背後の高い山、およびその前面の山は青く彩色され、色を付けず線だけで木の葉が描き込まれている。位置や信仰状況からすると、最上部の山は戸隠山である。後白河法皇は『梁塵秘抄《りょうじんひしょう》』で「四方の霊験所」の一つとして「信濃の戸隠」を挙げ、十四世紀成立の『拾芥抄《しゅうがいしょう》』に戸隠山観修院顕光寺《けんこうじ》は古仏遊行の所、『元亨釈書《げんこうしゃくしょ》』が一切衆生喜見菩薩《いっさいしゅじょうきけん》（薬王菩薩の前身）が長明という僧になって戸隠山に化現したと記すなど、仏教にとって戸隠山は重要な場所であった。

その前の青い山は形と位置から飯縄（飯綱）山である。善光寺にとって年末の重要行事に如来の年男があるが、『善光寺名所図会』によればこの役にあたる人は一カ年潔斎し、湯福《ゆぶく》・妻科《つましな》・武井《たけい》の三社へ日参し、飯縄山・戸隠山へは月参することになっていた。

最上段右手奥に濃い茶色で描かれた独立峰は、独特の形と位置からすると妙高山《みょうこうさん》だろう。妙高山は須弥山《しゅみせん》の別名（「須弥」とはスメールの漢字による音訳、意訳が「妙高」）で、仏教の世界観では妙高山が世界の中心である。妙高山はその独特の形から神仏の居ます山として信仰された。特別な山である妙高山を遠くに望めるように位置させたことが、善光寺の世界観を示していよう。

黒姫山と思しき山の手前の方にはもう一つ山が描かれ、前面に「寺領箱清水村《はこしみず》」がある。その右手、山の間に緑の木の葉とともに描かれている神社は駒弓神社であろう。江戸時代には毎年十二月申《さる》の日の遷宮に、駒ヶ岳の駒弓の宮から神主が善光寺へ木馬を持参し、二月一日にお駒送りで木馬を駒ヶ岳へ送って行く時、年男の門松竹も駒弓の神前で焚き捨てる祭礼があった。

このように位置は正確ではないが、描かれている山はいずれも善光寺にとって重要で、とりわけ大切な山には松のような木の印が付けられている。

善光寺の模様を記した絵として、最も有名なのは大阪府藤井寺市小山の善光寺が所蔵するいわゆる「善光寺参詣曼荼羅」（口絵参照）である。場面は中世末、作画は近世初頭と考えられている。こちらは寛文絵図と違って、画面の中央に大きく善光寺を配し、左右に善光寺の縁起が描かれている。

善光寺本堂背後左上の最も高い山の前面には、翼とくちばしが特徴的な烏天狗が狐に乗っている飯縄（飯綱）権現が描かれているので、背後の山は飯縄（飯綱）山であろう。

飯縄山の右手の黒く縁取られた山には、飯縄山背後の瑞雲が前にかかっており、飯縄山よりも善光寺から遠いことが示されている。位置や構成からするとこの山は戸隠山で、雲の上にあるのは奥社、雲の下は宝光社であろう。長禄二年（一四五八）七月にできた「戸隠山顕光寺流記」には、「善光寺に別して鎮守無しと云ふ事あり。但し当山を以て鎮守となし、乾方三十三里を去つて座すと云ふ也」とある。戸隠山が善光寺の鎮守だというのである。

山の縁を見ると、その上に描かれているのは、距離感から妙高山と考える。善光寺本堂の屋根の軸線を延ばすと、戸隠山とその背後のこの山にあたるので、鎮守としての戸隠山の特殊性と、仏教世界の中心である妙高山を、重ねることで強調された可能性が高い。

こうした状況からして、戦国時代の善光寺信仰の背後には山の信仰があったといえる。

戦国時代の善光寺

謡曲《ようきょく》などには一般の人々が多数善光寺に参詣したことが示されている。『土車』では深草の少将が善光寺に着き、子供と巡り会った。能楽の『柏崎』でも善光寺で母と子が再会している。『山姥』では、都の遊女が善光寺に参詣しようとし、北陸道より寺に向かっている。『笈《おい》さかし』では、直江津《なおえつ》（新潟県上越市）は善光寺への道辻とあり、畿内から北陸道を通り、越後から信濃に入る道を通る者が多かった。実際に年未詳三月十日に道猷《どうゆう》は、越後の長尾為景に宛てて、女房衆が善光寺へ参詣するのでお頼みしたいと申し入れている。このように善光寺には女性の参詣客が多かった。

善光寺には創立の時より御杖代《みつえしろ》として女性が仕えてきたとの伝承があり、善光寺大本願《だいほんがん》では尼公上人が代々善光寺如来に奉仕してきた。善光寺縁起では地獄に堕ちた皇極《こうぎょく》天皇（第三十五代の天皇で女帝）を善光寺如来が救ったとしている。このように当時、善光寺如来は女性をも救ってくれる特別な存在として知られていたので、善光寺には多くの女性が参詣した。

善光寺は特定の宗派の寺ではなかったので、中世の有名な教祖のほとんどが善光寺に関わった。宗派を越えて誰でも参詣できることも魅力の一つだった。

中世の人々が願ったのは極楽往生だったが、善光寺に参詣すれば極楽往生が叶うとの俗信が広く存在し、現在まで続いている。人々の願いに応じる阿弥陀如来《あみだにょらい》のおわすところとして人々は善光寺に参詣し、死後の平安を祈ったのである。

しかも、善光寺仏は日本に最初にやってきた仏像だと喧伝された。歴史に裏打ちされた寺としても、善光寺は多くの人を引き付けたのである。

戦国時代にあって旅することは決して簡単ではなかったが、多くの人々、とりわけ女性が善光寺に参詣した。大永三年（一五二三）六月十日には武田信玄の父親信虎も善光寺に参詣した。彼は大永七年（一五二七）七月八日に再び善光寺に参詣した。まだ甲斐国は統一されておらず、戦乱の巷だったのにもかかわらず守護が国をあけて参詣したのである。

善光寺の別当は栗田氏が勤めていた。『吾妻鏡』の治承四年（一一八〇）九月条に、「栗田寺別当大法師範覚」と見え、栗田範覚が栗田寺を根拠にしていたことが知られる。栗田寺ははじめ栗田村（長野市）の堀之内の城郭内にあったが、範覚の子孫覚慶が明応五年（一四九六）十二月二十二日に亡くなり、その子寛高が寛慶を善光寺東之門に葬って、廟所として一寺を創立し、栗田寺をあわせて寛慶寺《かんけいじ》としたという。

中世を通して、善光寺の門前町は栄えていたが、武田信玄と上杉謙信の戦いによって一変した。『甲府善光寺明細帳』によれば、天文二十一年（一五五二）八月に信玄と村上義清が川中島で戦い、善光寺は焼けたという。ちなみに、これより先の文明六年（一四七四）六月四日に、善光寺は金堂および四門の悉くを焼き、その後再建の記事が見えないので、『長野県町村誌』は仮堂であったのではないかとしている。

越後善光寺

謙信の本拠地、春日山城近くの海辺、新潟県上越市五智二丁目の十念寺《じゅうねんじ》一帯はかつて善光寺浜と呼ばれており、昔この地に善光寺があったことを物語っている。善光寺本尊の阿弥陀如来像は日本最古の仏像で、宗派も関係なしに、極楽往生を約束してくれると理解されていたので、多くの人々が死後の救いを善光寺に求めた。その一人として上杉謙信もあった。

『勝山記』によれば、武田信玄は天文二十四年（弘治元年、一五五五）七月（四月か）二十三日に信州へ馬を入れた。村上義清などから援助を求められた謙信も、二十三日に出馬して善光寺に陣を取った。信玄は大塚（長野市）に陣を張り、善光寺の堂主である栗田氏が善光寺の西に位置する旭山城（長野市）に籠った。信玄は旭山城に三千の兵と弓八百張、鉄炮三百挺を入れ、謙信のたびたびの攻撃を押し返した。この時の戦いがいわゆる第二回川中島合戦で、両者は閏十月にいたって駿河の今川義元の斡旋により和睦した。その際、善光寺の大御堂の本尊の善光寺如来をはじめ、善光寺宝印、仏具、荘厳具などを越後に持ち帰り、直江津（上越市）の浜辺に如来堂を建立して安置した。これが善光寺浜の名前の由来である。

謙信が越後に運んだ本尊は現在、山形県米沢市御廟一丁目の法音寺《ほうおんじ》に伝わる。この寺には同じ時に伝来した金銅五鈷鈴《ごこれい》や金銅舎利塔《しゃりとう》、金銅華鬘《けまん》もある。謙信が善光寺から仏像などを運んだことが前例になり、信玄も善光寺の本尊を甲府に運び、以後善光寺の本尊が各地を転々とすることになる。

上杉輝虎《てるとら》（謙信）が永禄五年（一五六二）三月十五日に出した書状の中には、「春日・府内・善光寺門前、その外所々火の用心の義につきて、重ねて申し遣わし候。（中略）善光寺町に信州の者多く候間、やき（焼）取りなどに火付け候事もこれあるべく候」（関口氏所蔵文書）などと記されており、謙信が春日山城下と府内、善光寺門前を最も重要な都市として意識していたことがわかる。善光寺町に信州の者たちが多く住んでいて、放火の可能性があるとしているので、越後に善光寺が建てられると十年も経たない間に門前町ができ、謙信膝元の春日山城の城下町、中世から国の中心としての機能をはたした府内と並び称されるような、大きな町になったといえよう。

謙信が大御堂の善光寺如来を越後へ移すと、大御堂の僧侶などは如来に従った。信濃善光寺門前で生活していた商人や職人の中には、彼らの求めに応ずるため越後に越す者や、多くの参詣客を目当てに商売をしようと移住した者もあった。こうして、越後にも善光寺門前に町ができたのである。

十念寺（浜善光寺，新潟県上越市五智）

越後の善光寺は慶長三年（一五九八）、上杉景勝に従って会津（福島県会津若松市）へ移り、さらに同五年に米沢（山形県米沢市）に転居した。その後、越後に残って法灯を守ってきたのが大本願別院不捨山光明院十念寺である。

甲斐善光寺と権力の浸透

天文二十四年（弘治元年、一五五五）七月に謙信が善光寺に陣取ると、武田氏に味方した善光寺の別当栗田氏は旭山城（長野市）に立て籠った。上杉氏の勢力範囲であった善光寺近辺で、栗田氏が武田氏に味方したことは、これ以前に両者の間に接触があったことを示す。

弘治三年（一五五七）、武田軍は善光寺の北側に位置する葛山城（長野市）を攻め落とし、善光寺および戸隠付近を勢力下に置いた。信玄は善光寺の本尊である阿弥陀如来像以下を甲府に移すことにし、善光寺別当の栗田氏や善光寺大本願上人・中衆なども従った。善光寺の如来は翌永禄元年（一五五八）九月二十五日甲府に着いたが、その状況を『王代記』は、「善光寺如来九月二十五日、甲府につき《（着）》給う。板垣、十月三日地引き始」と記している。十月三日、板垣（甲府市）に堂の建設を開始し、翌年二月十六日に入仏式を行った。ただし、本堂の棟上は永禄七年三月二十二日で、入仏は翌年三月二十七日であった。

甲府の『善光寺記録』によれば、「弘治元乙卯、武田信玄公生身如来を信州佐久郡根津村に奉遷、根津村に安置する事三年」で、その後永禄元年九月十九日に信州の本尊その他の霊仏などを甲州に移し、しばらくは中郡の上条村日輪法城寺の仏殿に入れた。永禄元年から本堂を建立しようと思い、馬場信春が奉行になってこれを造ったという。

三国伝来という本尊の阿弥陀如来が安置されるところが善光寺なので、本尊を遷座させれば寺は移動する。しかも、本尊を信濃にもたらした本田善光が甲斐守に任ぜられたと伝わるため、信玄は甲斐と善光寺の因縁からして移すことも可能だった。また、武田氏の氏神である八幡神の本地仏が阿弥陀仏なので、善光寺如来の加護を受けて一門の繁栄を願いたいという意図もあったろう。

しかし、最大のねらいは善光寺信仰を武田氏の権力の中に取り込むことによって自らを権威づけ、領国支配を有利に進めようとすることにあった。善光寺は三国一の霊場として全国から参拝者をが訪れていたので、甲府に移すことで善光寺の上に武田氏があることを示し、影響力を持とうとしたのである。移転を通じて武田氏の家臣や領国民に信玄の力を誇示することができ、その過程を政治的ショーとして利用できた。

善光寺は武家政権を樹立した源頼朝が再建し、続いて政権を握った北条氏も庇護したので、信玄はこれらの先例をもとにして、善光寺の保護者こそ武家政権を握るべきだと訴え、領国を全国に広げていく際の正統性の宣伝材料として利用できた。これは武田氏の諏訪社保護の理念とも通ずる。

なお、信玄の考え方が特殊なものでなかったことは、武田氏滅亡後に善光寺の本尊が織田信長・その子の信雄《のぶかつ》・徳川家康・豊臣秀吉と、天下に関わった者たちの間を点々としたことでもわかる。

永禄二年（一五五九）三月二十日付で武田氏が出した「分国商売之諸役免許之分」中には、弘治二年（一五五六）八月二日に水科《みずしな》修理亮に宛てた、「善光寺還住の間、一月に馬壱疋口諸役免許せしむる者也」（「諸州古文書」）という文面の文書がある。近世の善光寺町の役人に水科氏がいるので、水科修理亮は善光寺如来が甲府に遷るに際して甲府に移住してきた可能性が高い。弘治二年にはかつての善光寺商人が帰る場所として、信濃の善光寺町があった。文書は武田分国内の商売の諸役を免許し、それが永禄二年に再度確認されているので、水科氏はその後も信濃と甲斐を結んで商売をしていたようである。

善光寺を甲府に移転すれば、多くの参詣人を集めることができる。しかも、善光寺は多くの職人を抱えており、職人や門前に住んでいた商人たちも甲府に移る。これによって甲府の町は大きくなり、武田領国の経済の中心地にふさわしい経済力を持ちうると、信玄は判断したのであろう。

善光寺の甲府移転は当時戦っていた謙信への対抗手段でもあった。独自の寺院組織を持ち、信濃の住民に大きな影響力を持っている善光寺を上杉氏に握られると、信玄の信濃支配は不利になる。既に謙信が弘治元年に善光寺の一部を移転する動きを見せたので、信玄も対処しなくてはならなかったのである。

信玄が善光寺を甲府に移したことは、彼の権力浸透を如実に示すが、その後さらにそれを推進した。

永禄十一年（一五六八）四月三日、信玄は善光寺別当の栗田鶴寿へ「堂妙、堂照四十八度の札書退転なく出し、仏前の燈明をかかぐべきの事」「堂中において四十八度の札書出し、かの札銭は経衆、中衆配分の事」（大本願所蔵文書）と命じ、僧の勤務にまで干渉した。

元亀元年（一五七〇）九月六日、信玄は栗田鶴寿に本領を安堵し、新知行として水内郡千田・市村（長野市）を宛がった。また、勝頼は天正四年（一五七六）十月十七日、栗田鶴寿へ遠江の高天神城（静岡県掛川市）の守備を堅固にするように命じた。栗田鶴寿が天正九年三月二十二日に高天神城で戦死すると、勝頼は五月二十五日に永寿に亡父鶴寿の所領を安堵した。

天正九年（一五八一）七月四日に勝頼は次の文書を出した。

定

一、善光寺（甲府）小御堂坊中ならびに町屋敷等の儀、栗田（永寿）計らいたるべきの上は、他の綺《いろい》あるべからずの事

付けたり、但し仕置等相違有るの儀は、下知を加うべきの事

一、同じく町屋敷諸役の儀、向後免許せしむるの事

一、六月の高棚、上町にこれを打たば、諸法度以下、栗田の計らいたるべき事

一、仏前拝趨《はいすう》の僧、上下共に普請致すべからず、但し拠所《よんどころ》なき儀においては、如来崇敬のために候の間、若輩の人は相勤べきの事

一、信州本善光寺より集まり来たるの僧俗、或いは罪科人を守り、或いは罰銭出す等の役儀、一切こ

れを停止畢、但し佞人有り盗賊を隠し置き、または国法に背かば、厳科に行うべきの事
右条々、法性院殿《（武田信玄）》直判を以て定め置かるるの上は、今より以後もいよいよ相違あるべからざるものなり、仍て件の如し
天正九年辛巳
七月四日　（花押・武田勝頼）
栗田永寿殿
其他善光寺衆

第四条は信州の善光寺が罪科人を守ったり、罪科人に関わって罰銭などを出し、盗賊などを隠し置くようなことがあったことを示している。しかし、武田氏はそうした善光寺のアジール性（権力も入ることのできない避難所）を否定しており、善光寺を完全に支配下に置いていたといえる。

本尊不在時の信濃善光寺

既に触れた天正九年（一五八一）に伊勢内宮の御師宇治久家が信濃国の道者に御祓いを配布した際の「信濃国道者之御祓くば《（配）》り日記」には、川中島の分として会の里（長野市篠ノ井会）の高野与左衛門（善光寺の平林氏と同名）、同所池の内和泉、同新七郎、おみあさか（麻績安坂で筑北村安坂か）の人である石川（長野市篠ノ井石川）にい《（新か）》宮内衛門、小田切、同入道、同名こしの内匠、高野左近、同所二助、もう一つ川中島分として海津（長野市松代町）の西念寺、同所駒沢主税助、市村（長野市若里）問屋藤七郎、同所御代官豊後、荒木（長野市若里・荒木）の内せん四郎、同所与四郎、同所弥左衛門、そして善光寺の内御代官弥左衛門の名前が記されている。

この人数は他所と比較すると少ない上、よそで記されている職人や宗教者なども見えない。善光寺には代官弥左衛門がいるだけで、川中島地域での優位性はない。とはいっても、善光寺の地名が残り、代官が置かれているので、善光寺は何らかの形で続いていたようである。栗田氏がこの地に所領を維持していたことも考えると、古くからのつながりで、寺も命脈を維持していたのであろう。

転々とする善光寺如来

天正十年(一五八二)三月十一日に武田家を滅ぼした織田信長は、十四日に甲府善光寺を見物した。四月になると織田信忠が甲斐の善光寺如来を岐阜(岐阜市)城下の伊奈波《いなば》神社近くに遷し、別当重繁、大本願百八世の本誉誓観上人もこれに従った。六月二日に本能寺の変で織田信長と信忠が死亡すると、信長の次男である信雄が善光寺如来を尾張の甚目寺《じもくじ》(愛知県あま市)に遷した。岐阜城下の故地には信長の嫡孫(信忠の嫡男)信秀が井奈波善光寺(岐阜善光寺)を建立し、現在も善光寺安乗院として存在している。なお、甚目寺には中興開山として大本願百九世円誉智慶《ちけい》上人の木像がある。

一方、甲府善光寺では徳川家康が本能寺の変後の十一月二十八日、栗田永寿へ善光寺小御堂坊中ならびに町屋敷等を安堵し、寺領および諸法度を先規のごとく計らわせた。また、甲斐へ侵入した家康の将酒井忠次は栗田鶴寿の未亡人を引き取って側室とした。

天正十一年(一五八三)四月十九日に徳川家康は甲斐善光寺に寺領を安堵し、五月二十八日に酒井忠次が栗田永寿の進退を大須賀康高に任せた。六月五日に家康は善光寺如来を甚目寺から三河岡崎(愛知県岡崎市)に遷し、さらに遠江の浜松鴨江寺《かもえじ》(静岡県浜松市)に奉遷した。しかし、家康は夢枕に立った如来が甲府に帰りたいと言ったとして再び甲府に返し、智慶上人もこれに従った。十一月二十八日に甲府善光寺の寺領および諸法度を旧規の如く栗田永寿の計らいに任した。こうして再び甲府善光寺が善光寺如来のおわすところとなった。

天正十八年（一五九〇）十二月六日、新たに甲斐の領主となった羽柴（毛利）秀勝は栗田永寿に甲府善光寺を支配させた。天正二十年（文禄元年、一五九二）二月には加藤光泰が甲斐善光寺に寺領を寄進し、栗田永寿に取り計らわせた。文禄三年十二月二十八日には浅野幸長が甲府善光寺に寺領を寄進して栗田永寿に支配させた。このように栗田永寿の甲府善光寺支配は続いていたのである。

文禄五年（慶長元年、一五九六）閏七月十三日に発生した慶長伏見地震により、豊臣秀吉が心血を注いで建立した京都方広寺の大仏殿は倒壊を免れたものの、前年完成したばかりの大仏が倒壊した。秀吉は九月八日に木食上人（興山應其《こうざんおうご》）へ書状を送り、甲斐善光寺如来が十七夜以来夢に出てくるようになり、昨夜は現のように影向があり、「都へ移って阿弥陀峰という山の麓にいたい」と仰せられたがどう判断したらいいかを聞くため、大坂に来るように命じた。

慶長二年（一五九七）二月二十八日に小諸城主の仙石秀康（秀久）は、興山應其が甲斐善光寺如来の京都移徙《いし》奉行となるのを祝った。秀吉は前年の地震によって倒壊した方広寺大仏の代わりに、善光寺如来を京都に迎えることを決めたのである。

六月十五日、秀吉は霊夢によって善光寺如来を大仏殿に遷座するとして路次の送迎を諸大名に命じた。そして、如来を迎えるため甲斐の領主浅野長政を甲州へ派遣した。同じ十五日に善光寺智慶上人が「本願上人」号の再興を願い出、間もなく勅許されたようである。七月六日に興山應其は紀伊高野山金剛峰寺年預に書を送り、甲斐善光寺如来入洛のことを報じた。善光寺如来が入洛したのは七月十八日で、輦《れん》

賑わう善光寺の仲見世（長野市長野元善町）

の前に別当大勧進《だいかんじん》重繁法師、左右灯明衆十五人、如来御跡大本願智慶上人が供奉した。

それからほどなくして秀吉が病気になったので不吉の兆しがあるとされ、翌慶長三年八月十七日に秀吉が霊夢を見たことを理由に、善光寺如来は急に信州に戻された。甲府から如来に付き従って入京していた重繁法師・智慶上人・灯明衆なども、そのまま信濃へ移った。これによって、再び信濃の善光寺町が復活することになったのである。

信濃復帰後の善光寺

天正十五年（一五八七）、栗田永寿は栗田寺の名前を寛慶寺と改め、洞誉《どうよ》上人を住持に招いた。寛慶寺の中興開山である洞誉上人は、慶長十一年（一六〇六）十二月二十二日に亡くなった。

秀吉が善光寺の本尊を信濃に返した慶長三年（一五九八）八月、善光寺門前はほとんど町としての体をなしていなかった。『当代記』によれば、慶長五年（一六〇〇）の夏に善光寺の川中島の御堂が建立された。徳川家康は慶長六年七月二十七日、善光寺へ周囲の長野村、箱清水村、七瀬河原、三輪村で一〇〇〇石の寺領を寄進した。

「善光寺町年寄・問屋・本陣・庄屋名前帳」（年次不詳）によれば、慶長六年に善光寺門前は善光寺宿となり、慶長十六年（一六一一）九月に北国往還の改修とともに、天正十一年に上杉氏が公認していた牟礼（上水内郡飯綱町）・長沼（長野市）往還のみでなく、水内郡柏原村（上水内郡信濃町）・新町・善光寺・更級郡丹波島（長野市）が伝馬宿を命じられた。善光寺宿では大門町・西町・東町が伝馬役を負い、北国往還の宿であることを理由に、近郷のみならず他国の者に対する融通交易の場所として市立てがなされた。

こうして、如来が帰ってわずか十三年の間に、善光寺は急速に門前町としての様相を整えた。幕藩体制によって藩を越えての人の移動が難しくなっていただけに、甲府善光寺の門前にいた商人や職人たちが信濃に帰住することはなかったようで、門前町には周囲の村々から集まって来た人が多かった。短期間に町が復興するほど、善光寺信仰は篤く参詣者も多かった、それに宿場町の性格が加わったのである。

4　小菅山元隆寺

小菅山と甘露井

長野県にある市で最も北に位置するのが飯山市であるが、市の東部、千曲川の東側に小菅という集落がある。この集落は平成二十六年（二〇一四）十一月に「小菅の里及び小菅山の文化的景観」として国の重要文化的景観に指定された（口絵参照）。この地は明治に至るまで小菅山元隆寺《がんりゅうじ》で知られ、信濃北部から上越にかけての地域信仰の根拠地であった。

天文十一年（一五四二）五月付の「信濃国高井郡小菅山八所権現《はっしょごんげん》并《ならびに》元隆寺由来記」（以下、「由来記」とする。ただし、現在残るのは後に書かれた可能性が高い）は、小菅山の由来を次のように説いている。小菅山は役行者《えんのぎょうじゃ》（役小角《えんのおづぬ》、奈良時代の呪術者で修験道の開祖）が草創した、八所権現の霊験の地である。昔、

小菅の馬頭観世音菩薩座像
（小菅神社蔵）

行者が修行をする場所を求めて、神々しい雰囲気が翻《ひるがえ》る場所を尋ね、山の頂上で一人の異人に出会った。彼は「我は飯縄明神で、この地の地主神《じぬしがみ》である。当地には古仏錬行の岩窟があり、諸神集合の地なので、当山を久住の地と決めて心おきなく仏法を弘められよ。我はそれを守護しよう」と言い終え忽然《こつぜん》と消えた。行者が早速東嶺の岩窟に籠って祈誓をこらすと小菅権現が示現し、「我は摩多羅神《またらじん》で馬頭観音の化身である。よろしく仏法の興隆につとめよ」と告げた。東の紫雲が勢いよく山の頂全体を覆っていた峰に行くと岩窟があり、光明が満ちていた。行者が真言を唱えると山頂が動揺し、素晴らしい香りがただよい、馬頭観世音が示現した。さらに神仏の来臨を請うて、目を閉じて合掌し、再度真心を尽くして勧請すると、熊野・金峯《きんぷ》・白山・立山・山王・走湯《はしりゆ》・戸隠の七所の霊神が先を争って出現し、力を合わせて八所宮殿を建立した。

「由来記」に出ている岩窟に当たる位置には、現在重要文化財に指定されている小菅神社奥社本殿がある。その内々陣は四間に仕切られ、向かって右端（東隅）の岩窟の下に水の涌き出る空間があり、池を甘露井《かんろい》と呼ぶ。明治前期に作成された皇国地誌の一環としてまとめられた『皇國邑誌編輯』には、甘露井が周囲四間（約七・二メートル）余り、深さ五尺（約一・五メートル）で、いつでも神水と称する水が湧いており、旱魃《かんばつ》になった時はこの水を近隣の里から汲み取りに登山し、あるいは薬水に用いると記されている。山の山頂に近い岩肌から湧き出る水が、人々の生活の根底を支えてくれる聖なる水の根源として尊崇され、日照り時には雨乞いの手段になったのである。高い山の岩壁から湧き出す水は水分《みくまり》信仰の典型で、小菅山信仰の根源が諏訪社と同じものであったことを伝えている。

宮殿は甘露井を除く三間に三基が安置されている。中央の一基は慶応三年（一八六七）の造立であるが、同じ形の両側二基は永正五年（一五〇八）に造られたもので、重要文化財の指定を受けている。

元隆寺が栄えた状況をよく伝えるのが、弘治三年（一五五七）五月十日に長尾景虎《ながおかげとら》（上杉謙信）が出した、次の願文である。少し読みにくいが全文を掲げる。

小菅神社奥社（飯山市瑞穂小菅）

それ小菅山元隆寺は、信濃国高井郡に在り、大同紀元《きげん》これを草創す。鷲《わし》尾《お》中将《ちゅうじょう》詔《みことのり》を承わりこれを監す。君臣累葉《るいよう》の慶を承け、人天皇華の恩に浴す。顧みるにその境たるや、誠に霊区ならずや。東嶺の霜古く慈悲の雲を戴き、西河の水浄《きよ》く知恵の雨を澆《そそ》ぐ。北に温泉（野沢）有り、山岳これ隔て、群迷を平日に洗う。南に郊野有り、草花色を交え、庶類を今日に喜ばす。甚深《じんしん》の義、精款《せいかん》の誠、永く霊澤《れいたく》の芳を襲い、ますます凡慮《ぼんりょ》の臭を除く。しかのみならず、上は八所の宝社を造立し、下は三十坊の紺宇《こんう》を結構し、香花未だ嘗《かつ》て止まず。梵唄《ぼんばい》常に声を伝う。証明愆《あやま》る無く、功徳恒沙《ごうしゃ》に遍し、観念変らず、利益衆生に及ぶ。そもそも当山一堂を造り、観世音を安置し、以って鎮守となす。近くは千手現の金容を証し、遠くは三千界の塵数《じんじゅ》を済《すく》う。今に在って古を尋ねるに、元隆寺は、補陀落《ふだらく》峯を遷すか。世を異にするも趣き同じく、彷彿《ほうふつ》として衆妙《しゅうみょう》に庶《おお》からんか。伏して惟《おもん》みるに、武田晴信《はるのぶ》世《よよ》甲・信に拠り望を競い威を振い、干戈《かんか》息《や》む無し。越後国平氏の小子長尾景虎、去る夏以来高梨（政頼）等のため、しばしば諸葛《しょかつ》の陣を設くと雖《いえど》も、晴信終《つい》に兵を出さず。故に鉾戦《ぼうせん》を受くるに能わず。これにより景虎暫《しばら》く馬を飯山の地に立て、積年の憤《いきどおり》を散ぜんと欲す。吉日を涓《えら》び良辰を取るに暇《いとま》無く、意《こころ》群凶を平げ升康《しょうこう》を見るに有り。明日速に上郡に赴《おもむ》き、兵馬を進めんとす。願わくは当山の仏慈に依り、逆賊を芟夷《さんい》せんがため、義を以って不義を誅すること、なお江河《こうが》を決し爝火《しゃっか》を漑《そそ》ぐが若《し》くならんことを。朽索《きゅうさく》の奔駕《ほんが》を懼《おそ》るるに似たり、豈《あに》克く勝たんや。古謂う所能く天下の憂を除く者は、則ち天下の楽を享《たす》けんと。誠なる哉この言や。（坂上田村麻呂）坂将軍法力を仮り以って辺垂《へんすい》を劉《ころ》し、隋の高帝仁祠《じんし》を建てて戦場を変ず。豈今日の利ならんや。昔年に於いて又然り。嗟呼《ああ》智剣《ちけん》を揮《ふる》うに非ずして、何ぞ稠林《ちゅうりん》を剪《き》らん。他日請うて仏日の光威を扇ぎ、併せて敵国平焔《へいえん》を滅さば、則ち諸将群士共に慈海の無辺に濡《うるお》い、千門万戸壽木《じゅぼく》の不老を保《たも》つべし。然らば則ち恭しく河中島を分ち、爰《ここ》に一所を献じ、永くこれを寄附し奉らん。宜しく仏恩に報じ不朽に伝うべし。仏誠に霊有り、仰ぎて以って祈請し、伏して以って発願す。稽首敬白《けいしゅけいはく》

弘治三年五月十日　平景虎敬白

（「上杉年譜」所収小菅神社文書）

この願文から小菅信仰が越後にまで広がっていたことがわかり、元隆寺が相当影響力を持っていたことが推察される。また、前半の「小菅山は本当に霊区である。東にある峰は古くから慈悲の雲をいただ

き、西を流れる川（千曲川）の水は清く知恵の雨を注《そそ》いでいる。北には温泉（野沢温泉）があり、山岳が隔てて多くの人の迷いを日頃から洗い流している」といった内容から、山・峰・川・温泉といった自然環境と独特の景観が、この地を山岳信仰の地、修験道の世界にしたことがわかる。

戦国時代の小菅集落

応永二十八年（一四二一）十二月二十五日、将軍足利義持《よしもち》は代替わりにあたって大納言法印忠意《ちゅうい》へ、禅林寺若王子社《ぜんりんじにゃくおうじ》（京都市）の別当職、同社領摂津国《せっつのくに》兵庫下庄《ひょうごしものしょう》や信濃国小菅ならびに若槻庄《わかつき》（長野市）などを安堵した。応仁元年（一四六七）十二月二十一日には、足利義政が同様に、禅林寺僧忠意と同忠雅《ちゅうが》へ禅林寺若王子の別当職と信濃国小菅ならびに若槻庄等六カ所の荘園を与えた。つまり、中世に小菅は永観堂として知られる京都の禅林寺領の荘園だったのである。

二つの安堵状が伝えられた若王子神社は新熊野社《いまくまの》（はじめは白河熊野社）とも称し、後白河上皇が永暦年中（一一六〇～六一）、熊野三山の土を運んで土壇を築き、熊野の神を勧請したと伝えられる禅林寺の鎮守である。新熊野社領は平家没官領《もっかん》が後白河上皇から後鳥羽上皇に譲られ、承久の乱（一二二一年）に幕府に没収され、後に後堀河《ごほりかわ》天皇に献上され、転々として鎌倉時代末には後醍醐天皇の御領となったが、建武新政（一三三三年）の後に再び新熊野社、すなわち禅林寺領として領知された。

「若王子領知覚」によれば、永禄十一年（一五六八）には小菅庄・若槻庄からの年貢が若王子に届いていないので、この頃までに小菅庄も中央の支配から離れ、地域権力に支配されていたのであろう。

天正七年（一五七九）二月二十五日に武田勝頼は、小菅と越後赤沢（新潟県中魚沼郡津南町）の間の往復の便のために人家を造らせているので、信濃と越後の中間に位置する小菅は交通上の要衝としての役割を負っていた。村として伝馬役などの役割分担をしていた可能性もある。

文禄三年（一五九四）には上杉領内の検地が実施されたようで、「文禄三年定納員数《じょうのういんずう》目録」の書き上げに、小菅山料大聖院（元隆寺）高橋権太夫《たかはしごんだゆう》の知行高が五十八石と出ている。この石高は飯山にある尾崎郷和光山料、五束《ごそく》村諏訪料、飯山愛宕《あたご》料大輪院、飯山飯縄料、市野口村和光荒神料、飯山天神料と同じで、飯山伊勢町の阿弥陀院の百三十五石、尾崎郷東源寺の七十二石より少ない。

戦国時代の文化財

小菅からは中世の銭貨や能登半島で焼かれた珠洲焼《すずやき》などが多く発見されており、ここに多くの人が集まり、商業活動があったことを推測させる。小菅神社宝物庫に保管されている直径二〇センチから三〇センチの銅鏡三点は、いずれも室町時代のものである。集落から出た懸仏《かけぼとけ》の残欠と思われる小さな仏像も室町時代に位置づけられる。小菅は室町時代に繁栄が一つのピークを迎え、宗教都市のようになっていた可能性が高い。

永正五年（一五〇八）九月、奥社内の二基の宮殿が建立された。正面約一・二メートル、側面約〇・六メートルの大きさである。天文十五年（一五四六）八月十五日には現在長野県宝に指定されている、桐竹鳳凰文透彫《きりたけほうおうもんすかしぼり》奥社脇立《わきだて》二面が造られた（口絵参照）。その外形法量は縦七四・九センチ、横三二・一センチ、厚さが一・一センチある。小菅の中にある菩提院の墓地を見ると、中世末の五輪塔や宝篋印塔《ほうきょういんとう》の残欠が多く見られる。

『増訂小菅神社誌』によれば、小菅神社の什物類の中に錦地御戸張《にしきじみとばり》があり、その最古は天文十二年（一五四三）に上杉謙信が寄贈したもので、次に慶長十三年（一六〇八）に飯山城主の皆川広照《みながわひろてる》、寛永《かんえい》五年（一六二八）に飯山城主佐久間安治《さくまやすはる》（安長《やすなが》）、万治《まんじ》年中（一六五八～六一）に飯山城主松平（桜井）忠倶《ただとも》の順に寄贈したという。

小菅神社には上杉謙信綱切《つなき》りの鎗《やり》との伝承を持つ穂先四六・七センチ、込四九・四センチで、銘に「兼勝作《かねかつ》」とある鎗が伝わっている。永禄四年（一五六一）九月、川中島合戦の後に謙信が安田の渡し場（飯山市）で、渡し船の綱を切って追いすがる武田の兵を防ぎ、これを船頭に与え、後に船頭が大聖院に献納したものだという。今は柄がなく、穂のみとなっているが、神社では特別な宝物として伝えている。奥社への参道には永禄四年の川中島合戦で武田軍に追われた上杉謙信が隠れたという伝説を持つ隠石があるが、一騎打ちで有名な永禄四年の合戦で敗走した謙信にまつわるものとして、多くの参詣人の目を引き付けたであろう。

天正十九年（一五九一）、奥社本殿や宮殿を別当大聖院と十八坊が願主となって再興した。天文年中に奥社が再建されてから四十五年を経る間に、相当壊れたようである。なお、棟札《むなふだ》の銘文により、天正十九年の修復は大工棟梁《だいくとうりょう》を越中国新川郡に住んだ小野源之丞政高《げんのじょうまさたか》が勤めたことが知られる。越中から大工が招かれていることからすると、この修復も上杉氏が後ろ盾になっていたと思われる。

文禄二年（一五九三）閏九月に越後の金丸与八郎が径一六・八センチ、厚さ五・一センチの鉄製鰐口《わにぐち》を奉納しており、小菅の信仰は依然として盛んで、とりわけ越後との関係が深かったといえる。

妙高を拝する

小菅集落の中央を走り参道へとつながる直線の道で、黒門の前で天気がよい日に西側を振り返り、上がってきた道から目をそのまま上へ向けると、関田《せきた》山脈の向こうに新潟県妙高市にある標高二四五四メートルの複式成層火山である妙高山《みょうこうさん》の山頂が見える。西方浄土と合致する西方に、あたかも阿弥陀様の頭のように、信仰の山である妙高山が浮かんでいるのである。阿弥

小菅の集落から見る妙高山
（飯山市）

陀如来の図には峰越しの阿弥陀が描かれるものが多いが、私には小菅から見る妙高山が峰越《みねご》しの阿弥陀様に見える。とりわけ落日の時に妙高山を眺めると、黄金色に輝く西方が極楽浄土に感じられる。

妙高山とは仏教世界において世界の中心にあるとされる須弥山《しゅみせん》、梵語 Sumeru の音写で、妙高山・妙光山と訳された。その高さは八万由旬《ゆじゅん》（古代インドの距離の単位）、頂上が帝釈天の住む忉利天《とうりてん》で、中腹には四天王が住むという。同心円をなす九山八海《くせんはっかい》の中心に位置し、これを囲む海中には閻浮提《えんぶだい》（南贍《なんせん》部洲《ぶしゅう》）など四洲があり、日月星辰は須弥山の周囲を回転しているという。つまり、妙高山は仏教を信ずる人々に仏教世界の中心として意識され、越後の妙高山も信仰の対象になったのである。

地図上で小菅の集落中央部の道路を見ると、ほぼ東西の軸線である。このために春分と秋分の頃には、集落の道路の軸線上に当たる妙高山に太陽が沈む。浄土思想で極楽浄土（阿弥陀如来が治める浄土の一種）は遙《はる》か西方にあると考えられたこともあって、春分と秋分を中心とする彼岸《ひがん》には仏事が行われるのが一般的である。太陽が真東から昇り、真西に沈むこの両日は、彼岸（あの世）とこの世とが結び付けられると考えられ、お墓参りなどもなされた。小菅では春分と秋分の日に、あたかも峰越しの阿弥陀のように見える妙高山の頂の脇に太陽が沈んでいく。まさに西方浄土とつながる場所として、小菅が意識されたのではなかろうか。

こうした景観からして、小菅の集落は背後に標高約一〇四七メートルの小菅山を置いて、妙高山を拝するために中央を走る道路を基軸にして計画立村され、小菅山もその中に位置づけられたと考える。

中心軸の変化

小菅集落の中心部を貫く道路は妙高山に直進する形になっているが、かつてはこのような形ではなかったことが、近年の調査によって明らかになった。

すなわち、遠藤公洋氏が元隆寺跡の北西の位置に石積みで区画された、かつての寺院や坊の跡と考えられる遺跡群を見出し、小菅の再評価を迫ったのである。遺跡は磐座を区画したり、テラスを造成して塀を造ったりした大規模なもので、土塀の基礎と思われる石による区画がよく残っている。中心をなす道路の軸は妙高山ではなく、あえて言えば飯縄山・斑尾山方面に向かっている。

「由来記」では小菅の地主神は飯縄明神だとする。奥社からは遠くの山を望むことができないが、向いている方向は妙高山ではなく、飯縄山・斑尾山である。奥社に上る途中で遠方が望める場所から見えるのも同じで妙高山は見えない。したがって、元来の小菅信仰は妙高山を意識していたのではなく、飯縄山や斑尾山に目を向けていたのであろう。

もう一つ問題なのは小菅権現が、「我は摩多羅神《またらじん》で馬頭観音の化身である」と述べたことである。奥社に上る途中で飯縄山を見ようとすると斑尾山の左肩遠くに見え、目立つのは斑尾山である。視点を変えると背後に飯縄山が守るように控えて、前面に斑尾山が見えるのである。小菅権現は摩多羅神の化身である馬頭観音だというが、「摩多羅」は「斑」と音でつながり、本来は斑尾山が神体山として意識されていた可能性が高い。

そうなると、いつ誰によって現在の集落の中心路を妙高山に向けた、計画的な集落が造られたのかが問題になる。これを物語る史料は何も残っていない。可能性として考えられるのは上杉景勝であろう。前述のように上杉謙信は小菅を飯縄・戸隠と並べて信仰しており、いうならば越後を守る信濃側のバリヤーの一つとして小菅を意識していた。謙信の跡を継いだ景勝については、伝承として奥社の修築をしたと伝えられているだけであるが、天正十年（一五八二）から慶長三年（一五九八）まで北信濃が彼の支配下に入っており、その強い影響下にあった。小菅の領主などの変遷を考えるならば、集落の中心軸を変え、新たな村を造りあげるほどの権力を持つ人物としては、景勝しか考えられない。また、その中心軸を越後にある妙高山に向けさせて、それによって意義を持たせるとすれば越後の人の可能性が高い。天正十九年（一五九一）、奥社本殿や宮殿を、別当大聖院と十八坊が願主となって再興したというので、この時期に景勝の権力を背景にして現在のような集落の景観になったのではないだろうか。

いずれにしろ、小菅信仰の前提に小菅山という山があり、さらにその前面に展開する斑尾山と飯縄山、もしくは妙高山があったことは、当時における山岳信仰のあり方を考えさせる。

5　山岳信仰

金櫻神社と金峰山

金櫻《かなざくら》神社は甲府市の北方、荒川上流の山間部に鎮座し、金峰山を山宮とするのに対しての里宮として創建され、金峰山信仰（御岳信仰）の中心をなした。戦国時代には甲斐の一般民衆のみならず領主である武田氏からも、大変に崇敬された神社だった。社名は金峰山が金銀銅の精気に満ちている山なので、「金の花、いやが上に咲き出でる」によると言われる。また「金をもって神となし、桜をもって霊となす」によるともいう。この神社は山梨県ではその名前もあって、現在でも初詣などで大変人気がある。

　金櫻神社の山宮のある金峰山は山梨県側では「きんぷさん」、長野県側で「きんぽうさん」と呼び、標高二五九五メートルで秩父山系の盟主として山梨県と長野県の県境にそびえ立っている。山頂にある花崗岩の巨大な五丈岩《ごじょういわ》が金櫻神社の御神体とされる。この岩は神代に大国主命（大己貴命《おおなむちのみこと》）の国造りを助けた少彦名命《すくなひこなのみこと》が鎮座したとして、御像岩《ごぞういわ》とも呼ばれる。

　本宮の草創伝説によれば、日本武尊《やまとたけるのみこと》が東征しての帰りに、相模国から信濃国を目指して甲斐を通っていった時、金峰山に登った。彼はこの山が霊地であることを感じ、国造《くにのみやつこ》塩海宿禰《しおみのすくね》へ御像石の下に社殿を建てるよう命じ、素戔嗚尊《すさのおのみこと》（須佐之男命《すさのおのみこと》）とその子孫（一説には子）の大己貴命を合わせて祀らせたという。

金櫻神社（甲府市御岳町）

　その後、雄略天皇の十丙午年（四六五）に神勅（神のお告げ）があって御岳山へ社殿を建立し、本宮三柱神を奉遷して祀り、里宮としたのが金櫻神社の成立だとされる。神社には近年まで三殿があり、素戔嗚尊・大己貴命・少彦名命を祀っていた。その建物は武田氏初代当主であった武田信義（一一二八〜八六）の再建といい、脇障子にあった上り竜・下り竜の彫刻は江戸時代初期に活躍した伝説的な彫刻職人の左甚五郎の作と伝えられ有名だった。

中宮には日本武尊が東征の折り国家鎮護の地だとして首鎧を納めたのにちなんで、日本武尊を奉斎して、御岳山地主神と唱えていた。建物は逸見清光《へみきよみつ》（甲斐源氏の祖とされる新羅三郎義光の子）が再建したという三社流れ造りだった。東宮には素戔嗚尊の后神の奇稲田姫《くしなだひめ》（櫛名田姫）と、その親の足名椎《あしなずち》、手名椎《てなずち》を祀り、建物は浅野長政（一五四四～一六一一）が建立したといわれ、方三間の単層の入母屋造り檜皮葺だった。武田氏を中心とする甲斐の歴史が詰め込まれていたこれら建物は昭和三十年（一九五五）に焼失した。

金櫻神社では欽明天皇元年庚申年（五四〇）三月に遷宮大祭を執り行ったので、以来庚申の年を大神事の年として、里宮が鎮護された丙午年と同じく大祭礼を実施してきた。そして、江戸時代でも両大祭の時には、甲斐の二十四カ所の口留番所が、参詣の女性の通行を神社から差し出した手形で通すほど権威があり、多くの人が集まった。

文武天皇二年（六九八）に勅（天子の命令を伝える文書）によって、大和国金峰山より広国押武金日尊《ひろくにおしたけかなひのみこと》（安閑天皇）・蔵王大権現《ざおうだいごんげん》・金精大明神《こんせいだいみょうじん》を奉遷して、本宮と里宮の相殿の合祀した（大宝二年〔七〇二〕に勧請されたとも）。このために金櫻神社のことを蔵王権現ともいう。蔵王権現は役行者が金峰山で修業中に感得したと伝えられる蔵王堂の本尊である。こうして金櫻神社でも古代から神仏混淆《しんぶつこんこう》（わが国固有の神の信仰と仏教信仰とが融合調和すること）が進み、中世に金峰山には多くの山伏が入って修業し、山岳信仰のメッカとなった。

五丈岩の頂からは「甲斐派美《かいはみ》」と呼ばれる湧水が湧き、甲府市域を流れる荒川や相川をはじめ、武蔵国の多摩川や信濃国の千曲川の水源になると信じられてきた。ここにも水分信仰が色濃く見えるのである。このために金峰山は水の神、農業の神の鎮座する山ともされ、金櫻神社に祭られた神々は耕作守護の神としても崇められた。

何よりも、金峰山は山梨県の国中地方や長野県の佐久地方から、その威容がよく眺められる。周囲の山々を従えたなだらかな山容と、春にはそこだけが雪を頂いて輝く姿は、いかにも神聖で信仰の対象といえる。

このような理由から、甲斐の代々の領主が金櫻神社を深く崇敬し、神社には武田勝頼が奉納した能面と、勝頼とその弟の仁科盛信が奉納した鼓胴が社宝として伝わっている。また、信玄や勝頼の時代には、金櫻神社の御師の集団でもある御岳衆が活躍した。

山梨岡神社（笛吹市春日居町鎮目）

山梨岡神社と御室山

山梨岡《やまなしおか》神社（笛吹市春日居町鎮目）はそれほど有名な神社といえないが、かつては甲斐国の重要な神社だと考えられていた。ＪＲ中央線で東京方面から甲府盆地に入ると、甲府駅の手前にある石和温泉駅の北東に山梨岡神社がある。この神社名が山梨県の県名のもとになっているが、その神体山は御室山《みむろやま》である。神社の正面に当たる東側の神渡橋などからこの山を眺めると、緑滴る独立峰で左右対称の端正な形をしており、いかにも神がより来たりそうな場所だと感ずる。神社背後の中腹には積石塚古墳があり、これが神座として意識された可能性が高い。

『甲斐国志』によれば、この神社は古文書に山梨明神・山梨権現と記され、慶長八年（一六〇三）の黒印状、慶安元年（一六四八）の御朱印状以来、日光権現と称されている。正月十四日の夜に筒粥祭があって年の豊凶等を占う。『王代記』に享禄元年（一五二八）九月七日・八日に山梨宮の垂木《たるき》一本から血が流れ、九日に止まったが、十日には四本から血が流れたと出ている。甲斐国の住民の古くからの説によれば、もし国に災害がある時にはあらかじめ御室山が鳴動し、秋山（南アルプス市）の池の水が血色に変わって、未然にそれを示すという。これに関係して「山梨や御室の山の鳴る時は秋山の池ちしほ《（血潮）》ならむ」という俚歌がある。

由緒書によると、山梨岡神社は崇神天皇の時代に国内に疫病が流行して人民が大半死亡し、その他にも災害が多かったのを天皇が深く愁い、四海の内に八十万の神の社地と神戸を定めたことに始まるという。この時、病災をことごとく除くために、日光山高千穂の峰に、大山祇命《おおやまつみのみこと》・高龗神《たかおかのかみ》・別雷神《わけいかづちのかみ》の三神を祀り、隣郷の鎮守とした。その後、成務天皇の時に国地郡境を定めた折り、窪地に梨の木が茂っていたのを伐り払い、神戸を移し、甲斐嶺山梨岡と号した。これによって山梨の郡名が生じたとされる。したがって、この神社は甲斐国四郡の根源となる旧社で、社中にある郡石がその基準だと伝えられている。

このように、甲斐の中心ともされた山梨岡神社の神体山の御室山は、甲斐の変事を告げてくれるだけの由緒と歴史を持つと信じられた山だった。『王代記』に垂木から血が流れたと記した人物は、神社での血を特別な予兆と感じたから書き留めたはずで、山梨岡神社が戦国時代に何らかの予知の対象になっていたことがうかがえる。

変災を音によって御室山が告げてくれるとの意識は、現代まで続いている。地元の古老の話によれば、最近鳴動したのは関東大震災（大正十二年〔一九二三〕九月一日）の前で、山がゴーゴーとうなり声を上げたので、伝承によって何かあると思っていると、翌日ぐらいに関東大震災があったという。

享保九年（一七二四）に甲府勤番として赴任した野田成方《しげかた》が、宝暦三年（一七五三）までの間に見聞した事項を書き記した『裏見寒話《うらみかんわ》』は、「山なしやみむろの山の鳴る時は秋山池は血しほなるらん」と記し、これは甲斐が根山に籠って御室山があり、国に変があれば、御室の山が鳴動し、その時に西郡の秋山（南アルプス市）の池も血になるという意味だとする。

光昌寺と遠光山

天明二年（一七八二）の序を持つ萩原元克《はぎはらもとえ》が著した『甲斐名勝志』に、甲斐国の人たちの言い伝えによれば、国に変がある時には光昌寺にある小さな池の水が血の色に変化し、山梨の御室山が鳴動するとして、同じ歌が出ている。また、秋山と中野（南アルプス市）との間の山上に秋山光朝（加賀美遠光の嫡男）より秋山氏代々が住んだ城跡があるとする。秋山は南アルプスの東麓で、周囲を山が囲む位置にある。

『甲斐国志』によれば、光昌寺は秋山太郎光朝によって開基され、その後廃頽したが、慶長年中（一五九六〜一六一五）に小林村（南アルプス市）にある曹洞宗の南明寺十六世の雪嶺が再建した。影堂にある木像二基を里人は次郎殿・太郎殿（加賀美次郎遠光・秋山太郎光朝）と称し、文明九年（一四七七）二月三日の銘を持つ鰐口があるとする。寺の前の小池の形は故があるのであろうが、湮没《いんぼつ》してはっきりしておらず、日本国の形を作っているともいう。左右豊満で中が狭く、欄干を備えた橋を架してその上に屋宇を構えて寺門としている。この池が伝承の池だとする。なお、秋山太郎は『吾妻鏡』の治承四年（一一八〇）十月十九日と元暦二年（文治元年、一一八五）正月条に名前が見えるが、平家嫡流である平重盛の娘を妻としていたため頼朝に滅ぼされたとしている。

ところで地域には、「遠光山の鳴る時は、秋山の池こそ血にもなるらよ。雷さんは天で鳴る、秋山の遠光山は地で鳴る」という民謡が伝わっている。ここでは遠光山が鳴る時に秋山の池が血になると、山との関係が強調され、加賀美遠光と秋山の池との関連性が歌われてきた。

『甲斐国志』は、池の水が血の色に染まる池が加賀美の法善寺（南アルプス市）だとの説もあると記している。法善寺は『中巨摩郡志』よると加賀美遠光居住の旧跡だという。秋山光昌が建てた光昌寺の庭にある池を秋山の血の池といい、天下に凶事がある時には池の南西から一筋、北東の方向から一筋紫色の血が出てきて、両方が行き合って戦う形になり、その後、池の水が血潮のごとく見える。このようになること夜に三度、昼に三度。遠光山が鳴り動くことは振動のようで、遠光を神に祈る。法善寺境内の井戸は底が龍宮城につながり、この池で弘法大師が祈雨の法を修して以来、旱魃の時にはこの井戸の水を汲んで雨乞いをするという。

遠光山は雨鳴山ともいわれ、秋山・湯沢・落合三村の入会山で時々鳴るが、夏の雨が降ろうとする時が最も多い。里人はこれを「遠光が鳴る」といい、加賀美遠光の霊の所為で、秋山村に声が聞こえるのはまれであるが、もし聞こえる時には必ず災害に見舞われるとする。雨鳴山が鳴ることを遠光鳴りと呼び、鳴るのは遠光の神霊とされている。加賀美遠光は音と関係が深い。すなわち伝承によれば、承安元年（一一七一）に宮中で怪異が起こった折り、高倉天皇が源氏の弓矢の名手として遠光を召し、鳴弦《めいげん》の術を行わせた結果、無事に怪異が治まったというのである。鳴弦とは弓に矢をつがえず、弦を引き音を鳴らして気を祓う退魔儀礼で、元々は誕生儀礼として平安時代に始まり、天皇の入浴時、主の病気祓い、不吉な出来事が起こった際など幅広く行われるようになった。おそらく鳴弦の音と山鳴りの音とを遠光によって結んだものであろう。

長野県大町市社にある大町市民俗資料館からそれほど遠くない東側の山中に山寺廃寺跡がある。ここから火葬墓の蔵骨器として発掘された古瀬戸灰釉四耳壺と瓶子、青白磁水注は長野県宝に指定されており、伴って出土した墨書経石は国内最大級の大きさと文字数がある。この遺跡の西側に当たる標高八〇〇メートルほどの尾根には多くの墓が設けられており、死者が山の上で眠るという中世人の意識の一端を垣間見せてくれる。信濃善光寺では大峰山の中腹に位置する花岡平から中世の五輪塔が無数に発掘されている。これは死者の世界が山にあることとつながる。いずれにしろ、加賀美遠光の霊が雨鳴山を鳴らすとの住民の理解は、山に神が住まうのと同様祖先の霊が山にいるという理解によるものであろう。

小野神社（塩尻市北小野）

小野神社・矢彦神社と霧訪山

長野県塩尻市に小野神社があり、その隣に辰野町の矢彦神社が並んでいる。両神社の御柱は諏訪大社より一年遅れの卯・酉年に行われ、昔より「人を見るなら諏訪御柱、綺羅《きら》を見るなら小野御柱」と言われてきた。

小野神社は建御名方命を、矢彦神社は大己貴命、事代主命、建御名方命、八坂刀売命等を祀っており、元来小野・矢彦両神社合わせた小野南北大明神が上伊那五十四ヶ村の総鎮守であり、信濃の二之宮とされた。天正十九年（一五九一）に松本藩と飯田藩の藩境争いを豊臣秀吉が裁定した折り、小野地区は筑摩郡（塩尻市）と伊那郡（上伊那郡）の南・北両小野村に二分され、神社も小野神社は北小野、矢彦神社は南小野に属するようになった。そこで、もともとは諏訪大社の上社にあたるのが小野神社、下社にあたるのが矢彦神社だといえよう。

小野神社には古くから祭事に使われたと言い伝えられる諏訪大社上社に伝わるのと同様な鐸が伝わっており、鉾に十二個の鉄鐸が結び付けられている。本殿に向かって左手の池そばに「御鉾様」という石（磐座）があり、中央には穴が空いており、ここに鉄鐸を付けた鉾が建てられて神事をしたのであろう。

このように小野神社は、祭神や御柱、鉄鐸などで諏訪大社と共通性を持ついわば諏訪大社のミニチュア版であり、諏訪信仰および山岳信仰の実態を知る素材となる。

小野神社と甲斐武田家の関係は深い。永禄三年（一五六〇）三月十一日、信玄は信濃小野郷中の小野七騎と言われた七名の地侍に宛て、郷中で重罪の者や国法を犯した者を三日以上隠しておいたならば、届出の者までも同罪に処す、甲州のために悪いことを聞いて高島城まで申し出たならば、その者に褒美を与えると印判状を出した。

その翌年の永禄四年三月二日、信玄は御柱の年にあたる小野南方および飯沼に普請役を免除した。信玄は俗に言われる「信玄十一軸」で諏訪社の復興に努めたが、小野神社に対しても同様の動きを取っていたのである。

永禄七年（一五六四）十一月、武田勝頼が小野神社に寄進した梵鐘の銘文には「大檀那諏方四郎神勝頼」とある。勝頼がまだ武田家を相続する前、諏訪氏を称していた時期に寄進したものであるが、この鐘はかなり破損しており、銘文も読むことができない。伝承によると、村人が雨乞いのため、上の山から霧訪山《きりとうやま》へ引き上げて鐘を打ちならし、帰りは山頂から転がし落としたので、鐘の一部が破損し、鐘銘もかなり摩滅したのだという。

小野神社と矢彦神社の間に立って西側を直視すると、伝承に出る霧訪山が単独峰の美しい山頂を見せる。この山は標高一三〇五メートル、両小野地区の西にそびえる地区の最高峰で、昔から神宿る山として信仰されてきた。諏訪大社では御神体山の守屋山にある守屋大臣の石の祠を谷底に転落させて雨乞いをしたが、小野神社では御神体山の霧訪山から勝頼寄進の梵鐘を投げおろしたのである。山名の霧訪山からしても、霧が雲に通じ、雲が雨に通じると、水と深い関係を持ち、守屋山との類似性が高い。

小野神社と矢彦神社は、同一の針葉樹と広葉樹が混ざった三万六三二六平方メートルの混交林の社叢内にある。社叢は樹木の種類が百五十種にも及び、この地方の天然林を残していることから長野県指定天然記念物に指定されている。注目されることには小野神社の北方、矢彦神社の南方にそれぞれ池があり、水が湧き出していることである。矢彦神社ではその池の中の島に祠が置かれ、古い形態の信仰を伝えている。いずれにしろ、湧水がこの神社を設定した時の要素で、ここにも諏訪信仰との共通性がある。

第六章　山の民たち

甲斐・信濃の地形的特質として山間部が多く、林産資源など山の産物が豊富であったことが挙げられる。当然、両国の住民には山、あるいはその周辺で働き、生計を得ている者が多かった。本章では山を生活の舞台とした人々を取り上げ、山の側からの戦国時代を浮かび上がらせたい。

1　林業と材木

戦国時代から近世の初めにかけては、領主の居館や城、城下町などが各地に造られ、木材の需要がきわめて大きい建設の時代であった。そうしたことについては、「はしがき」でも触れた。

建設の時代と材木

甲斐の武田家が関係する林業に関係する最も古い史料は、天文二十二年（一五五三）に信玄が西之海《にしのうみ》衆に宛て、本栖《もとす》（南都留郡富士河口湖町）の関所の番や材木等の奉公のため富士の往復を保証した文書である。富士山麓の青木ヶ原樹海に接する西湖の住民は伐採等の技術を持ち、武田家が支配する関所の番等の奉公をしたため駿河との自由通行権を認められたのである。おそらく彼らは材木や木工製品の商売にもあたっていたのであろう。

天正四年（一五七六）二月二十五日、相模の北条氏が郡内平野（南都留郡山中湖村）から材木を運んで来る者十五人、馬十五疋へ過所を与えた。平野は山中湖の南方にあるので、彼らは富士山麓の原始林から伐採された樹木を運んでいたのであろう。このように、林産資源の宝庫である富士山麓には多くの材木伐採やその運送に関わる者が存在した。

武田家は弘治二年（一五五六）七月二十三日、木こりたちに恵林寺領・継統院領の竹木を伐ることを免許し、河浦《かわうら》（山梨市）杣山の板を前々のように相違なく出せと命じた。甲府北部に連なる山村には杣や大鋸《おが》が居住しており、山々から寺社・館や甲府城下町などの建設資材が供給していたのである。

天正二十年（一五九二）六月、加藤光泰が巨摩郡の山之口衆に、山から伐り出した榑木《くれき》について甲斐からの搬出を禁じ、徳川家康が甲斐・信濃で購入した材木については全て差し押さえさせた。甲斐でも多くの榑木が生産され、国外に運ばれていたのである。

河内谷

甲斐において最も多くの材木を生産したのは、富士川流域が作り出した河内であろう。河内の領主である穴山信友と思われる人物は、天文九年（一五四〇）六月九日に甲斐の最も南で富士川の西側に当たる徳間《とくま》（南巨摩郡南部町）山作（山造）等へ、彼らが駿州諸役所を通行するに際して一帯において諸商売の荷物役を上下とも、関役や材木役そのほか諸役とも永代免除した。山作たちは材木やその加工品を駿河に運んでいたのである。また、信友は年未詳八月十七日に徳間山の口の三郎右衛門尉へ、福士《ふくし》（南部町）・徳間の者どもはいずれも山作をするからと普請以下の諸役を免許し、材木をとる用の時にはことごとく稼ぎ奉公するようにと命じた。信君も天正三年（一五七五）卯月一日、徳間山作等に諸役を免許した。また、穴山勝千代は、天正十二年（一五八四）十二月三日に徳間山作等に普請以下の諸役を免許している。

天文十二年（一五四三）七月五日に穴山信友は湯之奥の佐野縫殿右衛門尉へ、竹藪を生やすように、用事の時には何本欲しいと捺印して連絡すると伝えた。また、年未詳三月二十九日には、同人に屋根を葺くための板一万枚を佐野山（南巨摩郡身延町）あるいは椿草里山《つばきぞうりやま》（同）でとって進上させた。さらに、信友は弘治二年（一五五六）霜月十五日、湯之奥（同）の佐野縫殿右衛門尉の奉公に対し山作五間と普請そのほかの役を免許し、用事のある時に奉公するよう命じた。佐野縫殿右衛門尉は元来山作の役を負って、樹木の伐採などにあたっていたのである。穴山信君《のぶただ》は天正八年（一五八〇）正月二十五日に湯之奥の文右衛門へ、河内谷中において私宅一間分の棟別諸役を免許した。

湯之奥の集落（南巨摩郡身延町）

弘治三年（一五五七）二月十二日に信友は、椿草里山の南に当たる大崩《おおくずれ》（身延町）の助左衛門尉に山作の棟梁であることを理由に棟別役負担を除いた。天正八年正月二十六日に信君は、大崩の孫三郎に山作の奉公により棟別諸役を免許した。

信友は弘治二年霜月十五日、湯之奥から南西に当たる塩之沢（同）の鈴木四郎左衛門に普請役を免許するので山作の奉公をするよう命じた。天正八年十月十二日、信君が塩之沢の善兵衛に棟別役等を免許したのは、大崩の孫右衛門尉同様に山作の奉公をしていたからであった。

永禄五年（一五六二）卯月十五日、信君は発鹿島《はじかじま》（南巨摩郡早川町）の望月藤左衛門尉に川除材木ならびに籠等を出しているからとして、山野の知行を安堵した。治水のためにも材木は必要だったのである。

湯之奥と富士川を挟んで反対側に薬袋《みない》（早川町）がある。信君はこの地の佐野七郎兵衛に元亀元年（一五七〇）八月二十一日、天輪寺（南巨摩郡身延町）の御用なので五六《ごろく》（五寸角六寸角のような角材）五十丁を急いで出すよう命じた。また、天正八年（一五八〇）九月二十四日には同人へ浅間御宝殿の柱の注文などをしている。穴山家は年未詳九月三日に佐野七郎兵衛へ建具下のへぎ板、柾《まさ》（樹芯に平行したまっすぐな木目の板）、あやめ板（あやめ張りに用いる板）などの建材を注文した。年未詳十一月十六日には方外庵（現・方外院、身延町）へ大切りの板一枚を届けるようにと人足を徴用した。

富士川を挟んだ両側は山が深く、材木の宝庫だった。しかも、山を縫うように川が流れ、その川は富士川に流れ込むので、川を利用すれば材木を駿河へ運ぶことも可能だった。実際、年未詳の未年四月二十一日に穴山家は佐野兵左衛門尉に筏乗りの扶持を与えており、筏を作って材木輸送に従事する者も存在した。

このように、河内地方は林業が盛んだったのである。

木曽山

松江重頼《まつえしげより》が著し、正保二年（一六四五）に刊行された『毛吹草《けふきぐさ》』には、発句・付句の作例のほかに諸国名物などがまとめられている。この書に信濃の名物として、柾、椹《さわら》、土井《どい》（屋根を葺くのに使う薄い板）、檜皮《ひわだ》などが記されており、江戸時代に信濃を代表する産物として材木があったことが知られる。特に材木では現在も木曽檜《ひのき》が有名であるが、木曽の林産物は戦国時代までに全国的に知られていた。

暦応四年（興国二年、一三四一）、白河山（木曽郡王滝村）が伊勢大神宮の外宮（三重県伊勢市）造営の杣山に指定された。既にこの頃までに木曽地方の良材は国外から注目されていたのである。宝徳元年（一四四九）九月十四日には木曽の岩殿山が新たに豊受大神宮の杣山に定められた。永禄六年（一五六三）九月二十三日以前に、伊勢豊受大神宮は式年造宮用の木を木曽の御杣で伐り、二十三日に正遷宮を行った。

文安五年（一四四八）四月に南禅寺（京都市）仏殿修理用の材木が木曽山から運ばれた。文正元年（一四六六）十一月、幕府は斎藤豊基と松田数秀を将軍足利義政の東山山荘（銀閣寺・慈照寺、京都市）を造るための美濃国材木見分（木曽が正式に信濃国に入るのは江戸時代なので、木曽で産する材木は美濃材木だった）の使節とした。木曽の材木はこの頃京都で名を馳せており、幕府も材木を木曽に求めたのである。

年未詳の正月二十七日、木曽義昌は鹿島社（大桑村）を造営しようとして、千村淡路守と細田藤六に榑木百五十丁ずつを出させた。これにより、当時の木曽では榑木づくりが盛んになされていたことが知られる。榑木というのは木を横に輪切りにし、縦に割った材で、縦挽き鋸が一般的でなかった時代には板を割って作られていたのである。このような形にすれば輸送も簡単なので、榑木で木曽から搬出される材木の量は多かった。

木曽檜の巨木

秀吉は大坂城（大阪市）・聚楽第（京都市）・方広寺大仏殿（同）・伏見城（同）といった、相次ぐ巨大建築物の建設のため膨大な木材を求めた。木曽も天正十四年

（一五八六）に始まった方広寺大仏殿の用材の供給地になり、天正十七年三月には岐阜の池田輝政へ木曽材運送人千人の動員を命じた。

小田原城攻めの後、天正十八年（一五九〇）七月の豊臣秀吉の知行割に際して、木曽は蔵入地とされ、尾張犬山城主の石川光吉が代官となった。彼は九月に木曽谷中の村々へ七ヶ条の条目を出したが、この中には材木の伐採運搬のことも記されている。

豊臣秀次の右筆であった駒井重勝《こまいしげかつ》の『駒井日記』によれば、秀吉は文禄二年（一五九三）閏九月十五日に木曽で伐採した方広寺の大仏殿用の柾板二千二百駄を近江朝妻《あさづま》（滋賀県米原市）に送らせた。同年十二月二十四日に伏見城普請のために木曽より出す御材木奉行に毘野下野守・池田丹後・宮部官兵衛を任じ、運送を司らせた。文禄三年正月二十六日に前野兵庫が木曽で伐採した材木の改め帳を提出したので、秀吉は同三年六月一日に真田昌幸に命じ、伏見城築城用材の柾板百五十駄を木曽から近江朝妻へ届けさせた。

慶長五年（一六〇〇）八月六日の関ヶ原戦後、家康は木曽を接収して自分の蔵入地とし、大久保長安に支配させた。慶長五年十月二日に大久保長安の建言に従って家康が山村良候《たかとき》を「木曽谷中代官」に任じたので、良候は木曽義昌の居館跡と伝えられる場所に代官所を構えた。慶長七年には良候の跡を良勝《たかかつ》が継ぎ、慶長十三年に良勝が隠居すると良安《たかやす》が受け継いだ。こうした任免は大久保長安の意向によるもので、長安は自ら現地に行って指揮も執り、事実上の木曽山奉行として、木曽材を画期的に増産させた。

慶長十一年から江戸城の大増築が開始され、並行して行われていた駿府城の修築は慶長十二年七月に完成したが、十二月に全焼したため、慶長十五年（一六一〇）正月から名古屋城の築城が本格化した。

このように日本を代表する城の建築に必要な大量の材木が木曽にも求められ、大量の材木が伐採された。

木曽山御用木と甲斐の杣

近世初頭に木曽山を実質的に支配した大久保長安は、天文十四年（一五四五）に武田信玄お抱えの猿楽師であった大蔵太夫十郎信安の次男として生まれ、信玄に見出され、姓を大蔵から土屋に改め、譜代家老土屋昌続《まさつぐ》の与力に任じられたという。やがて、長安は蔵前衆となり、黒川金山などの鉱山開発や税務などに従事した。天正三年（一五七五）の長篠の戦いで、兄の新之丞や寄親の土屋昌続が討ち死にしたが、出陣しなかった長安は無事だった。

天正十年（一五八二）に武田家が滅ぶと家康に仕え、重用されていた大久保忠隣《ただちか》の与力に任じられ、その庇護を受け、姓を大久保に改めた。同年六月の本能寺の変を経て甲斐が家康の領地になると、家康は甲斐の内政を本多正信と伊奈忠次に任せたが、実際には長安がその役割を負っていたようである。彼は釜無川や笛吹川の堤防復旧や新田開発、金山採掘などに尽力した。

天正十八年に家康が関東へ移った時、長安は伊奈忠次や青山忠成、彦坂元正らとともに奉行に任じられ、関東代官頭として家康直轄領の差配を任された。天正十九年（一五九一）に家康から武蔵国八王子（東京都八王子市）に八千石の所領を与えられると、八王子宿に陣屋を置き、宿場の建設を進め、浅川の氾濫を防ぐため石見《いわみ》土手と呼ばれている堤防を築いた。また、家康へ武蔵国の治安維持と国境警備のために八王子五百人同心の創設を具申し、旧武田家臣団を中心に八王子五百人同心を組織した。慶長四年（一五九九）には同心の数を倍に増やすことを許され、八王子千人同心となった。

慶長五年に関ヶ原の戦いが起こると、木曽を支配していた石川光吉は西軍に与した。長安は木曽氏の遺臣である千村良重、山村良勝を下野国小山（栃木県小山市）の陣営に呼び、木曽に残っていた豪族を抱き込んで木曽を征圧した。そして、忠次とともに徳川秀忠が率いる徳川軍の軍事品などを輸送する役割を務めた。

関ヶ原合戦で東軍が勝利すると、木曽は徳川氏の蔵入地となり、山村良勝が木曽代官になった。また、豊臣氏の支配下にあった佐渡金山や生野銀山などの鉱山は全て徳川氏の直轄領となった。これに伴って長安は同年九月に大和代官、十月に石見銀山検分役、十一月に佐渡金山接収役、慶長六年（一六〇一）春に甲斐奉行、八月に石見奉行、九月に美濃代官と次々に重要な役職に任じられた。

慶長八年（一六〇三）二月十二日に家康が将軍に就任すると、長安も特別に従五位下石見守に叙任され、家康の六男の松平忠輝の附家老を担った。七月には佐渡奉行に、十二月には所務奉行（後の勘定奉行）に任じられ、同時に年寄（後の老中）に列せられた。慶長十一年二月には伊豆奉行にも就任した。

このように、長安は家康から全国の金銀山の統轄のみならず、関東における交通網の整備、一里塚の建設など幕府の重要な部署や施策を任され、強大な権勢を握った。この力を背景に七人の息子を石川康長や池田輝政の娘と結婚させ、忠輝と伊達政宗の長女である五郎八姫の結婚交渉を取り持ち、政宗とも親密な関係を築き、権勢や諸大名との人脈から「天下の総代官」と称されるほどになった。早くから関係を持っていた大久保忠隣と幕府内に大久保派を形成し、派閥を形成していた本多正信と争い、一時は幕政を牛耳るほど権勢を誇った。

しかし、晩年には家康の寵愛を失い、美濃代官をはじめとする代官職を次々と罷免され、慶長十八年四月二十五日、卒中のために死去した。享年六十九歳であった。

こうした状況からして、「はしがき」で触れた万治元年（一六五八）の文書に見える「木曽山御用木をも取り差し上げ申し候」という、山中十二ヶ村の杣たちが木曽に行って幕府のための御用材を伐採したのは、大久保長安が木曽を支配していた慶長五年から、死亡する慶長十八年までの間のことであろう。

伊那谷

現在の長野県下伊那郡泰阜村《やすおかむら》が所在する地域は、江戸時代に全体として南山郷《みなみやまごう》と称された。三隅治雄氏はこの村に伝えられている榑木《くれき》踊りと呼ばれる芸能について、住民が「農耕よりも山林の伐採で、生活を維持してきた。そのため、江戸時代には、米の代わりに材木を年貢として上納するよう幕府から命ぜられたが、その総石高は五百八十五石二斗八升で、俗に『南山五百石』と呼ばれた。上納の材木は、主として屋根板に用いるサワラで、その板材を『榑木』と称したが、この『榑木』を上納する際、無事納入を祈願して踊ったのが、『榑木踊り』の起源だという」（『信州の芸能』信濃毎日新聞社、一九七四年）と説明している。ちなみに、江戸時代に年貢とした榑木は槻などを二尺三寸（約七三センチ）か三尺三寸（約一メートル）に切って、小口から二つに割り、さらに二つに割ったものであった。納められた榑木は一尺（約三〇センチ）程度に切って薄くそぎ、主として屋根材や桶材に使われた。

榑木踊り（下伊那郡泰阜村）

これより先、永禄六年（一五六三）十二月二十四日に武田家は諸役所中に宛てて、上野一宮（貫前神社）造営のため信州伊那郡より運送の板二十駄について、分国の渡・役所を異議なく通すようにと命じており、戦国時代に伊那谷の林産資源が着目されていたことがわかる。

文禄三年（一五九四）、豊臣秀吉の命を受けた京極高知は伊那郡より大坂城修築用の木瓦を、天竜川河口の掛塚（磐田市）まで流送させた。秀吉は文禄四年六月二十九日、こうした木材を大坂城作事奉行の石川光本に受け取らせた。

関ヶ原戦後の慶長五年（一六〇〇）十月、家康は京極高知を転封させ、優良な材木生産地を蔵入地とした。江戸時代の年貢は米納が中心であったが、幕府は伊那郡の山岳地に御留山を設定し、これを御榑木山と称し、山元・山沿いの村々から榑木を割り出し、年貢代わりに上納させた。これを納める村を榑木成村と称し、榑木割納村と呼ばれた鹿塩村・大鹿村（以上、大鹿村）・清内路村（阿智村）・南山村（泰阜村）・加々須村・小川村（以上、喬木村）の六ヶ村と、買納村と呼ばれた上伊那の小野村（辰野町）・野口村・中坪村・八手村（以上、伊那市）・上穂（駒ヶ根市）の五ヶ村を加えた十二ヶ村であった。なお、千村預かり所から外された榑木成二十七ヶ村と呼ばれた幕府領の村々も、山林資源が枯渇するまで榑木を上納していた。慶長六年に伊那地方のことをよく知っている朝日受永《あさひじゅえい》（下条氏の家臣で家康に仕えたという）が代官としてやってくると、そうした村の高は約一万石にも及んだ。朝日寿永が慶長八年に亡くなると、幕府は木曽の千村良重をその跡役とした。大久保長安が慶長九年（一六〇四）二月十日に義重に宛てた文書によると、榑木が届いたことを徳川家康も機嫌よく受け入れたという。

榑木割り立てが最盛期だったのは慶長（一五九六～一六一五）以後、元禄（一六八八～一七〇四）頃までで、十七世紀のわずか百年の間に伊那地方の材木が伐り尽くされた。

最初に触れた榑木踊りは、このような南山郷の歴史の中で説明されてきた芸能なのである。

2 林産資源と木工

戦国時代にも多くの職種の職人が存在したが、特に目につくのは木工に関わる職人たちである。私たちの周囲の道具はプラスチックや金属を素材とする製品が圧倒的多くを占めているが、戦国時代には日常道具のほとんどが周囲にある天然素材で作られていた。とりわけ樹木が大きな部分を占めていた。

木工品と木地師

江戸時代の木地師の墓（上伊那郡辰野町横川）

食事の道具においては御器《ごき》と呼ばれる木工製品が重要だった。その多くは轆轤《ろくろ》を用いて木材を回転させ、削って作るお椀などだった。これを製作したのが轆轤師や御器師、木地師《きじし》などと呼ばれる職人である。

天文二十年（一五五一）十二月二日に河内を領した穴山信友《のぶとも》は下山《しもやま》（南巨摩郡身延町）轆轤師に、甲斐における商い役を免許し、関所を相違なく通過するよう命じた。彼らが製作した品物を売るためには広い範囲を動く必要があり、関銭などの負担が大きかったので、これを免除したのである。また、穴山信君は永禄八年（一五六五）六月二十六日に、細工の奉公をする轆轤師に知行を与えた。

永禄十一年（一五六六）六月二十四日に武田家は早川新九郎に御器の役等を安堵した。また、同日新津三左衛門にも器役を安堵した。天正八年十一月二十八日に武田家家臣の跡部勝忠・以清斎《いせいさい》（市川家光、元松《げんしょう》）は、早川兵部助へ前々より器師所へ渡し置いた百姓が退転したと器師が訴えてきているとして、器役を命じた。

このように、甲斐でも木工製品の生産量は大きかった。

中山道妻籠宿は長野県を代表する観光地の一つであるが、観光客の中には蘭《あららぎ》（木曽郡南木曽町）に住む木地師が作った伝統的工芸品「南木曽ろくろ細工」による木工品を求める者が多い。史料は残っていないが、戦国時代にも木曽谷に木地屋が住んでいたことは十分に考えられる。

同じ中山道の宿場として奈良井宿（塩尻市）があり、土産物としては地元で産出される檜や椹薄板を円形・楕円形に曲げて加工し、合わせ目を山桜の皮で綴じた飯器、弁当箱、茶道具などの曲物《わげもの》が有名である。この曲物は江戸時代前期に発祥したとして、長野県知事指定の伝統工芸品に指定されている。曲物を作る曲物師、扱う素材に重きを置いて檜物師《ひものし》とも呼ばれる職人たちは、木曽谷に限らず、戦国時代の信濃で活動していた。

穴山信君は永禄元年（一五五八）十一月十一日に五在家衆十人の者へ、棟別ならびに檜物師売買の役等を免許している。当然のことながら、甲斐でも檜物師が活躍していたのである。

私たちの多くは食事に箸《はし》を用いるが、甲府の『一蓮寺過去帳』には明応二年（一四九三）十一月、明応八年七月、永正五年（一五〇八）十二月、大永七年（一五二七）七月などに、箸屋の死亡が記されている。町の中には箸を作ったり商う店があったのである。

天文九年七月四日、武田信虎は市川（西八代郡市川三郷町）の矢師に棟役を免許した。矢師というのは矢作《やはぎ》で、矢を作る職人である。矢を作るには矢竹が必要で、周囲を山に囲まれ、甲斐では暖かい地といえるこの地はその生産があった。天正十一年（一五八三）十二月十五日に徳川四奉行は、市兵衛・六右衛門・弥右衛門・惣兵衛の市川矢作衆に棟別役を免許し、翌年十二月十二日にも、市川矢作衆に破魔矢細工などをするからと棟別役を免許した。文禄四年（一五九五）正月二十七日に浅野長継は市川上野村矢作十二人方に扶助した。年未詳八月二十六日には浅野忠吉が、矢のある村の名主中に矢の進上を命じた。

このように矢を作る職人たちもまた、山の資源を活用する職人の一部に加えることができよう。

漆

木製品は木地のままだと水分を含み汚れや臭いが染みつくので、使用頻度が高いものや高価な製品には、塗師《ぬし》が渋や漆を塗って加工を施した。武田氏は永禄四年（一五六一）に八代（笛吹市）の塗師へ細工の奉公をするからと棟別役と塗役を免許し、永禄五年に東郡《ひがしごおり》筋の塗師衆五人の棟別役を除いた（文書には問題もある）。また、『一蓮寺過去帳』によれば、年未詳（慶長六年＝一六〇一頃か）三月十五日に西念寺《さいねんじ》（富士吉田市）塗師屋が亡くなっている。寺に奉公する塗師が存在したのであろう。なお、史料は残らないが大きな消費地である甲府などにも塗師がいたはずである。

木曽漆器は長野県塩尻市（旧木曽郡楢川村）とその周辺で生産される漆器で、昭和五十年（一九七五）に経済産業省（当時の通商産業省）から伝統的工芸品に指定された。木曽における漆塗りについては、『西筑摩郡誌』が記載した富田町（現在の木曽町八沢といわれている）にあった龍源寺が所蔵した「応永元年（一三九四）正月富田町塗師加藤喜左衛門献納」と裏書された漆塗りの経筥《きょうばこ》が最初だとされている。しかし、現在この経筥は伝えられておらず、塗師が木曽の住人だという確かな証拠がなく、名前の書き方や、これを奉納するだけの経済力があったのかなど疑問が多い。

平沢諏訪神社（塩尻市木曽平沢）

木曽漆器生産地の中心をなす平沢には、天正十年（一五八二）に武田勝頼の軍が木曽義昌との戦いに敗れて敗走した際、本陣としていた平沢諏訪神社の朱塗りの社殿に火を放って逃げたという伝承をもとに、この頃朱塗りの社殿を建てる漆の技術があったとする説もある。社殿が朱に塗られるのは広く全国で見られ、これが直接漆の技術とつながるものではない。このように、戦国時代については木曽の漆器の存在を確実に裏付ける史料はないが、山中に生きる人々の中には漆によって生計を立てていた者もいたことだろう。

塗師にとって必須の漆は山の産物といえる。寺島良安《てらじまりょうあん》により正徳二年（一七一二）に成立した百科事典である『和漢三才図会《わかんさんさいずえ》』では、甲斐国土産として漆が挙げられているが、戦国時代にも甲斐の漆は有名であった。

『甲陽軍鑑《こうようぐんかん》』によれば、武田信玄は永禄十一年（一五六八）に織田信長へ、前年信玄の娘松姫と信長の嫡子信忠との間で整った結婚の約束を祝し、越後有明の蠟燭《ろうそく》三千挺、漆千桶、熊の皮千枚、馬十一匹などを贈った。また、元亀二年（一五七一）に信長から甲州漆の所望があったので、三千盃を与えたという。少なくとも甲州の漆は信長が求めたいほど良質だと社会で認識され、これほどの量を徴収できるシステムが信玄のもとで確立していたことになる。

実際に武田家は甲斐において漆を徴発していた。永禄三年（一五六〇）十二月十七日、信玄は漆五十盃を西保《にしぶ》（山梨市）、二十盃を牛奥《うしおく》（甲州市）、同じく二十盃ずつを江草《えぐさ》（北杜市）、亀沢《かめざわ》（甲斐市）、隼《はやぶさ》（山梨市）、平林《ひらばやし》（南巨摩郡富士川町）、それに十盃を七覚《しっかく》（甲府市）へ、自分が用いる召し漆なので五日の内に納めよと、触口《ふれくち》の喜七・彦八・甚次郎・又三郎を通して命じた。一盃は約一キロとされるので、この時に信玄が求めた漆の合計は一六〇キロにもなる。

旧亀沢郷（甲斐市）の中に漆戸《うるしど》という集落があるが、地名からして古代より漆を生産していたようである。旧江草村（北杜市）の中にも漆戸集落があり、近隣を漆川が流れているが、これも同様であろう。信玄から漆を求められた地域はいずれも山の中、もしくは山と里の境に位置し、以前から漆生産が行われており、武田家もそれを前提にして徴発したので、各村は応じることができたのである。

漆の徴発を記した文書は笛吹市境川町寺尾の桑原家に伝わったが、同家に残る最古の文書は、永禄元年（一五五八）三月二日付で、武田家が奉公を理由に寺尾の彦八に家一つ分の棟別役を免除した内容である。また、永禄三年二月十日には都留郡口に宛て、通行を許可する過所《かしょ》が出ている。したがって、桑原家は遅くとも十六世紀半ばまでに漆を徴収する役割を負っていた。前に触れた永禄三年の文書から同じ役割を持つ家が桑原家以外にも少なくとも三家存在し、武田氏は彼らを通じて各地の漆を集めていたことが知られる。

諏訪大社本宮の神宮寺普賢堂跡（諏訪市）には五本杉があり、弘法大師が「朝日照り、夕日輝くこの山に漆千杯、金千杯、朱千杯」と言い残した宝物が下に埋められているとの伝説がある。このような伝説は各地にあるが、見方を代えると漆が黄金に匹敵するかそれ以上の価値をもっていたことになる。実際、漆は塗料や接着剤として利用され、特に武具や建物、調度品などに欠くことができず、高価であった。それゆえ、甲斐には多くの漆生産者がおり、漆も武田家の財政を潤していたといえる。長野県にも現在上田市域に入っている漆戸村があった。山国の信濃でも多くの漆が生産されていたことだろう。なお、松本城を烏城とも呼ぶのはこの下見板の黒い部分が強い印象を与えるからであるが、この下見板の黒と月見櫓の朱い部分は漆塗りである。巨大な城に漆を使うには相当量の漆が必要で、費用がかかったことであろう。

屋根材　現在、多くの重要な神社は屋根を檜皮《ひわだ》で葺いてある。年未詳極月二十八日に薬王寺（西八代郡市川三郷町）の尊澄は、本栖（南都留郡富士河口湖町）の住人である渡辺守《まもる》（九一色衆の中心者）に平塩寺《へいえんじ》（市川三郷町）造営の時の檜皮が今に残っていたら、檜皮をもって当寺に弁済してほしいと連絡した。

檜皮は充分な樹径のある檜の立ち木から皮を剝いて採取する。この際に檜を伐採せずに表皮だけを剝がすので、高い技術が必要になる。そのような職人を原皮師《もとかわし》と呼ぶが、当時富士山麓にはそうした職人も存在していたであろう。檜皮を用いて屋根を葺く檜皮師も相当数存在したはずである。

また、比較的最近まで屋根は榑木で葺いたり、栗の板材で葺いたりもしていた。こうした屋根材もまた山の産物である。

燃　料　武田家は年未詳の十二月二十四日、土橋八郎左衛門に本栖の観音へ御屋形様がご祈禱に参籠成される間、薪以下を馳走せよと命じた。この薪は明かりや冬のことなので暖房用に用いられたものであろう。当然のことではあるが、当時の燃料は薪や炭などの樹木が多くを占めていた。

興禅寺（木曽郡木曽町）の紹元《しょうげん》が年月日未詳に出した書状のなかでは「炭」が求められており、十疋分とある。つまり、馬で十疋分の炭を用意させたのである。

材木は重いために加工して軽くし、搬出することが望まれる。炭は木材に比較すると重量も軽くなり、使うに際して煙も出ないなど、燃料として良質である。薪で産出するより付加価値が大きくなるので、山中で生産されていたであろう。興禅寺ではそうした炭を使っていたのである。

いずれにしろ、エネルギーのほとんどが樹木を中心とする植物に求められていた戦国時代においては、樹木を生産する山林などの果たした役割がきわめて大きかった。

紙

紙は植物の繊維を原料とする。山梨県の甲府盆地の最南端で富士川が谷をつくる入り口に当たり、山懐に抱かれた感じがする市川三郷町は現在でも紙漉《かみすき》の町として有名だが、紙は既に戦国時代に生産されていた。まずは紙漉の実態を知るため、市川の紙漉について触れたい。

市川の紙漉に関わる残存最古の古文書は、天正十一年（一五八三）卯月一日付である。しかし、その文面から武田氏の時代には紙漉職人へ諸役の免許がされており、彼らが職人として遇され生産物を上納していたことがわかる。

天正十二年十月二十八日には石原昌明が村松新右衛門他、および民部丞他に肌吉紙《はだよしがみ》（糊入りの奉書紙）の納入を命じた。天正十三年二月十八日には徳川四奉行が保治・藤内に市川肌吉紙を漉くことを理由にして棟別役を免許し、同年卯月十六日に徳川四奉行は山守衆に市川肌吉紙を漉く者から山口役をとらぬよう命じた。紙漉をするためには原料となる楮《こうぞ》や三椏《みつまた》、水、樹皮を蒸すための燃料などが必要であった。このために紙漉たちは頻繁に山に入っていたので、山に入る際の税金である山口役を免除してもらったのである。

天正十四年三月二十四日、徳川家の代官は御催促衆に市川肌吉紙を漉く者から棟別役をとらないように命じた。天正十七年三月二日に徳川四奉行は肌吉漉き六人へ上檀紙の規格を指定した。

このように戦国時代には地方において紙が多く生産されるようになっていた。

紙といえば紙衣《かみこ》屋が多くあったことも注目される。紙衣というのは厚紙に柿渋《かきしぶ》を引き、乾かしたものを揉《も》んで作った着物である。『一蓮寺過去帳』によれば、延徳三年（一四九一）、永正元年（一五〇四）、永正十一年、永正十四年頃、天文四年（一五三五）、天文八年、天文十年などに、紙衣屋が死亡している。現在では紙衣を見ることはほとんどないが、戦国時代には相当広く用いられていたのである。

戦国時代には私たちが想像するより多くの紙が、様々な形で作られていたが、その原料もまた山の産物だったのである。

3　猟師の世界

河内の猟師

山梨県南部の富士川沿いを領した穴山信君は年未詳十一月三日、湯之奥《ゆのおく》（南巨摩郡身延町）の縫右衛門尉に「彼の者犬三疋持ち候、誰にても違乱すべからざるものなり」（門西《もんざい》家文書）と文書を与えた。彼の名前は先に山作に関係して出てきており、地域の有力者として特別に犬所持の保証がなされ、三疋も犬を所持していたのである。

永禄三年（一五六〇）二月二十一日に穴山信友は黒桂《つづら》（南巨摩郡早川町）の望月善左衛門方へ、「望月善左衛門尉所持候犬、いかほどにても候へ、押して生涯に及ばせ候事、堅く停止たるべきものなり」（望月家文書）と、彼が所持する犬を殺害することがないよう命じた。武田氏が出した犬に関係する文書は伝わっておらず、穴山氏でも他にはない。文書を得た者たちの居住地はともに山中であり、縫右衛門尉が三匹とあるように、個人で数頭を飼っていたことから、ここに出る犬は番犬などでなく狩猟用だと考えられる。

戦国時代にも犬を使って狩りをする猟師がいたのである。おそらく周囲を山に囲まれた甲斐には、相当数の猟師が存在したはずである。彼らは食糧としての獣肉を得るとともに、毛皮や牙、熊の胆などを商品ともしていたことであろう。

湯之奥の門西家（南巨摩郡身延町）

伊那谷の猟師

同じ山国である信濃にも狩猟を職業とする者は存在したが、歴史学は文字で書かれた文書や記録を前提にして分析するため、文字資料を残さない猟師の実態などはほとんど不明である。

そんな中で例外的に、上伊那郡辰野町の小沢家には、猟師に関係する文書が残っている。それは天正二年（一五七四）十二月二十五日に武田勝頼が出した印判状で、木工允《もくのじょう》に「毛皮調進致すべきの由申し候条、郷次《ごうなみ》の御普請役御免許成され畢《おわんぬ》、しこうして御分国中何の地においても鹿・熊を狩り候とも、違乱あるべからずの義、仰せ出されるものなり」（毛皮を武田家に進上するということなので、本来ならば果たさなければいけない郷次の普請役を免除する。武田家の分国中どこで鹿・猪を

武田家が狩猟を認めた印判状（小沢家文書）

狩っても、これに反対したり、苦情を言ったりしてはならないと武田勝頼様が仰せられた）と特権を認めた。

文言からしてこの文書は木工允が武田家へ、これから先自分が武田家へ毛皮を納めるので、その代わりに武田家の分国中においてどこでも鹿や熊の狩りができるようにしてほしい、と求めたのに応じて与えられたものだろう。

戦国時代に皮革は鎧などの武具製作、太鼓の皮、さらに衣類などに必要で、大量の需要があった。たとえば、永禄十年十月十三日に武田信玄が定めた分国中の軍役条目の第二条には、「日暮れに及んで出仕の輩は、存分により革袴を着るべきの事」とあり、袴も革で作ったものがあった。武田家でも武具用に毛皮を調達したが、木工允が毛皮を納めるというのであるから、分国中での狩猟を許可したのである。

本来一軒前の家である百姓は普請役を負わねばならなかった。これを免除されるのは職人や商人など、その技術や商業の利益などで別の役を果たす家であった。武田家は木工允をこれまでの百姓から毛皮の役を負う猟師（職人）として把握し、御普請役を免除したのである。

木工允はこれより以前から猟師をしていたのであろうが、武田氏から文書を得ることによって正式に猟師として認められた。彼はこの文書を根拠にして武田分国内ではどこでも狩りができた。

同様の文書が残っていないので、木工允はこの文書を根拠にして、特権を持っていない猟師の入山を排除し、入るのであれば、自分の支配を受けるようにと、他の猟師に影響力を行使することも可能であった。武田家に上納する毛皮を集める役割を自分が負っており、領国内の狩猟権を一手に握っていると主張することによって、武田分国内の猟師の上に立つことも可能だった。また、そうすることによって多量の毛皮進上も可能になったのである。

前述のように『甲陽軍鑑』によれば、永禄十一年（一五六八）に武田信玄は織田信長へ、熊の皮千枚、馬十一匹などを贈った。この大量の熊の毛皮も分国の猟師たちが獲ったものだろう。ちなみに、年未詳の八月八日に小山田信茂は、今原十右衛門尉へ商人を通じて上意よりの熊皮を渡すことについて連絡しており、熊皮の流通量は大きなものであったろう。

また、鹿革は武具などにも多く用いられていた。

木曽谷の猟師

天正四年（一五七六）に三尾将監《みおしょうげん》が定勝寺《じょうしょうじ》（木曽郡大桑村）に出した寺役の請文には、「毎年一日鹿狩りの事」と記されている。三尾将監の名前は『岐蘇古今沿革志《きそここんえんかくし》』の「義昌従士名」の中に見えており、木曽氏の家臣であった。武士の三尾氏も毎年一日は定勝寺のために鹿狩りに出たのである。彼が参加した鹿狩りは狩猟としての意味よりも、農業に被害を与える害獣駆除の意味が大きいと思われるが、山地の代表ともいえる木曽山中には狩猟の技術を持つ者がたくさんいた。動物を狩る狩人は武士の武芸と共通する技術が多く、甲斐や信濃は猟師が数多く存在したので武士の技能も高く、武士集団も強かったのではないだろうか。

文化二年（一八〇五）に上梓された秋里籬島《あきざとりとう》の『木曽路名所図会』の須原（大桑村）の項よれば、木曽の山中では獣類皮店がこの辺りから東に多いとある。宿場の軒端を見ると熊の皮、鹿の革、猪の皮、貂鼠の類、あるいは熊の爪、内臓、猪牙など多く出して、売る店が所々にある。近辺の猟師が朝夕山に入って猟をし商品として出すもので、行き交う人は木曽の名産として購入する。獣類の皮を商う店はとりわけ贄川《にえかわ》（塩尻市）より本山（同）までの間にたくさん分布し、熊膽《ゆうたん》（熊の胆嚢、薬として用いる）を売ろうとして勧める者が多いという。さらに土産について、「猪・鹿・貂・霊羊《かもしか》等山に多し、猟師も亦多くこれあり、常に雪を侵し入て諸獣をとる」と、木曽には多くの猟師が存在したことを記している。

狩猟は決して特殊な業でなく、信州では遠山谷（飯田市）や秋山郷（下水内郡栄村）などで広く行われ続けてきた。

現在は行われていないが、木曽は霞網猟と鳥屋場で有名で、ツグミやアトリを捕って焼いて食べていた。その状況は泉鏡花の『眉かくしの霊』や島崎藤村の『夜明け前』にも出ている。『岐蘇古今沿革志』は、戦国時代の木曽義康の時に、菅村（木曽郡木祖村）の風吹の峰で秋にやってくる小鳥を黐《もち》で獲って、甲府や伊那などへの贈り物にしたと記しており、伝承的には戦国時代までさかのぼれる。

山の中の木曽においては、鳥獣もまた山の恵みだったのである。

雪と鳥獣

戦国時代の富士山北麓の状況をよく伝えている『勝山記』に肉食の記載はないが、動物に関する記事が多く見られる。たとえば、文明八年（一四七六）には、犬がにわかに石や木または人にかみついて自滅したという。この記載は狂犬病のようであるが、人々の周囲に多くの犬がいたことがわかる。犬は番犬用、狩猟用、食用などの意義が考えられるが、富士北麓の犬は狩猟用の可能性が高い。

同書によれば、永正六年（一五〇九）十二月二十五日から大雪が降り、四尺（約一・二メートル）も積もったので、言うに及ばないほど鹿が死んだ。永正十四年（一五一七）は十二月十五日から三日間雨で、前後に雪が降り積もり四尺五寸も降った。このために鳥獣は食物がなくなって皆々餓死した。永禄三年（一五六〇）二月二十五日に大雪が降り、鳥や鹿が残りなく獲られたという。

このように富士北麓では大雪の際に動物の動きに注意が払われていた。とりわけ注目すべきは永禄三年の記事で、おそらく雪で動けなくなった鳥や鹿を狩り獲ったのであろう。大雪の中で人々が狩りをしていることは、日常的にも狩猟を行っていたことを示す。永正六年や九年の記載内容も山に入って、日常的に動物の状況を知っている者でなければ得られない情報なので、鳥獣の捕獲のために山に入った猟師の存在があろう。

富士北麓地方は標高が高く、火山灰土と溶岩台地で、農業には不向きであった。しかしながら、そこに多くの人が居住できた背景の一端には食糧としての動物、それを狩る猟師の存在があった。これは決して富士北麓だけの特徴ではなく、これまで述べてきたように甲斐・信濃には多くの猟師がいたのである。

鷹

『日本書紀』によれば鷹狩の技術は、四世紀に日本に伝えられたとされる。その後、日本で独自の呉竹流、政頼流といった流派が生まれた。政頼流を継承したのが諏訪流、大宮流、禰津流だとされる。

鷹の産地として有名な国の一つが禰津流と諏訪流の鷹狩のふるさと信濃だった。文明五年（一四七三）五月十一日より以前、信濃の諏訪某が白鷹を管領として名高い細川勝元へ贈った。天文七年（一五三八）

鷹狩用の鷹

十月に小笠原長時の父である小笠原長棟《ながむね》は諏訪社上社に神鷹を奉納したが、翌年六月には諏訪頼重《よりしげ》が吉田山の巣鷹を下し上社へ献じた。贄鷹の神事（鷹で捕らえた獲物を神に捧げる）を執行していた諏訪社には鷹が奉納されていたのである。

天文二十二年十一月二十九日に武田家は金丸宮内丞へ、兄鷹を進上するからと田地役を除き地頭への公事等を免許した。兄鷹というのは雄よりも大きい雌のタカを弟鷹と呼ぶのに対する雄タカのことである。武田家にとって鷹を得ることは大きな意義があったので、公事役を免除したのである。

永禄五年（一五六二）五月、郡内の小山田信有は冨士《ふじ》浅間《せんげん》大菩薩に病気平癒の願書を出したが、その中で「先例に任せ、当嫡家鷹を相使うこと、一切停止すべきのこと」（小佐野家文書）と、自分の家は鷹を使わないと誓った。換言するならば、こうした誓いをするほど鷹狩は一般的であり、重要な技芸だった。鷹狩が武士のシンボルであり、優秀な鷹は身分の象徴にもなったので、武士たちは鷹を求めたのである。従来信玄の画像とされてきたのが高野山成慶院《じょうけいいん》にある丸顔ではげ上がった人物を描いたものであるが、現在この絵は能登の畠山氏だといわれる。この有名な絵にも鷹狩用の鷹が描かれており、戦国大名にとって鷹狩が権威付けの特別なものであったことがわかる。

永禄十一年五月十日に武田家は仏師原の郷（現・武士原、甲州市）の棟別帳を作成したが、この中に巣鷹進上が見えており、巣鷹の入手が武田家にとって大きな意義を持っていたことを示している。天正五年（一五七七）三月二十五日、武田家は駿河富士山麓の小林庄左衛門尉に巣鷹を進上するよう命じた。

元亀三年（一五七二）三月二十日、武田家は駿河富士山麓の井出九郎左衛門尉に鷹巣を改めさせた。元亀三年かと推定される五月二十五日、武田信玄は奥平定能に近日尾張・美濃・三河の様子を聞き届けたいとして、富士巣の鷂《はいたか》と児鷹を一つ遣わすと書状を出した。鷹は特別な贈り物だったのである。天正七年（一五七九）七月三日に武田勝頼が、上杉景勝へ甲斐国名物の単鷹を贈ったところ、大切にしていただいている由で本懐であるなどと書状をしたためており、甲斐の鷹は有名だった。

天正九年正月九日、武田家は信濃の市川信房へ、巣山において二月から四月の三カ月間猟師の出入りを禁じ、巣鷹を守らせ、鷹を進納するよう命じた。さらに、年未詳五月十五日には市川から進上された巣鷹を郷次で甲府まで持参し、餌のことは路次中郷の役として調えるよう命じた。

穴山信君は、永禄十年三月十六日に鷹打ち惣左衛門尉の恩地を塩津助兵衛に与えた。元亀三年十月七日には十左衛門へ鷹の餌として町の小関を宛がった。天正九年かと思われる三月十九日には、佐野七郎兵衛へ早川入り（南巨摩郡早川町）の鷹について当年は精を入れて納めるようにと命じ、年未詳六月六日には同人へ毎年巣鷹を納めさせているのに、この夏は納めなかったとして棟別役を負担させた。山中を領していた穴山氏にとって、鷹は大事な産物だったのである。

天正十七年九月十九日、松本の小笠原貞政（秀政）は安曇郡借馬（大町市）の左近に、鷹打ち（鷹狩用の鷹を捕らえること）ということで諸役を免許し、獲物を進上させた。

狩猟と諏訪信仰

菅江真澄《すがえますみ》の「すわの海」（一七八四年）には、諏訪上社の御頭祭に饗膳《きょうぜん》として鹿の頭七十五が捧げられたことが記されており、同じく江戸時代の『社例記』にも猪・鹿の頭七十余、他に掛魚・掛鳥（神に奉納する魚や鳥）が用意されたことが出ている。中世も同様で大量の鹿の頭などがなければ、諏訪社では御頭祭を催すことができなかったが、これを用意できる背後には多数の猟師の存在があった。

天正十八年（一五九〇）、諏訪社下社の大祝である金刺某は会津諏訪社の某に鹿食《かじき》（鹿肉を食べること）を許可したが、このような行為は確実に中世までさかのぼる。仏教が全盛で殺生は罪悪であるとして狩猟が忌まれた中世においても、諏訪社が下す神符「鹿《か》食免《じきめん》」を授かった者は鹿肉などを食べることが許され、「鹿食箸《かじきばし》」を使って獣肉を食べれば穢れることがないとされたのである。

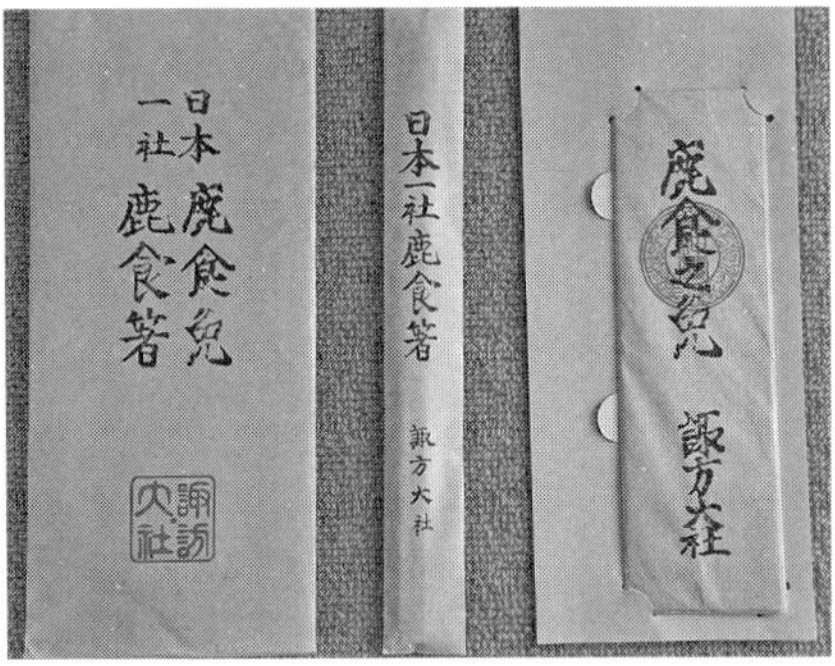

諏訪大社が出している鹿食免と鹿食箸

山国である信濃や甲斐において鳥獣の肉は動物タンパクとしてきわめて貴重であった。とりわけ山間の農業に不向きな場所などでは伝統的に肉食が行われてきた。また、仮に農業がよくできる場所であっても、食物としての獣肉の魅力は消えなかった。自然からの恵みとして鳥獣を狩り、その肉を食べてきた人々は、仏教で殺生禁断を求められても、肉食から離れることが難しかった。諏訪社が広く全国に分布する背後には広範な猟師の存在、肉食の慣行があり、肉食しても穢れはないとする諏訪社の擁護を求める人々の生活があったのである。

4　金を求めて

黒川金山衆

『王代記』によれば、明応七年（一四九八）八月二十日の夜に大雨が降り、大風が吹き、草木が折れた。その後、二十四日の辰剋（朝八時頃）に天地が振動して甲斐国にも所々に被害が出、「金山くづ《（崩）》れ、かがみくづ《（崩）》れ、中山損」という事態になった。地震によって崩れた金山は、筆者が住んだ場所から黒川金山（甲州市）で、この金山の最古の記事だとされている。

黒川金山は平成九年（一九九七）九月二日に中山金山（南巨摩郡身延町）とともに「甲斐金山遺跡」として国の史跡に指定されており、全国的によく知られた金山である。この金山に直接関係する古文書は、次に掲げる元亀二年（一五七一）の武田家印判状が現存最古である。

定め

一、御分国諸商い一月に馬壱疋の分、役等御免許の事

一、本棟別壱間の分、御赦免の事

一、向後抱え来たり候田地、軍役衆のごとく、検使を停めらるべきの事

一、郷次の人足普請、禁ぜらるの事

以上

今度深沢の城において、別して奉公をいたし候間、御褒美を加えらるものなり、よって件のごとし

元亀二年辛未　　山県三郎兵衛尉これをうけたまわる

二月十三日（竜朱印）

田辺四郎左衛門尉

（田辺家文書）

これを訳すと、第一条では「武田家の勢力の及ぶ御分国の内では、この文書を得た者がもろもろの商いをするため馬に荷物をつけて通行する際、一月に馬一匹の分について関所などでかかる商売の役を免除する」、第二条では「この文書の受給者には本棟別の役を一間分免除する」、第三条では「これから後、文書の受給者がこれまで抱えてきた田地については、軍役衆と同様に検地をする役人が入ることを停止する」、第四条では「この文書の受給者については住んでいる場所の郷に賦課される普請役を課すことを禁止する」、最後に「このたび深沢の城攻めに際し特別に奉公したので、このように御褒美を加える」としている。

これと同文、もしくはきわめてよく似たものが現在八点知られている。その宛名と文書所蔵者の現住所を見ると次のようになる。

田辺四郎左衛門尉（甲州市）・古屋清左衛門尉（同）・保科善左衛門尉（同）・保科喜左衛門尉（山梨市）・芦沢兵部左衛門尉（笛吹市）・中村段左衛門尉（甲州市）・中村与右衛門尉（大月市）・田草川新左衛門尉（旧栃久保村百姓新四郎旧蔵）・鈴木八太夫（笛吹市）

後述のように、同日武田家は中山の金山衆十人に宛てても深沢城攻めで格別に奉公したからと、甲州において籾子百五十俵を与えた。

勝頼の代に入った天正二年（一五七四）十二月二十三日、武田家は元亀二年に文書を得た者たちに特権を安堵した。現在知られる文書の宛所と所有者居住地は以下である。

田辺四郎兵衛尉（甲州市）・古屋清左衛門尉・古屋七郎右衛門（同）・中村二兵衛（同）・中村大倉（相模原市）・芦沢兵部左衛門尉

深沢城攻撃には参加していないが今後城攻めの時に参加するとして、前掲の田辺四郎左衛門尉宛とほとんど同じ文面で、池田東市佑（甲州市）と保坂次郎右衛門尉（同）にも文書が与えられた。

武田家が滅亡した後の天正十一年（一五八三）四月二十六日、徳川家は網野右京進・田辺右京助・同名弥兵衛・三木弥右衛門尉・広瀬与兵衛・有賀喜右衛門尉・風間甚八に前々の如く黄金が出るまで諸役を免許した。ここに名前を見せる者たちは黒川金山衆で、徳川家康によって掌握されたのである。

こうした状況からして、元亀二年（一五七一）から天正十一年頃にかけて、田辺・古屋・保科・芦沢・中村・田草川・鈴木・網野・三木・広瀬・有賀・風間といった姓を持つ金山衆は、現在の甲州市を中心とした地域に住み、黒川金山の採鉱にあたっていたといえる。

戦争と金山衆

前に掲げた元亀二年の文書は、金山衆が駿河駿東郡の深沢城（静岡県御殿場市）の攻撃に参加した褒美として出された。近世に書かれた『甲陽軍鑑末書』は、戦争の際に陣屋に置くべき者として様々な役割を持つ人たちを挙げているが、その中に大工衆や金掘も見えている。武田家のもとで金山衆や金掘は戦争に参加し、それが武田の軍団を強くした一因にもなっていたのである。

信玄が城攻撃に金山衆を使った例として知られる最古は、永禄六年（一五六三）正月に北条氏政に加勢して武蔵国比企郡松山城（埼玉県比企郡吉見町）を攻めた時である。攻撃側の損害が大きかったので、北条氏の提案によって武田氏は諸方から金掘たちを集め、山の峰から城に穴を掘っていって、櫓を二つ掘り崩した。しかし、城兵が攻撃を予想して地中に溝を通して水を溜めておいた大きな瓶を切り崩したために、金掘たちは土砂に打たれ、水に溺れて半ば死に、残りの者がほうほうの体で逃げて出てきたという。

元亀二年正月に武田軍が北条勢の最前線として北条綱成《つなしげ》が守っていた深沢城を攻められた模様を、北条氏政が正月二十日に上杉謙信・北条氏秀（上杉景虎）に報じた書状には、後詰のため去る十日に小田原を出発して、敵の武田方の陣へ五里のところまで詰め寄った。すると、武田勢は金掘を入れて、本城の外張りまで掘り崩した。このために城主は後詰を待たずに、自分の責任によって去る十六日に城を出た、などとあり、北条側も武田軍の金掘を認識していた。

元亀四年（一五七三）正月、信玄は三河の野田城（愛知県新城市）を攻めたがなかなか落城しなかったので、甲斐から金掘を呼び寄せ、城中の水を下へくり抜いたために、水がなくなった城兵は力尽きた。天正二年に武田勝頼が遠江国高天神城（静岡県掛川市）を攻めた時にも、金掘を使って櫓を掘り崩した。さらに、天正三年五月に勝頼が長篠城（新城市）を攻撃した折りにも、所々から金掘を入れて、昼夜を問わずに攻めたてた。

このように武田氏にとって金山衆は敵の城攻撃にあたって、相手の水の手を切ったり、櫓などの建物を崩したりするに際し、きわめて重要な役割を持った。彼らは配下の金堀たちとともに従軍したのであろう。

前掲元亀二年の印判状の最初の条項から、金山衆は荷物輸送や商業に関与していたことがわかる。荷物輸送は金山に物資を運んだり、金山で産出した金を運んだりするためであった。「諸商」の記載からして、金山衆はそうした行為を通じて商人としての性格を併せ持っていた。しかも、商業活動は馬の背に荷物をつけて運ぶような、大規模なものであった。

第二条で免除されている本棟別は、武田氏の被官である武士（軍役衆）には課せられず、百姓が負担するものであった。これが免除されているのは、金山衆が武田家に本来の武士として認識されていなかったことを示す。金山衆が武士身分でないことは、第三条によっても明らかである。金山衆はこの条項により軍役衆と同様に検地をされなくなった。田地を抱えているのは金山衆が農業経営者としての側面を持っていたことを示している。

第四条も同様で、郷次の人足普請は築城や築堤などの普請に際して、郷ごとに何人と人足を徴発するものである。武士は負担者から除かれており、命じられるのは百姓である。

このような棟別役や検地が免除されるのは、武田氏に直接使えた武士や商人、あるいは支配の末端に位置づけられた者たちである。したがって、武田氏にとって金山衆は職人と同じ身分で武士ではなかった。このことは、武士に宛てた文書では「殿」といった敬称が添えられるのに、それがついていないことでも明らかである。

従来、黒川金山は武田氏の直接経営するところであり、産出した金は山国のために多くの米の収穫を望めない甲斐を領した武田氏の最大の収入源であるとされてきた。しかしながら、既述のように武田家は直接支配した金山衆を使って、黒川金山を直轄経営していたわけではなかった。

武田氏と金山

黒川金山衆関係の文書でもう一点よく知られているのは、次の文書である。

金山において黄金出来なきの条、一月に馬一疋分諸役御免除の由、仰せ出されるところなり、よって件のごとし

天正五丁丑年　　桜井右近助・以清斎これをうけたまわる

二月十一日（竜朱印）

（宛名欠）

（風間家文書）

この文書の受給者は、金山において黄金がとれなくなったので、一月に馬一疋の分の諸役を免除された。従来この文書によって、黒川金山は天正五年（一五七七）頃に衰退し、それが武田家の財源の減少につながり、武田家が滅亡に至るまでいわれてきた。

金が出なくなったために一月に馬一疋分の諸役を免除していいとはいっても、元亀二年と天正二年の文書の内容は反故にされたわけでなかった。元亀二年に諸役を免除し、代替わり後の天正二年にこれを

安堵した以上、特権を否定することはあり得ない。金が出ようが出なくなろうが、既に一月に馬一疋分の諸役は免除されており、金山衆としてはわざわざこのような文書を出してもらう必要はなかった。また、この文書の宛所は他の文書によれば「金山衆」とされていたようであるが、武田家が金山衆に宛てた文書は基本的に個々人に出されており、異例である。

金が減少したことを伝える文書は他にもある。それが次である。

（竜朱印）定め
先の御印判をもって、金山に黄金出来なきの間、一月に馬壱疋分往還の諸役御免許の上は、向後いよいよ御相違あるべからざるの由、仰せ出さるるものなり、よって件のごとし
天正八年庚辰　　武藤三河守・小山田備中守これをうけたまわる
　六月十九日
　　田辺民部右衛門
（田辺家文書）

同内容の印判状はこのほかに、田辺善左衛門尉と依田兵部左衛門尉に宛てたものが知られるが、いずれも写しである。「先の御印判」をもって金山に黄金が産出されない間一月に馬一疋分の往還の諸役を免除するということなので、先の御印判とは天正五年の武田家印判状のはずであるが、この文書の写しを所蔵する家には天正五年の文書の写すら伝わっていない。また、元亀二年あるいは天正二年の印判状が先の御印判だとすると、前述の矛盾が生じてくる。

武田家滅亡後しばらくすると、徳川家康が黒川金山衆を支配下に置いた。徳川家は天正十年十二月十三日に田辺佐左衛門尉へ十五貫五十文を棟別の替え、ならびに新恩として宛がったので、異儀なく渡すようにと百姓中に命じた。田辺氏の知行は翌年六月二日、安堵された。

同じ金山衆の保科喜右衛門尉に対しても徳川氏は万力（山梨市）の内継統院分十八貫文などを宛がっており、金山衆の中には武士身分になった者があったことが知られる。徳川家康としては地域の有力者である金山衆を権力に取り込むために、知行を与えたのである。

こうした多角的経営をしていた黒川金山衆は金がとれなくなっても多くが地域にとどまった。しかしながら、中には金を追い求めてよそに移っていく者もあった。

湯之奥金山と黒桂山・保金山

武田信玄の隠し湯として喧伝されている山梨県の下部温泉（南巨摩郡身延町）から入る山奥に、黒川金山とともに国史跡に指定された中山金山が含まれる湯之奥金山（中山、茅小屋、内山の三金山を総称したもの）遺跡が眠っている。

残存する古文書で最初に湯之奥金山が見られるのは、元亀二年（一五七一）二月十三日、駿河深沢城（静岡県御殿場市）攻撃に参加した中山の金山衆十人へ、「この度深沢の城において別して奉公致し候間」（「判物証文写」武田二）として、武田家が籾子百五十俵を与えた印判状である。武田軍の深沢城攻撃の一環に中山の金山衆も駆り出され、十人も参加したことである。それだけこの地の金山衆の数が多かったのであろう。

この文書を所蔵してきた駿州富士郡大宮北山村（富士宮市）市郎右衛門家には、天正十一年三月十四日に穴山勝千代が河口六左衛門尉に宛てた「前々よりの判形に任せ、棟別諸役家弐間分、ならびに堀《（掘）》間共免許せしめ畢《おわんぬ》」（「判物証文写」）という朱印状もあった。掘間というのは坑道のことで、河口氏が金山を掘っていたことを示している。

さらに、同家には永禄十一年（一五六八）十一月二十七日に穴山信君が河内諸役所中に宛てた、「中山の郷へ出入りの荷物、重ねて下知を成すの間、異儀無く勘過すべき者なり」（「判物証文写」）という判物もあった。所蔵した家と地名からして、金山への物資出入りを穴山氏が許可したといえよう。

黒川金山衆は自ら職人を抱えた金山経営者であったが、中山金山衆の場合も基本的に同じで、河口六左衛門尉などは配下に金掘などを従え、金山経営をしていたのであろう。身延町内にはかつて湯之奥金山で働いていたという伝承をもつ「金山下り」と呼ばれた家筋が何軒か存在していたが、彼らは金山衆の下で働いていた技術者の系譜を引くと考えられる。

湯之奥金山と峰を隔てて反対側にあり、同じ鉱脈を掘った駿河の富士金山（富士宮市）に関係しては、天文二十年（一五五一）八月二日付の今川義元朱印状以下の古文書が残っている。同じ鉱脈だけにこの時期に湯之奥金山でも採掘されていた可能性が高い。

天正二年（一五七四）正月十六日に穴山信君は、富士金山の平岡民部丞に郷中の棟別諸役を免許し、相当の奉公を求めた。武田家が駿河を押さえたことによって、富士金山は武田家重臣の穴山家の支配下に入ったのである。続いて天正五年（一五七七）十二月十九日、信君が富士金山の竹川肥後守へ、富士山のうち川胡桃藤左衛門後家跡職、家屋敷掘間ならびに郷中山林を抱えるようにと命じた。天正八年（一五八〇）霜月十三日には穴山信君の家臣の有泉昌輔が、望月弥助に十右衛門跡職の家屋敷・掘間・所子方以下を安堵した。湯之奥金山のみならず反対側の富士金山の双方を穴山氏が領し、富士金山衆の跡職にも穴山氏が関係するようになったのである。

富士金山は武田氏の滅亡の直後、北条氏が手を延ばしたが、間もなく徳川家康の支配下に入った。

志村甚之助は湯之奥金山と富士金山に関わって、慶長七年（一六〇二）四月十九日、富士金山から中山金山へ掘る掘間の確認をした。その裏書に「中山の者共の事は、彼の堀間外、駿河山々一切いろい《（綺）》あるまじく候」（竹川家文書）とあり、間歩の争いが引き起こされているので、有望な間歩はほとんど掘り尽くし、間歩を求めるのが困難になっていたものと思われる。

「判物証文写」からすると、中山金山に関係した河口氏は一七二〇年代までに駿河の北山へと移っていた。十七世紀の末には湯之奥金山はほとんど廃坑になっており、宝永六年（一七〇九）年頃、山師たちが見立て間掘り（試掘）をしたけれども金や銀は一切出ず、この後もたびたび山師が入ったが成功しなかった。

天正十一年（一五八三）五月三日に徳川家が富士金山の金山衆に普請役を免許した文書の宛名には、「石川佐渡守」も見える。この石川氏が北山村の石河氏と関係するとしたら、石河氏は中山から、駿河の麓へ、さらに北山へと移ったことになり、金を求めて各地を移り歩いた金山衆の実態を伝えていよう。

南アルプスの懐深く、南巨摩郡早川町の山中に黒桂・保の集落があるが、ここに戦国時代は金山があった。

穴山信友は天文三年（一五三四）六月四日付で、某を「黒桂《つづら》山・はう《（保）》山の事（中略）稼ぎ山栄い候はん事肝要たるべし」（甲州古文書）と代官に任命した。この判物から穴山氏がこの時期までに黒桂・保金山に代官を置いていたことが確認でき、この二つの金山は穴山氏の直轄だった。

天文十二年五月一日に穴山信友は、村田善九郎・望月善左衛門尉・同伴左衛門尉・同神左衛門尉・同新右衛門尉・同三郎兵衛尉に保金山の筋稼ぎを任せた。信友は天文十九年（一五五〇）七月三日、望月善左衛門尉に黒桂山金山が保金山に移ったので新恩を与えたが、穴山信君も永禄十年（一五六七）十二月二十五日に望月善左衛門尉に黒桂山の分が保に分かれたとして、新恩地を与えた。宛行を受けたのであるから、彼は穴山氏と被官関係を結んでおり、穴山家が金山を支配していたといえよう。

年未詳の二月十三日に穴山信君は、金山が存在する早川入の用所を薬袋（早川町）の佐野七郎兵衛尉に命じた。そして十一月二十四日の文書では、その役割を「代官」としている。佐野家には金山に関係する近世初頭までの多数の古文書が残っており、穴山氏が早川流域に代官を置いて直接金山経営をしていたことが読み取れ、穴山氏の経済基盤の一つが金山からの収入にあったといえる。なお、佐野家の文書の残り方からすると、金山は近世になると衰えたようである。

信濃の金山

戦国時代、金山の開発は信濃でも行われた。

武田家の支配下で信濃の金山衆が最初に姿を見せるのは、永禄六年（一五六三）二月に信玄が北条氏康とともに上杉景勝の武蔵松山城（埼玉県比企郡吉見町）を攻めた時で、武田方は甲斐・信濃の金掘を集めて、松山城の半分以上を掘り崩した。信濃の金山衆もこの時までに組織され、戦力として武田家に活用されたのである。

勝頼は天正二年九月九日に信州金山衆に「御兼約の旨に任せられ、当秋榛原《はいばら》郡において三百貫の地下し置かるべく候。名所は御陣中において相渡さるべきものなり」（友野家文書）と約束した。武田家は元亀二年（一五七一）の駿河深沢城（静岡県御殿場市）、元亀四年（天正元年、一五七三）の三河野田城（愛知県新城市）、天正三年の長篠城（同）攻撃などに金山衆を動員しているので、信濃の金山衆も参陣した可能性がある。

長野県内に武田氏が金山衆などを使って開発したと伝えられる金山の跡がいくつか残っている。その一つが金鶏金山（茅野市金沢）で、信玄の時代に掘られるようになり、掘った金は甲斐に送られたと伝えられている。また、長尾金山（南佐久郡川上村秋山・梓山）は金峰山の下を大規模に採掘し、一時は梓山千軒・川端《かわはけ》下千軒といわれるほど栄えたという。この金山に関係した川上村の風間家には武田氏が金山衆に出した文書の写が残っている。南佐久郡の佐久町大日向にも金山があったと伝えられる。さらに大樋鉱山（松本市）と明ヶ平鉱山（同）は、鉛・銀山であるが、これも信玄によって発見されたとの伝承がある。なお伊那市長谷町老犬沢の不動滝には、武田家が試掘したという横穴が明治まであったという。

天正十八年十月の真志野村外山畠町（諏訪市）に「金山衆」が登録されているが、すでに荒廃していた。文禄二年（一五九三）六月六日に浅野長吉の配下である石本三右衛門は、真志野に住む金子清林等へ後山金山の採掘を運上金三分で請け負わせたが、翌年八月二日には二分に減額した。減額していることは金の産出が思うようにいかなかったことを示す。文禄三年十一月十六日、石本三右衛門は真志野金山の年貢を受け取った。

文禄二年十二月九日、浅野長継は日根野高吉に諏訪郡青柳（茅野市）の金山を支配させた。

慶長三年（一五九八）に豊臣政権は蔵納め目録を作ったが、そこには全国の二十一金山、運上金二千三百九十七枚八両余（一枚は十両）が記されている。信濃の金山としては運上金第十一位で十二枚六両の佐久銀山（仙石久秀運上）、第十四位で八枚九両二匁一分の伊那郡金山（京極高知運上）、第十五位で六枚三両二分の筑摩郡洗馬金山（石川康長運上）、第二十一位で三両一分三厘五毛の諏訪郡青柳金山（浅野長吉運上）がある。真志野金山は出ておらず、既に廃鉱になっていたものであろう。また、これまでになかった金山が次々に開発されていたことが知られる。

金山の技術

金山の開発は河原における砂金の採取に始まり、段々と上流にさかのぼり、山金を求め、さらに坑道掘りに進んだといわれている。湯之奥金山遺跡に行くとほとんどの沢がガレているが、これは自然にこうなったのではなく、人々が金を探った人工的な跡のようである。金を求めた人たちは沢沿いに金山に近づき、露頭する金鉱がある沢を掘り進め、金鉱を探ったのが鉱山開発の最初の段階と推察される。地形からすると、本来は沢ではないと思われる場所が大きく深く掘られ、沢のようになっているのも金鉱を探った跡であろう。沢の上にある坑道は、こうして探り当てた金脈の地下に潜ったところを掘ったようである。沢のようになっている場所そのものがかつては坑道と同じ役割を負っていたのである。

黒川金山衆に関わる金山としては、鶏冠山の黒川金山を中心として午王院平《ごおういんだいら》金山（甲州市）、竜喰《りゅうばみ》金山（同）、鈴庫《すずくら》金山（同）、丹波山《たばやま》金山（北都留郡丹波山村）、大月金山（大月市）などがある。このうち午王院平金山では横穴の坑道があるわけではなく、縦にロート状の窪みがある。これは地上から掘り下げて金を採った跡で、戦国時代より前の金山の掘り方はこうした露頭掘りが中心だった。坑道掘りには多くの危険と、多くの資金、高い技術を要するが、沢を掘り下げたり、地表をさらって沢の形態にしていく露頭掘りはそれほどの技術や資金を要しない。

湯之奥金山で使われた石臼（門西家所蔵）

従来、金山開発は江戸幕府の直轄だった佐渡金山のように大規模なものが想定され、戦国時代の甲斐の金山も同様だと考えられることが多かった。しかしながら、戦国時代の佐渡金山は近世の特殊な事例であり、むしろこの湯之奥金山のように、規模が小さく、領主の力を媒介としないで掘られた鉱山の方が多かったのである。

金山から金が産出されなくなると、金山で働いていた人々は消えていく。水田や畑などの農耕地にしがみつく農民と違って、山に住む人々の中には金山衆に代表されるように、必要とする資源がなくなると、簡単にその土地を捨てて、移動していく者もいたのである。

山留大工と杣

戦国時代には坑道掘りが一般化したが、坑道掘りはそれまでとはまったく異なる技術の進歩が必要になる。岩を割って穴を掘り進む技術がまずは必須であるが、同時に高度な測量技術も求められる。また、地下で大量に湧出してくる水をいかにして排水するかも大きな課題であった。同時に地下で落盤にあったらひとたまりもないので、落盤を防ぐための技術も必要だった。

地盤の軟らかい場所や断層などで岩盤に亀裂ができたりしたところについては、支柱を施して落盤を防止するが、こうした工事を山留普請《やまどめふしん》といい、その仕事に当たる者を山留大工と呼んだ。彼らは人命を守り、鉱山を維持するために、岩石の状況を読み、地盤の強弱を判断し、どこに支柱を立て、その上にどのように丸太などを並べるかを計画していかねばならなかった。江戸時代の佐渡において山留大工は奉行所に雇われ、手伝穿子《てつだいほりこ》や土石を片付ける丁場穿子《ちょうばほりこ》を使用しながら作業を行った。当然のことながら、坑道が伸びれば伸びるほど山留普請は大規模になり、そこに使用される木材の量も多くなった。また、使用する木も腐りにくく堅い栗や楢が選ばれた。木が堅ければ堅いほど、伐採は難しくなる。

ところで、慶長五年（一六〇〇）に関ヶ原合戦で勝利すると、豊臣氏の支配下にあった佐渡金山や生野銀山などの鉱山はすべて徳川氏の直轄領となり、同年十一月に大久保長安が佐渡金山接収役になった。長安は慶長六年春に甲斐奉行、慶長八年に佐渡奉行に任じられた。こうした経緯からして、山中十二ヶ村の杣たちが伝えた万治元年（一六五八）付の訴状の中に見える、「佐渡御金山のつゝき御用木取り候時分も」も、間違いのない事実で、彼らがつつき用材を伐ったのは慶長八年から十八年までの間であろう。

マルコ・ポーロの『東方見聞録』により、全世界的に黄金の国ジパングのイメージが強いが、戦国時代から近世初頭にかけて実態として日本は大産金の時代であった。その背後に多くの山の民がいたことを忘れてはならない。

5　大鋸と番匠

甲斐の大鋸と杣

武田信玄は元亀三年（一五七二）、駿州狩宿村（静岡県富士宮市）を中心とする富士北山衆・木剪に対して、今川氏の先例に従って材木の伐採を許可し、城の材木板等を命令次第に勤めるようにと命じた。

こうした林業政策は甲斐の国人領主穴山氏でもとられ、穴山氏は河内領の山造を保護し、早川入りの材木奉公を代官の佐野氏に命じた。

杣と大鋸について『甲斐国志』は、「杣・山作ハ用大斧、大鋸トハ其職名ヲ異スルトモ、今ノ所作全ク差別アルニ非ラズ」と、職名を異にしているが差はないと記している。しかし、戦国時代においては杣は山で樹木を伐採して、斧を用いてそれを粗い角材に仕上げる職人であり、大鋸は当時貴重であった製材用の縦挽鋸（大鋸）を使用して製材する者たちだった。大鋸は十四世紀頃に中国・朝鮮から我が国に紹介された新しい道具で、工の字形の木枠の片側に細い幅の鋸身をつけ、これを伸ばすために他の端を紐で結んだ、二人で挽く鋸である。大鋸は日本の木材加工の歴史に大きな変化をもたらしたが、鋼を鍛造して長い鋸に仕上げるため、製造技術が難しく、当初は輸入品であり、その後も高価な道具であった。

金属は再利用が可能であり、また錆びるため金属製の道具の残りはよくない。大鋸については残存数も多くなく、幻の大鋸とまで言われる。そんな中で、恵林寺（甲州市）には大鋸が伝わっている。武田氏滅亡の折り、恵林寺は織田軍の焼き討ちを受けたが、快川《かいせん》和尚が山門で「安禅必ずしも山水を用いず、心頭滅却すれば火も亦た涼し」の辞世を残して焼死したとの伝承で名高い。この時に末宗瑞曷《まつしゅうずいかつ》禅師は快川の命により難を逃れ、那須の雲巌寺に身を隠した。後に甲斐を領した徳川家康は武田の旧臣を重用するとともに、末宗を召し出して恵林寺再建に着手した。末宗は自ら大鋸を手にして働き、「木挽き翁」と呼ばれた。現存するのは彼が使った大鋸だという。

甲府城の築城に参加した大鋸が住んでいたのは、山梨県万力筋の倉科村（山梨市）、西保北原村（同）、西保中村（同）、西保下村（同）の各村であるが、この地域は恵林寺の近辺であり、この地域の大鋸が幻の大鋸を伝えてきた恵林寺と深い関連を持っていた可能性が高い。

甲府城築城に際しては北山筋十二ヶ村の杣が参加したが、こちらの方は高価な大鋸を持たずに伐採を主体とし、斧で調整していたのであろう。杣たちが伐った材木を大鋸たちが板や柱にしていったのである。甲府城は甲斐において本格的な石垣の上に天守閣が築かれた初めての城であるが、石垣のみならず材木などを含めて当時として最新の技術を詰め込んでできあがったといえる。

山国の番匠

武田家は弘治元年（一五五五）霜月吉日に、鮎沢郷（南アルプス市）に諸役を免許したが、免許された中に番匠縫殿丞が見える。武田家は郷村に住んでいる番匠を掌握し、職人として使役できる体制を整えていたのである。

永禄六年（一五六三）十一月吉日付で恵林寺領検地帳ができたが、その中に番匠・山作・檜皮・鍛冶が記載されている。検地帳に記載されている番匠の小島飛騨守へ徳川家四奉行は天正十三年（一五八五）十月十七日に所領を安堵した。

城や家などの建築には番匠が必要で、対応できる技術者が各地に住んでいた。信玄は永禄十一年六月二十八日に府中の大工職人らを徴用したが、残存する文書から使役されたのが判明する番匠は、駒沢（甲斐市）の縫左衛門尉・石橋（笛吹市）の新五郎・米倉（同）の匠内匠助・中下条（甲斐市）の番匠・畔村（甲府市）の善三郎・六方小路（甲府市）の孫三郎である。

武田家は天正元年（一五七三）八月二十七日に青柳（南巨摩郡富士川町）の番匠に普請役を免許し、同年九月五日に和田平（甲府市）の番匠に普請役を免許した。同年十二月二十三日には御大工水上左近佐に麹座役などを与えた。

現在私たちが大工と呼んでいるのが戦国時代の番匠である。各職人の中では一番上に大工がおり、下に小工などがあった。番匠の場合も同様で、一番上に位置づけられていた職人を大工と呼んでいたのである。ちなみに、戦国時代には大工のことを棟梁と呼ぶ呼び方も出てきた。

天正五年十二月二十一日、武田家は広厳院《こうごんいん》（笛吹市）に大工職を安堵した。また、天正六年（一五七八）十二月二十三日には功刀越後守・水上豊後守へ、山下佐渡守の後職を相当の人をもって御番匠に申しつけるようにと大工免を与えた。

天正八年八月九日に武田家は渡辺兵部丞に大工職を安堵した。

このように甲斐には多くの番匠が住んでおり、それを武田家は掌握し、番匠の役を課していたのである。

河内と郡内の番匠

古代より飛騨の工は有名であるが、これは飛騨が山国で木工に携わる人が多く、技術が優れていたためである。甲斐では河内地方が材木の産出地として知られる、同時に甲斐における番匠のふるさとでもあり、とりわけ下山（身延町）大工の名前はよく知られている。林産資源の宝庫である河内では木こりや杣が多かったが、そこから材木の性格などに通じた番匠が育ち、大工稼ぎで収入を得ていたのである。なお、穴山氏の本拠地の下山城下町には今も字番匠小路が残っている。

永禄六年（一五六三）十一月二十四日、穴山信君は源三左衛門方へ当谷中（河内谷）の番匠のことを下知させた。また、年未詳十月朔日には大工方へ大工源三左衛門の指示に従うよう命令した。これにより、穴山氏の領国下の番匠組織のトップに源三左衛門が位置することになった。こうした文書を伝えるのが石川家で、竹下家とともに下山大工を代表する家である。

天正四年十二月四日に武田家は下別田郷《しもべつでん》（山梨市）の市川五郎右兵衛に細工の奉公により諸役を免許したが、それを命じた文書は源三左衛門の子孫である旧下山村（身延町）幸内が伝えていた。したがって、源三左衛門は武田領国下の番匠たちともつながっていたといえる。年未詳二月二十二日に穴山信君は番匠源三左衛門に破風の板、釘等の指示をした。

下山大工は様々な仕事に応じて諸役免除を受けた。その中心をなす石川家は駿河国大石寺《たいせきじ》（富士宮市）の本堂造営に携わったとする伝承を持つ。静岡県富士宮市の浅間神社楼門左神像には慶長十九年（一六一四）に石川家が造営に携わっていたことを記す銘文があり、この家が相当広範囲にわたって活動をしていたことが知られる。

甲斐のもう一つの大きな国人領である郡内においては、永禄十一年九月二十五日に小山田信茂が河口番匠勘祖に棟別役を免許しており、ここでも番匠を領主が掌握していた。小山田信茂は天正五年卯月三日、河口の番匠の倉沢与五右衛門に棟別銭借用を禁止した。

元亀元年十月吉日付の西念寺（富士吉田市）寺領仕置き日記に大工免が出ており、寺が大工を抱えていたことがわかる。

6　山城と山小屋

松本平の多様な山城

中世の城というと山城のイメージが大きい。山城の規模の大小や装置は、これを造った権力の大小や、戦争がどのように行われていたかによって変わる。また、本来城が設けられる場所は軍事的に重要な場所であり、一度城が築かれるとそこに次々に手が加えられるのが普通で、古い段階の山城がそのまま現在に残っている例はほとんどない。現在に残る山城はすべて使用が終わって廃棄されたもの、したがって近世の初頭まで使われていた跡と考えるべきである。

城は戦争用の基地であり、防御のための装置なので、戦闘に備えて多くの備えがしてあった。残るのは装置のうち腐ったり焼かれたりしなかったもの、大地の風化や侵食、自然の影響から逃れた部分である。現状でも見ることのできる装置のうち特に重要なものを確認しておこう。

人為的に大地を削って平にした場所を郭《くるわ》と称するが、山城にはこれがいくつも設けられるのが一般的である。ここには人が籠れるように建物などが建てられていた。そのうち防御する側が最後の砦とする場所を主郭（中心になる郭の意味）という。

郭の周囲には敵の攻撃から守るため、土や石で周囲を囲んだ。これが土塁と呼ばれるもので、土や石でできた塀の基部である。土塁の外側やそれぞれの郭の岸は、敵が容易に上れないように切り立った状態にしてあった。これが切岸《きりぎし》で近世では城の石垣に相当する。

郭の防御を厳重にするため、郭の周囲や、郭と郭の間、さらには敵が襲撃してくるであろう尾根に、大地を深く掘って空堀が設けられた。空堀は場合によると、山城への上り道に使われることもあった。

国宝に指定されている四城の一つが松本城である。松本城を持つ松本市にも多くの山城がある。そこで市内のいくつかの山城を取り上げることで、山城の多様性を確認していきたい。

○林大城　林大城は松本市の東部、金華山という標高八四六メートルの山全体に構築されている。大城の南側の大嵜《おおつき》崎の集落を挟むようにして小城が存在し、ともに長野県史跡に指定されている。

林城は小笠原清宗が井川城がたびたび洪水の被害を受けたため、長禄三年（一四八九）に築いたものだとの伝承もあるが、実際の築城年代など不明である。「小笠原系図」によれば長朝は嘉吉三年（一四四三）信府林の館に生まれているので、この頃にはできていた可能性が高い。天文十九年（一五五〇）七月十五日に武田信玄の攻撃によって小笠原長時が籠っていた大城は自落した。館も武田の手に落ちたが、武田氏はここを破却して深志の城を取り立てた。

林大城の遺構は尾根の低い所から階段状の郭が数多く造られており、山頂に主郭が位置する。段々に続く曲輪は尾根伝いに攻撃される場合、上方からの守備を容易にし、相手に攻撃を加えるために設けられたもので、ここに家臣団が住んでいたわけではない。また、尾根を遮断するように存在する堀切も防御の装置として掘られ、攻撃側は容易に主郭部分に近づけない。

全体としての規模の大きさは、さすがに信濃守護の山城だと思わせる。主郭の背後に虎口があるが、よく整った形態と残り方から見て、こうした虎口や主郭などは武田氏滅亡後に小笠原貞慶の手によって修復されたと考える。主郭の周囲の土塁底部に見られる石積みは最終段階に修復されたものであろう。

なお、本来林大城の麓にあった林の館の位置は、現在明確にすることができない。可能性としては林大城と小城の間に当たる大崇崎《おおつき》の集落で、平成十四年（二〇〇二）度に発掘された礎石立ての建物のある場所辺りであろう。

○埴原城　埴原城はきわめて大規模な山城であり、その遺構の複雑さ、残存遺構の良好さなどとも市内では最も素晴らしい山城の一つである。残念ながら関係する史料はまったく残っていない。

中山の蓮華寺の北側に入口があり、道もほとんど当時のまま残っている。山城は尾根伝いに攻められる可能性があるので、堀原城ではすべての尾根を横堀で切って、掘った土を盛り上げて土塁とし、敵の攻撃に備えている。とりわけ重要な場所では堀が三重になっており、その間に掘り上げた土を使って大きな土塁が設置されている。

郭は連続してつながり、できるだけ広い郭を造ることによって、切岸の比高差が大きくなり、容易に上れないようになっている。

中心部分の郭を守るため、尾根の堀切は大規模に造成されている。また、水が涌き出す場所を城内に取り込み、籠城の時に備えている。主郭の虎口は防御のため簡単に敵が入り込めないよう曲げられており、両側の石垣からして本来門などの装置があったものであろうが、破城《はじょう》（城を壊して廃城にする）によって本来の形は不明である。主郭部分は大きく三つに分けられるが、周囲は平石積みの石垣が取り巻いている。この石垣の技術は松本城などに見られる近世の穴太積みなどと異なり、この地域で生み出されたもので、松本城などの石垣よりも古い技術によるといえる。東側の主郭の最も奥まった背後にはきわめて大規模な土塁が存在する。

主郭の背後にある尾根は、最も注意深くそれを切る処理がなされている。いくつもの大規模な堀切が連続して設けられ、簡単には主郭に辿り着けない。

すべての尾根の処理、複雑な縄張、主郭の周囲を取り巻く石垣など、埴原城からはきわめて軍事的緊張の高い時期に造られたといえる。ちなみに、このような縄張は武田家の築いた山城には見ることができず、武田家の関係した縄張の方が全体としては簡単で、堀切の処理もこれほどでない。したがって、武田氏滅亡後、なおかつ中央の石垣などの技術が伝わる前に築かれた山城と判断され、埴原城は武田氏滅亡後に小笠原貞慶が徳川家康の権力を背景にしながら、木曽氏や上杉氏との軍事的緊張下に造った可能性が高い。

この場所になぜ城が設けられたのかという理由は不明であるが、位置からして最後の逃げ込みの場所、もしくは決戦の場所として勢力を傾けて築いたのではなかろうか。

○早落城　洞山砦《ほらやまとりで》ともいい、南洞の集落の西側の山にある。赤沢氏の出城で、部下の林小太郎に守らしていたが、天文二十二年武田信玄の軍が赤沢貞庸を攻撃した時に、簡単に敗れたためにこの名がついたとの伝承がある。主郭は東西が約九メートル、南北が約四〇メートルの小規模な山城で、郭や堀切などが残っているがこれまで見てきた二つの城からすると、全体でもほんの一郭程度にすぎず、堀切の規模も小さい。それだけ重要性が少ないということであろう。

○稲倉城　稲倉の集落の北側の山頂にあり、松本市の史跡に指定されている。

『信府統記』によれば、赤沢氏が建武二年（一三三五）に小笠原氏とともに伊那郡から松本に移り、三才山《みさやま》・原・水隈《みずくま》・浅間・洞（いずれも松本市）の六郷を領し、初めは浅間に居館を構えたが、戦国時代になって防御上不利なためにこちらに移った。また、大永二年（一五二二）に小笠原氏の支族赤沢但馬守が伊那の松尾からやって来てここに城を築き、その後武田信玄に下り佐久郡山田に逃げ、武田氏は柳沢帯刀をおいたともいう。天正十一年（一五八三）に赤沢清経が小笠原貞慶に謀叛を企てたのが発覚し、切腹を命じられて稲倉城は廃城になった。主郭は東西が約三一メートル、南北が二七メートルの大きさで、きれいに遺構が残っている。大規模な遺構の残り方からすると武田氏滅亡後に小笠原氏が手を入れたものであろう。ちなみに、居館跡は南西山麓の中段御屋敷平にあったとされる。

〇伊深城　伊深の集落の東側の山の頂きに位置し、林城の支城で室町時代に構築されたとして市の史跡として指定を受けている。

『信府統記』は小笠原氏の臣の後庁大蔵が伊深・下岡田・松岡を領して住んだとしている。武田氏は小宮山織部に守らせたが、武田氏が滅んでから彼は上田に移り真田昌幸に仕えたという。位置からして麓の交通路を抑えるために重要な意味を持ったと考えられる。

遺構は非常に良い状況で残っており、主郭は東西が約一一メートル、南北が約一三メートルで背後の大堀切などが見事である。現在の状況は戦国最末期の模様を伝えていよう。

山の中腹に後庁氏の氏神若宮八幡が、山麓に居館跡があるとされる。

〇山家《やまべ》城　中入《なかいり》城ともいい、上手町の北側の山に位置し、現在県史跡に指定されている。史料の初見は文明十二年（一四八〇）九月二十日に、小笠原長朝が山家光家を攻めた時にこの城を攻めたというものである。永正二年（一五〇五）に折野（後に山辺）薩摩守昌治が播州姫路からやって来て、小笠原貞朝に属してここにいたという。その後、山家昌矩の時に武田信玄の攻撃によって小笠原長時の林大城が落ちた際に山家城も自落した。ちなみに、山家氏の居館跡は現在徳運寺のある場所だといわれる。

遺構は見事に残っており、東北に位置する秋葉神社のある部分および西側が古く、遺構の残り方も全体的によくない。西側を含めて存在していたのを、中央の主郭のある部分だけ集中的に改修しものであろう。主郭は東西約二〇メートル、南北約二二メートルで、周囲の石垣も高いところでは三メートルにも達しており、戦国最末期の松本平の石垣技術の到達点を示している。主郭の背後の堀切も大規模である。

中入の北山の麓に内城と称する所があるが、ここが折野氏の居館の跡だという。

○桐原城　西桐原の集落の北側、追倉沢と海岸寺沢に挟まれた山にあり、県史跡に指定されている。主郭は東西約二九メートル、南北約二七メートルである。

天文十九年（一五五〇）七月十五日、武田信玄の軍が小笠原長時の籠る林大城を攻撃した際、桐原城は大城とともに自落した。

山の中腹に設けられた城で、平な石を積み上げた松本平独特の石垣を多く用いて郭が形成されており、縄張も複雑で、堀切も深い。戦国時代最末期の山城として貴重である。

山家城跡（松本市入山辺中入）

桐原城跡（松本市入山辺桐原）

この城に関しては慶長四年（一五九九）六月三日作成と伝えられる絵図がある。その一つには山城部分の描写がなされ、麓に「御屋鋪」の記載が見られる。現在この場所はぶどう畑になっているが、ここが桐原氏の居館の跡だという。

山に逃げる

山城が戦国時代に多く築かれたのは戦乱の時代だったからであ

る。このような時代に生きた人々にとって、いかにして自分の生命や財産を守るかは最大の課題であった。その手法の一つが山に隠れることであった。

天正十年（一五八二）に北信濃で一揆が起き、森長可《ながよし》の攻撃を受けた時、人々は山の中に逃げ込んだが、同じ地域で約七十年前にも同様な行動があった。すなわち、永正十年（一五一三）七月二十四日、越後守護代長尾為景《ながおためかげ》（上杉謙信の父）が同国守護の上杉定実《さだざね》に反旗を翻し信濃の情勢を尋ねると、島津貞忠《さだただ》は草間大炊助《おおいのすけ》が武略を致し、山々から夜交《よませ》・小島の被官《ひかん》を探し出して数多く捕らえ、両人を磔《はりつけ》にしたと返書を出した。北信濃の武士の被官たちは戦乱に際して山の中に逃げていたのである。

大永元年（一五二一）九月、駿河の今川氏親の武将福島正成（兵庫）が一万五千の駿遠勢を率いて富士川沿いに北上し甲斐へ乱入すると、二千の劣勢だった信玄の父信虎方は、十月十六日の飯田河原（甲府市）の合戦で敵に百余人の損害を与えた。十一月二十三日の上条河原（甲斐市）の激戦で大将福島以下六百余人も討ち取り、武田勢は大勝をした（人数については正確ではない）。信玄は武田氏が滅亡するかもしれないという危機的な状況の中、十一月三日に避難先の要害城山麓の積翠寺《せきすいじ》で生まれた。信玄の母親はいざという時に逃げ込む山城の要害城に登るのは大変だったため、避難所の性格を持つ要害城の麓の積翠寺で出産したことになる。戦国大名ですら避難用の山城が必須だったのである。

小平《こだいら》正清が貞享三年（一六八六）にまとめた『小平物語』によれば、天文十四年（一五四五）六月、竜ヶ崎城（上伊那郡辰野町）に陣を置いた信濃守護の小笠原長時と武田軍が渡り合った時、近辺の百姓は肝をつぶして周章《しゅうしょう》し、「東西の山奥に逃げ入る事限りなし」だったという。戦争に巻きこまれまいと、百姓たちは山奥に逃げ込んだのである。

天文十九年（一五五〇）に小笠原長時の根拠地である府中（松本市）は、武田信玄に攻撃された。この時、二木豊後《ふたつぎぶんご》（寿斎《じゅさい》）は妻子を深山にある中塔《なかとう》（松本市）の小屋に入れた。『溝口家記』は「中塔ト中山小屋」を取り立てたとする。天正十年、武田氏の滅亡に際して二月十六日、岩岡佐渡《いわおかさど》、岩岡織部《おりべ》といった者たちは武田の根拠深志城（松本城）から離れ、隣郷の衆を引き付けて、中塔山に立て籠った。十七日になると深志から鎮圧の兵が出て、中塔小屋の者を十四、五人討ち取った。中塔小屋は戦乱の時期に再び姿を現したのである。

天正十年六月二日、本能寺の変で織田信長が亡くなると、信濃は大混乱に陥った。六月二十七日に桐《きり》沢具繁《さわともしげ》と黒金景信《くろがねかげのぶ》が直江兼続《なおえかねつぐ》に出した書状によれば、信濃の者たちはことごとく「小屋揚《あがり》」をした。安全のために山の中の小屋へ逃げ込んだのである。

山小屋

武田勝頼が天正二年（一五七四）九月に浜松城を攻撃しようとした前（もしくは武田信玄が元亀三年〔一五七二〕十二月に三方原《みかたがはら》合戦に向かう前）の八月十日付で、武田家は保科正俊《ほしなまさとし》へ領国防御に関する覚書を出した。その第三条には、地下人《じげにん》（百姓の有力者）のことは案内者をもって糾明し、疑心のある者や親類がたくさんある者の妻子を高遠（伊那市）に召し寄せ、その他の地下人からは厳重に逆心を企てない旨の誓詞を取って山小屋へ入れ、敵が退散する時か、通路を遮る時に召し出して働かせよとある。第十三条では、下口の貴賤《きせん》が小屋入り以下の支度を調える内は、上伊那箕輪《みのわ》辺（箕輪町・南箕輪村）の貴賤を集めて稼ぐようにせよとある。この記載からして、戦争に際して一般人は山小屋に入って戦乱を避けていた状況が見えてくる。

年未詳の五月六日付で武田氏が南牧《なんもく》（群馬県甘楽郡南牧村）に宛てて出した条目では、「市川衆は自余の山小屋をさしおき、新地に在城のこと」（市川家文書）と、山小屋はそのまま捨て置いて、新しい城に詰めろと命じられている。市川衆は山小屋を持っており、そこに入っていたのである。

『甲陽軍鑑』によれば天正十年二月末、武田勝頼は織田勢に攻められ、旗本がおおかた逃げ、同族の穴山信君も背いた中で、千人ほどを率いて新府城《しんぷ》（韮崎市）に立て籠り、今後のことを評議した。この時、勝頼の嫡子信勝《のぶかつ》は「どこにも籠ることのできる場所はない。山小屋などに入るよりも新府城で切腹しよう」と発言した。

三月三日に甲斐の地下人はことごとく自ら家に火を放ち、山小屋に入ると言って、西郡《にしごおり》、東郡《ひがしごおり》、北は帯那《おびな》の奥の御岳《みたけ》、さらには河内を根拠にする穴山信君の領地へ退いた。三月八日に勝頼が、「初鹿《はじか》野《の》伝右衛門は来ないか」と聞くと、「伝右衛門は恵林寺の奥山の河浦（山梨市）へ入ったけれども、鶴瀬《つるせ》（甲州市）へ行きたいというと、郷人たちが伝右衛門の妻を人質に取り、行かせないといっている。もし無理に行けば殺しそうなので、伝右衛門は鶴瀬に来ていない。どこの山小屋でもこのようだ」と答えた。

勝頼が逃げ込もうとした山小屋は、武田氏の所有する小さな山城であろう。事実、織田信忠は同年四月三日付の万里小路充房《までのこうじみつふさ》宛書状に、「四郎居城退散せしめ、彼の国の山奥に節所相構え逃げ入り候と雖も」（立入家文書）と記している。信長が三月十七日に宮内卿法印へ宛てた書状に、「彼の国の者共、我も我もと忠節すべきの覚悟について、右の構えにも相堪えず、山中へ逃げ隠れ候」（「武家事紀」）とあるように、山小屋は命を長らえるために逃げ込む要害だった。

『甲陽軍鑑』は天正十年「三月三日の朝、地下人、盡く地焼きを仕り、山ごやへ入とて、西郡、東郡、北はおびなの入（帯那の入）御嶽、さては穴山殿、逆心の地へ退もあり、（中略）西郡に知行もちたる者は、東郡の山へ入、東郡に知行持たる人は、逸見へと」と、武士も民衆も必死に身を守るために山の中に身を隠した様子を伝えている。武田家滅亡という危機的状況下に、武士はこれまで年貢を収奪してきた百姓からの襲撃を恐れて、自分の所領から少しでも遠いところに身を隠そうとした。文章からして、この時の甲斐や信濃の人々はあらかじめ敵の襲撃に対処する軍事施設としての山小屋に入ったのではなく、身を隠すためにあわてて用意した山小屋に入ったのであろう。

ちなみに、天正十年二月から三月にかけて織田信忠が信濃に出した禁制のうち、飯田市の興禅寺、伊那郡林郷、高遠町の乾福寺、宛名不明の南佐久郡臼田町井出文書には、「籠屋落取之事」とある。郷宛の禁制があることからして、これはあるいは山小屋そのもの、もしくは山小屋と同じように人々が避難するための籠り屋を指し、そのような場所、あるいはそのような場所にいる者たちを落とし取ることを禁止している。この時には各地で戦乱から逃れるための施設ができており、寺宛の禁制が多いことから、寺の境内などにも民衆が避難するための施設が造られていた可能性がある。これは中世の寺の持つアジール性と関わろう。

このように武田家滅亡に際して、武士たちはことごとく山小屋に逃げ込み、地下人・百姓も山小屋に入った。甲斐の民衆が籠った山小屋は、戦乱の中で自分たちが急遽用意したものだろう。

伝説に残る避難先

長野県塩尻市南内田の大宮八幡社にある大きなイチイの木は、「武田信玄旗立てイチイの樹」と呼ばれる。天文二十二年（一五五三）信玄が小笠原長時《おがさわらながとき》と桔梗《ききょう》ヶ《が》原《はら》で戦った時、信玄は高出の高日出神社と大宮八幡社に戦勝を祈願し、両地の間をかけめぐっていたが、自分の所在地を示すために、このイチイの木に旗を立てた。内田・小池・赤木（すべて松本市）の住民

武田信玄旗立てのイチイ
（塩尻市片丘，大宮八幡社境内）

は、武田軍に家を荒らされ、食べ物を持って行かれたので、大沢平の辺りに小屋を造り、老人・子供・女を隠し、血気にはやる若者たちが豊後山左手の坂に陣を設けて、武田軍が来たらば一戦をまじえようと準備したという。老人・子供・女は山小屋に隠したのである。

高遠町（伊那市）の駒が久保は、天正十年（一五八二）三月に高遠城が落城した時、板町村の老若男女が戦地を避けて、月蔵山《がつぞうさん》の後背にあるこの地に二月二十六日から柴小屋を造ってしばらく住居したという。また、勝間《かつま》の龍勝寺《りゅうしょうじ》の山奥、秋葉釣根《あきばつりね》の向かいを隠し畑《けむり》と呼ぶが、ここも同じ時に村の老若が身を潜めていた所だと言い伝えられている。

伊那の高遠鍛冶村（伊那市）に豪族が住んでいた。ある時、大きな戦いをすることになり、女・子供を奥地へ一時、避難させ、敵の目を避けるため、多数の黄金を「こがね沢」に埋め、戦いが鎮まったので掘り出して、一族の者に分け与え、その無事を祝ったという伝説がある。

天正十年に織田信長父子が攻め込んできた時、武田勝頼は上諏訪へ出馬した。しかし、木曽義昌が逆心し、高遠の仁科信盛も切腹したと聞いて、配下の兵が周章して皆逃亡したので、勝頼も二月二十九日に甲府へ退いた。この時、諏訪衆は山小屋へ登った。山の岩穴に入った者もあったという。諏訪の小平《こだいら》道三《どうさん》は鬼場川の橋（茅野市豊平）を切り落とし、渋山に籠った。

山梨県北杜市の南山中には餓鬼《がき》の喉《のど》と呼ばれる場所がある。南アルプス山麓の深い谷の奥に巨大な岩が突起しており、人が雨風をしのいで生活することができる。『甲斐国志』などによれば、ここは柳沢《やなぎさわ》吉保《よしやす》の祖父である柳沢兵部《ひょうぶ》が天正十年に兵火を避けた場所である。

徳川家康の伝記である『武徳編年集成《ぶとくへんねんしゅうせい》』に、市川の御陣所より成瀬吉右衛門が武川《むかわ》（北杜市）に行って、古くからの知りあいの折井市左衛門を訪ねた時、家が留守で誰もおらず門板に来訪を書き記して帰ったところ、その夜に折井・米倉などが市川に来たとある。武士たちは妻子・足弱《あしよわ》（足の弱い老人、女、子供）を皆山中に隠していたのである。

山梨県韮崎市の茅ヶ岳《かやがたけ》の麓の深谷に風越山《かざこしやま》がある。武田家滅亡時に藤井荘（韮崎市）の諸村の住民がここで兵乱を避け、新府より西の諸村は武田の八幡沢の奥に隠れたという。

これまで見てきた伝説からすると、戦国時代に甲斐や信濃の民衆は戦乱から身を守るために、山の中に仮小屋を造って戦火の収まるのを待っていた。戦乱の時代、村によっては不慮の戦乱に備える施設として積極的に村の城を用意していたことも十分に考えられる。

甲斐・信濃の山小屋に関わる伝説の多くが、天正十年の織田・徳川の連合による武田攻撃に結び付いている。両国の歴史においては、天正壬午の乱はその後長く記憶されるほど混乱した年だったのである。四百三十年以上たっても伝説として伝えられていることに、当時の人々の恐怖感が伝わってくる

第七章　食糧を求めて

戦国動乱の大きな要因は気候異常による食糧難であった。そんな時代に、人々はいかなるものを食べていたのであろうか。とりわけ山の中に住む甲斐・信濃の人々はどのような食生活をしていたのであろうか。本章では人間が生きていく最も根本となる食糧について触れてみたい。

1　戦国時代の食事

何を食べていたのか

米の売買の記載は『勝山記』に多く見える。御師や商人、武士など、農業に従事しておらず、現金収入がある者は米を買って食べていた可能性が高い。したがって、身分や裕福さによって、食物には大きな差があった。

『勝山記』に直接的な肉食の記載はないが、動物の記事が目につく。たとえば、文明八年（一四七六）には、犬がにわかに石や木または人にかみついて自滅したとの記載は、人々の周囲に多くの犬がいたことを示す。この犬が狩猟用ならば、鳥獣の肉と、犬自体が食糧用ならばこれもまた肉食と関係する。

富士北麓には永正六年（一五〇九）十二月二十五日より大雪が降って、深さ四尺（約一・二メートル）

にもなったが、このために鹿が言葉にあらわせないほど死んだ。また、永正十四年（一五一七）にも十二月十五日から二日雨が降り、その前後に雪が四尺五寸以上も降った。このために鳥獣は食物をとることができず、皆餓死した。さらに永禄三年（一五六〇）二月二十日も大雪が降り、鹿や鳥が残りなく取られた。『勝山記』には大雪のために動物が死んだことが記されている。特に永禄三年には「鹿鳥残りなく取られ申し」と、雪で動けなくなった鳥や鹿が捕獲されている。雪が降ったとしても肉食がなければ、鹿や鳥を捕ることはしないであろうから、猟師が活動したであろう。永正の二回の記載も、雪山に入った人が動物の状況を見たはずで、永禄三年と同じように鳥獣の捕獲のために山に入った人（猟師）の存在があろう。このことから、文明八年に姿を見せる多くの犬は狩猟用に飼われていたと考える。

現在の北口本宮冨士浅間神社の西側には諏訪神社が鎮座しているが、これは『勝山記』にも姿を現し、本宮が建立される以前からあった。諏訪社は鹿食免、鹿食箸で有名で、狩猟と密接な関係にある。富士山麓は源頼朝の巻狩でも知られる原生林があり、獲物の豊富なこの場所には猟師が多く住んでいたことが考えられる。ともかく、直接的には表れないものの、この地域でも犬を利用した狩猟が行われ、肉が食べられていたであろう。

『一遍上人絵伝』などの中世に描かれた絵巻物を見ると、旅人の周囲にボディガードとして猟師らしい人物が描かれることが多い。富士参詣の人々が多く集まる富士山麓では、猟師は獲物の販売も可能であったろうし、ボディガードのような形で収入を得ることもできた。

酒と食事

山里の代表として木曽谷の事例を定勝寺（木曽郡大桑村）の場合を中心に見てみたい。

『守矢《もりや》満実《みつざね》書留《かきとめ》』によれば、文正元年（一四六六）十一月二十一日の諏訪社上社神使等の上

定勝寺（木曽郡大桑村須原）

原精進《しょうじん》初めでは、白酒を町より取り寄せた。上原城（茅野市）に諏訪総領家が住み、その城下に町ができていたが、そこには酒をあつらえ販売する者も住んでいたのである。ただし白酒というので、私たちが日本酒として想起する清酒ではなく、どぶろく（濁酒）だった。

元亀元年（一五〇一）十一月に定勝寺が寺領などを書き上げた文書の中には「味噌縛桶三ケ」、「醋桶二ケ」、「酒桶大小三ケ」などと見える。定勝寺では味噌や酢、それに酒などを自ら作っていたのである。

定勝寺では永禄五年（一五六二）五月一日、仏殿の葺き替えを始めた。この時の米使い日記には一俵が本切、二俵が人夫酒、一俵が普請中酒と出ている。普請をするに際して食事にご飯が出され、米を用いて酒を造り、振る舞っていたのである。

永禄十一年（一五六八）四月十五日から開始された定勝寺の客殿の葺き替え、山門等の葺き替えに際して、番匠の作料の中には、「一俵米　大工惣左衛門尉殿」、「茶一斤　御東殿」、「塩一升　宗春御内儀ヨリ」、「カウジ（麹）一升　駒屋」、「小麦二升　弥六殿」、「豆腐一箱　登牛」、あるいは棟上げに餅百、酒二具等の記載も見られる。

先にも触れたように塩は人間の生活に欠くことができず、味噌を作るにも必須である。茶はこの時代に寺院や武士などを中心に生活に深く浸透していた。麹は酒か味噌を作るものであろう。さらに豆腐が作られていることも注目される。

天正二年（一五七四）二月十日から始まった定勝寺の仏殿の修理に当たって、振る舞いとして出された食品を見ると、豆腐、米、蕎麦切り、強飯、塩、清酒などがある。注目されるのは清酒で、自家用に作った酒なら技術的に濁り酒（白酒）が主体だろう。したがって、この清酒は購入されたものと考える。天正九年四月に定勝寺の惣門が造られた時には、棟上げ祝いに餅百、白酒が用意された。現在でも餅はお祝い事などに用いられる特別な食べ物であるが、当時も祝いに振る舞われたのである。木曽谷では水田が少なかったので、餅米あるいは餅も他所から持ち込まれた可能性が高い。酒と餅とが一緒に振る舞われるのは、めでたい特別な時だったからである。

定勝寺の振る舞いは、木曽谷では最も大きな寺の一つが、建物の修築などに際して出した特別な食事であった。それでもこのようなものが品目として挙げられていることは注目に値しよう。

蕎麦切り

信濃国水内郡柏原村（上水内郡信濃町）出身の小林一茶は多くの蕎麦に関する俳句を詠んだが、文化九年（一八一二）の「そば時や月の信濃の善光寺」は、いかにも信濃らしい句といえよう。そして、現在でも信州というと蕎麦を思い浮かべる人が多いが、その背後には山がある。すなわち、水田に適さない場所に蕎麦は作られたのである。

『勝山記』では蕎麦が一度だけ姿を見せる。それは天文十七年（一五四八）の記載で、売買は米五升、粟一斗、大豆一斗、大麦一斗、蕎麦一斗二升と出ている。これにより蕎麦が売買の対象として流通市場にのせられており、その値段は米の半分以下で、粟や大豆、大麦よりも安かったことがわかる。これなら民衆も購入できるだろうから、蕎麦は昔から民衆の食べ物だったといえる。

中世の遺跡からは石臼や擂鉢が多く出土する。小麦や蕎麦などは粉にすれば、水とんのような形態にしても、団子のような形態にしても、比較的簡単に料理して食べることができる。餅の一つの形態で神前に供えることの多いしとぎ餅は、米粉を水でこねたものであった。中世にはこのように穀物を粉にして食べることが多かった。

私たちが日常接する麺にしての蕎麦の食べ方を蕎麦切りという。寛永十五年（一六三八）の序をもつ『毛吹草』は、信濃の名物に蕎麦を挙げ、この国から蕎麦が始まったとしている。また宝永三年（一七〇六）に編纂された俳文集の『風俗文選《ふうぞくもんぜん》』では、蕎麦切りはもと信濃国の本山宿（塩尻市）から出て、あまねく国々にもてはやされるようになったとしている。これを根拠に本山は蕎麦切りの発祥地だとされ、現在も新蕎麦の時期を中心に多くの人を集めている。

蕎麦切りのもう一つの発祥地とされるのが甲斐の天目山（甲州市）である。尾張藩の国学者である天野信景《さだかげ》が元禄十年（一六九七）頃に起筆した『塩尻』には、「蕎麦切りは甲州から始まる。はじめ天目山へ参詣人が多かった時、住民たちが参詣の人に飯を売ったが、米麦が少なかったので蕎麦を練って旅籠として出していたけれども、その後うどんを学んで今の蕎麦切りになったと、信濃の人が語った」と書いている。

先述の天正二年二月十日から始まった定勝寺の仏殿の修理に当たって、振る舞いとして出されたものの中に「蕎麦切り」がある。史料的にはこれが管見の中で最も古い蕎麦切りの史料である。

蕎麦切り発祥の地と伝えられる本山（塩尻市）

蕎麦切りを作るために蕎麦を粉にしなくてはならない。蕎麦がきやかいもちも同じである。そこで、永禄十一年の定勝寺の記録に見える小麦は粉にされて、うどんやお焼きなどの形で食されていたであろう。

山の産物

既に触れてきた金、材木、狩猟の対象としての鳥獣などは山の産物といえるが、これまで触れてこなかった食料としての山の恵みについて考えたい。

飢饉に際して人々は蕨《わらび》の根から澱粉《でんぷん》をとって命を繋ぎ、春には山菜として芽を食べた。澱粉はクズやカタクリからも取ることができ、山中ではドングリやトチの実、さらにはブナの実なども食べた。山は食糧の宝庫でもあった。

長野県木曽郡王滝村の万年ずしはイワナを使った熟《な》れずしであるが、川の魚も食べていた。信州や甲州におけるそうした魚として、コイ、フナ、ウナギ、イワナ、ヤマメ、タナビラ、カジカ、マス、鯉、ワカサギ、赤魚、ドジョウ、シマメ、アジメがあった。さらに、沢ガニ、タニシ（ツボ）、カイラなどが食された。

信州は昆虫食が有名で、今でも蜂の子、ザザ虫、いなご、蚕のさなぎなどが食べられている。さらにミツバチも利用され、蜜が採られていた。昆虫食は戦国時代にもあったことだろう。

なお、養蚕も忘れてはならない。当時の蚕に食させる桑は山桑が多く用いられていたものであろう。また、現在も長野県安曇野市では天蚕が飼育されているが、これはクヌギの葉を主食とする。その意味で天蚕もまた山の産物といえる。

諏訪湖の漁業

山国の信州にあって諏訪湖が中心にある諏訪地方では、漁業が盛んであった。諏訪湖での漁業については延文元年（一三五六）に書かれた『諏方大明神画詞《すわだいみょうじんえことば》』に記載が見られ、鎌倉時代の状況をおぼろげながら伝えている。夏に釣船数艘を組み連ねて、大変に良い射手が立って矢筈を取っていつでも弓を射ることができるようにして待つ。小船二艘が先に立って左右に鵜縄（鵜の羽を付けた縄）を付けて引き、囲みを広くし、魚を篭めて沖から汀に向けて漕いでくると、中に入った魚類は鵜の羽から鵜がいると思い、これを恐れて縄を越えようとする。陸地に近くなったならば、両方の縄の端を陸地に取り上げて、歩行する者が引き寄せると鯉は水上に踊る。その時に射手が矢でこれを射るのが「鯉馳《こいはせ》」である。また冬、御神渡がある頃には漁師が氷を五、六尺斧で割って水面を開き、網を降ろして魚を取る氷引《ひびき》漁という漁法があった。

戦国時代の状況を伝えているのは永禄八（一五六五）・九年に出された「信玄十一軸」で、「氷引之網《あ》渡銭《どせん》」や「舟役」が記されている。また、武田勝頼は天正五年（一五七七）十一月二十三日に某（名前不明）に「諏訪湖水において網渡の事、前々駈せ催す如く、厳重に勤仕致すべきの由、御下知有るものなり」（木川家文書）と命じた。同月二十五日には、「網渡」に「大祝殿（諏訪頼忠）御訴訟候の間、御料所の如く異儀なく網を引かさせるべきの由、御下知有るものなり」（諏訪家文書）と命じた。ここに姿を見せる氷引の網渡とは、鎌倉時代までには漁法が確立していた氷引漁のことである。

船役に関係して、永禄九年（一五六六）閏八月二十五日に武田信玄は吉田信生《のぶなり》へ、「八剣の宮造宮の事、船役をもって勉むるの由、本帳の文に任せ、今より已後七ヶ年に一度船役を執り、相当に造替すべきものなり」（八剣神社文書）と命じた。現在でいう御柱に伴う七年に一度の八剣宮の造営を船役でするようにと命じていることから、それだけ多くの船が存在したのである。こうした船の多くは漁船と思われる。なお、寛文九年（一六六九）の文書には「鵜遣《うづかい》」が花岡村（岡谷市）の特免の漁として出てくる。宝暦六年（一七五六）に書かれた『諏訪かのこ』によれば、当時の諏訪湖の鵜飼は縄で鵜を繋がないで放したままにして行っていたようである。鎌倉時代の鯉馳も鵜飼が前提になっているともいえる。現在では鵜飼というと長良川が有名であるが、近世以前には諏訪湖でも鵜飼がなされていたのである。

2 農業

富士山麓の野菜

中世における日本農業の中心は水稲耕作で、甲斐や信濃においても変わりがなかった。このことを前提にした上で、戦国時代の農業について山国甲斐の代表として富士山北麓を取り上げる。

『勝山記』に記載されている農作物をまとめると、次のようになる。

穀物—（米）、小麦、大麦、粟、そば、稗
豆類—大豆、小豆
野菜—夕顔、茄子《なす》、鶯菜《うぐいすな》、（里芋）
澱粉—蕨粉（飢饉時を中心に山野で採取）
その他—麻

買い物―塩、芋のから

野菜としては、芋・菜・鶯菜（地域における菜の代表が鶯菜であろう）・夕顔・茄子が姿を見せる。ビタミン補給のために生野菜が必要である、現在のように他所から運んでくることが難しいので、地元で作られていたものが用いられていた。

『勝山記』の世界でもある富士吉田市下吉田にある下宮（富士山下宮小室浅間神社）で正月十五日に行われる筒粥《つつがゆ》神事では、「夕顔、かいこ《（蚕）》、大麦、小麦、麻、稲、おくて《（晩稲）》、きび《（黍）》、粟、おくて、小豆、ひゑ《（稗）》、おくて、大豆、おくて、いも《（芋）》、そば《（蕎麦）》、な《（菜）》」、それに甲州、信州、駿州、相州、武州の道者が占われる。

同じく富士河口湖町にある河口浅間神社で正月十四日に行われる「富士山北口本宮滴森浅間社御筒粥」では、「夕顔、芋、大麦、小麦、麻、簀、大根、早大豆、晩、早粟、晩、早稗、晩、小豆、大角豆、黍、蕎麦、早稲、中稲、晩稲、蚕、東国、西国、南国、北国、木実、木綿、世中」が御師によって占われる。

さらに、大月市の赤谷・白山両社管粥神事では、「夕面（夕顔のことだろう）、晩栗、鶯菜、早稗、春風、晩稗、春霜、早大豆、雹、晩大豆、桑、早小豆、蚕、晩小豆、早麦、蕎麦、晩麦、大根、早小麦、畑草、晩小麦、荏、十六、芋、天角豆、菁菜、茄子、水、夏世中、雨、秋世中、風、早稲、麻、晩稲、旱、早粟、黍、もろこし、秋蚕、夏蚕」が占われる。こうした占に名を見せる野菜は、起源の古いものがほとんどで、『勝山記』の記載とも重なり、戦国時代には栽培されていたと思われる。

里芋

『勝山記』には、芋に関係する記載が次のように見られる。

里芋の葉

永正十二年（一五一五）十月十二日の夜より雪が降り、大雨と雪が一緒になって降った。このために大地が思いの外に凍ってしまい、芋を掘り上げることもできず、菜なども一本も取る間もなかったため、菜も無駄に捨ててしまった。芋もこのような状況だったので、予期した以上の言葉では言い尽くせないほどの飢饉となった。

永正十六年（一五一九）には冬より駿河の富士郡へ往還して、芋のから（芋茎《ずいき》、サトイモやハスイモの葉柄）を買ってきて食べた。

天文二十三年（一五五四）の冬にはあまりに暖気だったので、芋が生えてしまうことが限りなかった。そこで芋を貯蔵している穴から取り出して、一両日冷ましてからまた穴に入れた。

弘治三年（一五五七）十二月には日照りがあり、芋がことごとく焼け枯れてしまった。

永禄元年（一五五八）八月五日に大風が吹いた。秋の収穫は栗がいつもの半分、同じく芋も半分のできだった。

平安時代の辞書である『倭名類聚抄《わみょうるいじゅうしょう》』を文政十年（一八二七）に狩谷棭斎《かりやえきさい》が校訂した『箋注《せんちゅう》和名類聚抄』に、芋は「以倍乃伊毛」（イヘノイモ）、薯蕷は「夜万乃伊毛」（ヤマノイモ）とある。慶長二年（一五九七）に平井易林《ひらいえきりん》が刊行した『易林節用』には薯蕷に山、芋に家とあり、一般に里芋に「芋」の字を用い、やまいもに「薯蕷」の字を用いていた。

永正十六年に芋のからを買ってきているという記載もあるので、『勝山記』に見える芋は里芋のことであろう。

山梨県東八代郡五成村（笛吹市）に生まれた俳人飯田蛇笏《いいだだこつ》は、大正三年（一九一四）に「芋の露連山影を正しうす」（『山廬集』所収）と詠んだ。里芋の露と連山、まさに甲府盆地の雄大な情景が見事に歌い込まれている。戦国時代にもこのような光景が広がっていたことであろう。

木曽の風景（木曽郡木曽町）

木曽谷の農業

葛城ゆきが歌った「木曽は山の中」（作詞作曲・松田篝、編曲・福井峻）が発売された昭和四十九年（一九七四）、私は長野県の南部にある阿南高校で教員をしていた。この高校のある場所とよく似ていたことと、木曽出身の同僚がよく言っていたこともあって、歌詞の「木曽は山の中です　誰も来やしません」という言葉が印象に残っている。「木曽は山の中です」ということは、信州や甲斐の特徴の一つともいえよう。そこで、この地域の農業について触れてみたい。

木曽は木曽川の谷間に位置し、標高も高いため水田はわずかだった。文亀元年（一五〇一）十一月の定勝寺（大桑村）の寺領を見ると、「田六十苅」や「山林麓切起田畑一町二反也」といった記載が見られ、少ないながら木曽谷でも水田が開かれ、米が作られていたことがわかる。

永禄七年（一五六四）二月二十一日、臼田勝興は木曽定勝寺に「御百姓中畠の山手の代百文」（定勝寺文書）を寄進した。木曽谷の農業では水田より畑の持つ意味が大きかったと推察される。

天正四年（一五七六）八月二十七日、三尾将監は木曽定勝寺に寺役勤仕の請文を出したが、その中には「伐畠《きりばた》桑の窪」（定勝寺文書）とある。ここに見える「伐畠」とは焼畑のことである。木曽では近年まで焼畑が見られたが、この農法は戦国時代にも広く行われていたのである。

それでは、戦国時代の木曽谷ではどのような作物が作られていたのであろうか。当然ながら水田がある以上、稲は作られていた。

天正十二年（一五八四）二月二十六日に木曽義昌が千村孫八郎に宛てた宛行状に、「大豆二斗六升扶持せしめ候」（大屋家文書）と見え、大豆が王滝（王滝村）で作られていたことが知られる。大豆は植物性の良質な蛋白質を提供し、信州といえば出てくる味噌の原料となるほか、馬の飼料としても重要な作物である。

このほか史料は残っていないが、焼畑で作られることの多い黍や粟、近世まできわめて重要な意味を持っていた里芋、大豆に代表されるような豆類、大根、さらには日常の野菜など、現在と同様にある程度の農業がなされていたものと考えられる。しかし、これらはせいぜい自家用という程度であったろう。

第八章　食糧増産と転回する生産

戦国の争乱が起きた原因の一つは季候異常による食糧難であった。人々はたとえ他から奪ってでも食糧を確保しなければならなかった。しかしながら、戦うだけでは根本的な解決にならない。争いを回避して人口を維持し、増加させるために食糧の確保がどうしても必要である。戦国時代から近世にかけて日本全体で新田開発がなされたのは、その解決策であったといえよう。もう一つ注目したいのは木綿による衣類革命であった。寒い時期に温かい衣類は熱望されるので、木綿がこの時期に国産化されたことは大きな意義がある。本章では主として新田開発と木綿生産について見ていきたい。

1　治水と新田開発

治水技術者

武田信玄が行った施策で最も有名なのは、信玄堤の築堤である。信玄が釜無川《かまなしがわ》沿岸に構築した堤防とされる信玄堤は、山梨県甲斐市にあるものが有名である。南流してきた釜無川は西から東へと急激に下る御勅使川《みだいがわ》を合流すると、その圧力を受けて東に流れ、大雨の度に甲府盆地西部に水害をもたらした。信玄は天文十一年（一五四二）頃から治水工事に着手し、石積出《いしつみだし》によって御勅使川の流れを北に向け、将棋頭《しょうぎがしら》という圭角の石堤を築いて御勅使川の水流を二分し、本流を釜無川浸食崖の高岩（赤岩）にあたらせ、十六石《じゅうろくいし》という巨石で水勢を減殺した。また、釜無川の左岸には雁行状に配列した霞堤《かすみてい》を設け、大水の時には堤防から水が溢れ、出水が治まると再び水が川に戻るようにした。以上が通説としての信玄堤理解である。

武田信玄が治水に着手されるまで地域住民は水害に対処していなかったのであろうか。御勅使川と釜無川の合流点で頻繁に水害が起こっていたのなら、そのような場所に人は住み着かないはずである。逆に人が住んでいたのなら、何らかの形で水害に対抗する手段を持たざるを得なかった。

信玄が築いたという石積出（南アルプス市）

甲府市にある『一蓮寺《いちれんじ》過去帳』によれば、大永八年（一五二八）五月二日に「川除《かわよけ》」の妙観禅門が亡くなっている。慶長十八年（一六一三）には川除与惣左衛門尉と呼ばれた人物が世を去った。慶長十九年極月二十五日には川除市丞《いちのじょう》子息、慶長十九年十一月二十五日には川除村住人、寛永二年（一六二五）八月十四日には川除市丞が死亡した。

戦国時代、江戸時代を通じて甲斐に川除という地名は知られておらず、この川除は職業を示し、水害に対応するための堤防を造る職人のことであろう。妙観禅門が死亡した大永八年といえば信玄は八歳、父の信虎が諏訪頼満と戦いを繰り広げていた頃で、信玄の登場以前から治水を専門にしていた職人が存在したことは確実である。

甲斐は周囲を高山に囲まれた山の国であり、そこから急流が流れ出る川の国である。それゆえに連年水害があり、対応する技術が地域の中から生まれ、地域住民が技術を蓄積するだけでなく、専門家が存在していたのである。彼らが存在したからこそ、武田信玄も治水が可能だったわけで、信玄が無から有を生み出したのではない。

信玄堤

戦国時代の治水として必ず取り上げられる信玄堤について、まずは通説的な理解から確認しておきたい。その特徴は、江戸時代に書かれた甲斐の地誌である『甲斐国志』に「皆雁行ニ差次シテ重複セリ」と記述されているように、河川に沿って築かれた雁行形に堤防が所々で切断された、不連続の堤防（霞堤）にある。

霞堤では洪水の時に堤防の切れ目から水が河川の外へ流れ出る。しかし、堤防が切れてそこから直接に水が流出するのと違って、いわば間接的に水が溢れるので水の勢いが弱く、人家や田畑の流出は免れる。現在の連続した堤防だと、いったん堤防が切れ、そこから洪水の水が流れ出ると、切れた場所以外には河川に戻る道がないので、流出した水は元の河川に還ることができない。不連続堤だと洪水がおさまると、流れ出ていた水は再び堤防の切れ目から元の河川に還ることができ、洪水の水は早く引く。このような工法が取られたのは、甲府盆地が南部で低くなっていて、川の流れが最終的に富士川に流れ込む地形のため流出した水が本流に還るという自然条件を、治水施行者が熟知していたからである。

竜王に信玄堤が築かれたのは、南アルプスの一部をなす巨摩山地から東へと激流になって流れる御勅使川が北から南へと流れている釜無川が合流する地点に位置したからである。南アルプスから一気に盆地中央に向かって流れてくる御勅使川は、普段はほとんど水のない川であるが、いったん大雨になると激流となって駆け下った。西から大きな圧力を受けたため釜無川も東に流れ、洪水時に甲府盆地に多大な被害を及ぼした。

洪水への対処法の一つは御勅使川の流れの勢いを弱めるもので、上流の駒場有野（南アルプス市）で石積出を築き、流れをやや北側に向け、竜王の赤巌《あかいわ》（一名高岩）にぶつけようとした。大きな岩で流水を受け止めることで、洪水が直接甲府に向かわせないようにしたのである。同時に六科村《むじな》（南アルプス市）の西の方に石を用いて圭角の堤塘《ていとう》（その形から将棋頭と呼ばれる）を築き、水勢を二分した。そして、別れた流れの一つが釜無川と合流する場所には八大竜王石（十六石三つ石など）と呼ばれる大きな石を並べて、水勢を削いだうえで、釜無川と合流させた。さらに、赤巌の場所に一の出し堤千間余を築き、下流に雁行形の信玄堤を築いていった。以上が、通説として説明される信玄堤である。

寛政六年（一七九四）の跋を持つ大石久敬《おおいしひさたか》の『地方凡例録《じかたはんれいろく》』は、砂石川に用いる川除の棚牛という工法が甲州釜無川・笛吹川・駿州富士川・安倍川・由井川・遠州天竜川などで用いられている。元来、棚牛・大聖牛・尺木牛・棚木牛・菱牛・尺木などは甲州で古来から用いられてきたもので、信玄が工夫した川除だと伝えられているが、享保年中（一七一六～三六）以前は甲斐以外であまり用いられていなかったなどと書いている。この本が書かれたのは信玄が死んでから二百年以上も経ってからのことなので、事実かどうかははっきりしないが、棚牛や聖牛といった工法が近世に急流の石や砂の多い川で用いられ、江戸時代に信玄が工夫したとして理解されていたのである。

現存する堤防に関係して武田家が出した文書のうち現存する最古が次に掲げるもので、これが信玄が信玄堤を築いた根拠とされてきた。

信玄堤の根拠文書

○（竜朱印）
龍王《りゅうおう》の川除《かわよけ》において、家を作り居住せしめば、棟別役《むなべつやく》一切免許すべきものなり、仍って件の如し、
永禄三庚申
八月二日
（保坂家文書）

竜王（甲斐市）の堤の上に家を造って居住した者に、家ごとにかかる役割や税金を一切免除するという内容である。文面から永禄三年（一五六〇）に竜王に堤防が存在したことはわかるが、それを信玄が造ったという証明はできない。この文書の主たる目的は甲府と諏訪とを結ぶ街道（後の甲州街道の一部）に竜王宿を作るため、居住者を集めようとするところにあって、堤防を造らせたものではない。ちなみに、永禄八年卯月晦日に武田家は、棟別銭免許の家を確認している。

信玄が堤を築かせた根拠として挙げられてきた、他の文書も挙げよう。

○（竜朱印）
八幡《やはた》・篠原《しのはら》・徳行《とくぎょう》・西条・万歳《まんざい》・石田両郷・高畠《たかばたけ》・西飯田・大下条・中下条・上条・金竹《かねたけ》・牛句《うしく》・天狗沢《てんぐざわ》・保坂惣郷

右の郷中の人足を以て、当水を退かせるべきものなり、仍って件の如し

（永禄六年）亥

七月六日

（保坂家文書）

これと同文で、大垈《おおぬた》村・団子《だんご》新居《あらい》・大久保村・菖蒲沢《しょうぶざわ》・長窪村・上今井村・三ツ沢村・宮窪村・柳平《やなぎだいら》村に宛てた文書もある。

信玄は村々から人足を出させ、このたびの洪水の水を引かせるよう命令しているが、指示がなかったら村々が水を引かせる努力をしないとは考え難い。人足を出す村々は水害常襲地なので、住民が水害に対応しなければ生活が成り立たない。この文書は防災の経験を持ち、地域的につながりができている住民に、洪水にあったから水を引かせる努力をせよと命令したものである。水害に対応する組織は既に地域の中にできあがっており、それを利用したにすぎない。信玄から費用が出され、他地域から人を集めて水害対応をしたわけでもなく、ましてやこれをもって信玄が信玄堤を構築させたという根拠にできない。

年未詳六月二十九日には武田家が竜王御川除水下の郷に対し、堤が流されたので人夫を催して川除を修復するように命じた。堤防修築の命令をしているが、これも対象は水下の郷であって、資金などが武田家より出された形跡はない。

もう一点、信玄の治水を伝えるとして提示されるのが次である。

定

牛句郷　　中下条郷　　下方郷　　大下条郷　　天狗沢郷　　宮地郷

以上

上条の堰破損候間、右の郷中談合致し、再興せしむべきの旨、御下知候ものなり、仍って件の如し

元亀三年壬申

三月二十六日〇（竜朱印）　跡部《あとべ》美作守（勝忠）これをうけたまわる

（石原家文書）

上条（甲斐市）の堰が破損したので、ここに書かれた郷中で相談して、堤防を再建するようにとの命令である。用水堰が壊れた地域の住民は、破損を放置したならば、稲作ができなくなるので、堤防を再建するはずである。また文面では郷中で相談してとあり、その資金を武田家が出すともいっていない。この文書は信玄堤とは関係のない、用水堰の修復に関係したものである。

天正五年（一五七七）七月十二日に武田家は長谷部二郎左衛門尉に川除用の竹を進上するよう命じた。治水をするには蛇籠や聖牛造りなどで大量の竹や木材を要した。治水の背後には林産資源があり、それを伐採する技術者があり、さらに治水の専門家である川除が存在したのである。

天正十一年（一五八三）六月十七日、徳川家は河野但馬守に竜王川除の境を決め、竹木を生やすように命じた。洪水に耐えられるように堤防へ竹木を植えさせた。竹などが根を張ることによって堤防の強度が増すと判断したのである。

振り返って、信玄堤の通説は事実なのだろうか。武田氏館跡を見る限り彼の時代にいわゆる石垣の技

術はなく、巨石を配置しての治水に疑問が生じる。信玄が信玄堤を築いたのは天文十年の大水害に対処するためで、始めたのは天文十一年とされるが、治水の開始や終了を示す史料は一点も残っていない。それどころか、信玄の堤防造りの行動を裏付ける材料もないのである。

もし川の流れが甲府の方に向かっていたのを南の方へ変えたとすると、河原ではない所有者のいる土地で新たに河道を造らなければならない。信玄は持ち主から土地を取り上げて、新川を掘り下げねばならないが、簡単に他人が持っている土地を取り上げるほど強大な権力ではなかった。また、掘り上げた土はいかに処分したのか。堤防は土だけで築くわけでなく膨大な木や石が必要だったが、その準備をどんなふうに行ったのかについてもまったく史料が残っていない。信玄が住んだ館でさえも二〇〇メートル四方で堀をめぐらしたにすぎないのに、数十キロにわたって新たに川底を掘ったり、堤防を構築することができたのか、はなはだ疑問である。

おそらく信玄は新たに流路を設けたのではなく、既に存在した流路の一つを利用しながら、これまでに構築されてきた堤防を大規模につなげたり、修復していったのではないだろうか。しかし、信玄の時期にされたといわれることが重要で、治水上の転換期が彼の時代に合ったのであろう。

各地の治水

治水は甲斐だけで行われていたわけではなかった。信州における信玄の治水を伝えるのは次の史料である。

定（武田氏の竜朱印）

小河・牛牧両郷水損に及ぶの由に候、早く郷中の人足を集め、川除の普請厳密に相勤べきの旨、御下知有るものなり。よって件のごとし。
永禄十二年己巳　跡部大炊助これをうけたまわる
六月二十一日
小河郷
牛牧郷
（湯沢家文書）

文書の内容は、小河郷（下伊那郡喬木村）と牛牧郷（下伊那郡高森町）の両郷に対して、「小河・牛牧の両郷が水害を受けたと聞いたので、早く郷中の人足を召し集めて、堤防の普請を厳密に勤めるようにと、武田信玄様から命令があった」と、跡部勝資が信玄の意を承って伝えたものである。

文書で命令をしているのは武田家であるが、実際に治水の普請を行っているのは二つの郷の百姓であり、武田家が特別な技術や職人などを提供しているとは言えない。この二つの郷は、この時に初めて水害を受けたのではなく、これより以前にもたびたび水害の経験があり、それに対処する方法を知っていたと思われる。武田氏は経験を前提にして自分たちで治水をしろと命じているだけである。

小川郷・牛牧郷に川除の普請を命じた最大の意義は何処にあるのだろう。この二つの郷およびその付近が、武田氏が直接支配していた御料所とは限らないという点である。つまり、武田氏以前の信濃の領主ならば、自分の直接的に支配している場所以外においては治水をできなかったが、武田氏は直接支配していない場所にまで手を延ばして治水をしたのである。前述の竜王にある信玄堤はその広さと、工事の規模からして、武田家氏の御料所内にのみ工事が行われたとは到底考えられない。治水工事の場所は領主の領地の枠を越えていたであろうし、工事のために動員された人々も普請役として領域を越えて賦課された。

治水は狭い範囲にだけ行っても効果がなく、流域全体を見通して、広域にわたって行った場合に効力を持ちうる。そのためには、狭い範囲の領主の上に立って、均一的な施策を行い、多くの人間や技術者を動員できるような権力が必要であった。武田家はまさしくそのような役割を負ったのである。

しかし、このような治水は武田家だけが行ったわけではなかった。

『勝山記』によれば、永禄二年(一五五九)二月に祝師衆だけに対して信州での番手を許し、また谷村(都留市)の屋敷普請、同じくつぼの木、またさいかち公事などをも免除して、その代わりに宮の川除をさせた。その上、小山田弥三郎(信有)の御意をもって、宮林の木を祝師衆の意のままにさせて、小林尾張が奉行になって伐り、枠を建てた。これに対して、小林和泉が宮林を伐らせてはいけないと二、三度強く申し出たが、祝師衆は皆々言うことを聞かず、必要なだけ木を伐って宮の川除をした。郡内の領主小山田氏も治水のために動いていたのである。

天正八年(一五八〇)三月九日、穴山信君は次のような文書を出した。

山之神村水損により、その方手前の人足、百姓役の用所、普請等を免許せしめ候、いよいよ川除の儀由断無く再興あるべき者也、仍って件のごとし、

天正八年辰、

三月九日　信君(花押)

河西五郎右衛門尉殿
窪田兵部右衛門尉殿
三井右近尉殿

天正八年に山之神村（中央市）は水害に見舞われたのである。河内を領していた穴山信君は宛名の者たちの領する地域の人足や百姓役を免除するので、その代わりに今回壊れた堤防を修復せよと命じたのである。

ちなみに、年未詳の三月九日、信君の子の勝千代は、水野平太夫・横山喜四郎に内房郷中の人足を使って川除をするように命じた。

水の管理と新田開発

永正十四年（一五一七）四月三日に武田信虎は一蓮寺（一条道場、甲府市）に成島《なるしま》（中央市）・乙黒《おとぐろ》（甲府市）両郷の水代徴収を承認した。

『妙法寺記』によれば、弘治三年（一五五七）十月に川除普請のために宮林の木を伐ったところ、下吉田百余人から質物を一兵衛が取るという事件があった。ここでは地域の領主が治水をしているが、地域全体のためになる治水であればいざこざは起こらないはずで、具体的には彼の領地に水を引くための用水路工事であろう。

永禄九年（一五六六）十月二十九日に穴山信友は芦沢九郎左衛門に川流れ地の貢租を決め、来年より花輪新開前とした。

元亀三年（一五七二）五月二十日、穴山信君は円蔵院（南部町）に寺領を安堵したが、その中に信友開発の新地と見え、この頃新田開発が行われていた。

天正八年（一五八〇）十二月十一日、武田家は高橋勘解由左衛門へ対し、彼が知行する信州富部《とんべ》（下諏訪町）の内において、荒野を開発した地がある場合には、向後の奉公の忠節によってその地を与えると文書を出した。ここでも荒野の開発がなされていたのである。

文禄二年（一五九三）十二月七日、豊臣秀吉は真田信幸の伏見城普請役を免除し、国において下々の知行方開鑿に精を入れるようにと開発に努めさせた。

八ヶ岳山麓の中新田（原山新田、諏訪郡原村）は青柳金山の廃鉱後に、そこで働いていた人たちが移ってきて開発したと伝えられるが、諏訪頼水より中新田の開発免許状が出たのは慶長十五年（一六一〇）であった。八ヶ岳山麓も戦国時代から近世初頭にかけて新田開発がなされていたのである。ちなみに佐久市甲にある五郎兵衛新田を開発した市川五郎兵衛は武田家の家臣であったが、武田家滅亡後に砥石山経営をし、寛永三年（一六二六）に新田開発に着手した。彼も金山に関係していた可能性が高い。

戦国時代から、近世初頭にかけて甲斐や信濃でも新田開発が盛んに行われていた。これは気候異常による食糧難に対応するための手段の一つであった。

2 木綿の生産

麻

現代人は様々な材質の衣類を身にまとって生活しているが、戦国時代まで最も一般的な布は麻布だった。

正徳二年（一七一二）にできた『和漢三才図会《わかんさんさいずえ》』では、信濃国土産《みやげ》に木曽の麻衣、また寛永十五年（一六三八）の序をもつ『毛吹草』では、信濃の名産として白苧《しろそ》と木曽の麻衣を挙げており、戦国時代にも麻布は多く生産されていた。

木曽は昔から麻衣織が盛んで、特に開田村は雪がたくさん降ることによって、雪の上にさらして凍らすことにより白さが一層増し良い麻になった。

一方、甲斐では天文十六年（一五四七）二月十七日、後奈良天皇が武田信玄に宛てて、「三条公頼《きんより》の家領である青苧白苧役が近年無沙汰になっているので、先規のように甲信両国在々所々に堅く申し付けよ」と綸旨を出している。甲斐でも麻がたくさん生産されていたのである。

『勝山記』には、永禄二年（一五五九）四月十五日に大きな雹が降り麻が打ち折れたとあり、繊維を作るための麻が栽培されていたことがわかる。

戦国時代には日本でも木綿が作られるようになったが、日常的な繊維として麻は依然として重要であった。富士北麓地方の寒い気候では木綿は作られず、麻が栽培されていた。当然女性たちは自ら麻を紡ぎ、布を織って、着物を縫っていたのである。

木綿

『毛吹草』には諸国から出る名物が記されているが、甲斐では柳下《やなぎした》木綿が出ている。この名産の出発点は戦国時代にあった。

永禄八年（一五六五）四月四日に、市川家光《いちかわいえみつ》は富士御室浅間神社（南都留郡富士河口湖町）の小佐野越後守へ禄物《ろくもつ》（禄として与えられる布帛または金銭）を書き立てて送ったが、その中に「木綿」二十反が出てくる。国内で木綿が生産されるまで、木綿は朝鮮などからの輸入品で高価なものであった。甲斐でこうした記載が見られるようになるのは、木綿が一般化してきたからであろう。

永禄十年（一五六七）十月十三日に武田信玄は分国中に軍役条目を定めたが、その第一条には「おのおのの衣装、永禄十年丁卯十月よりこれを始め、一切布衣・紙子・紬・平絹・加賀染たるべし、もし望む者あらば、嶋物を赦すの事」、第三条には「双紋の袴・片衣を着るべからず、木綿袴たるべきの事」、第四条には「袷の儀は、木綿・平絹たるべし、但し望みにより片色を着るべきの事」（「諸州古文書」のち三州古文書）などとあり、広く木綿が用いられている状況を伝えている。

永禄十一年以前の十一月十日に穴山信君は金丸平八郎に、「それがし扶助《ふじょ》の他国の者、中郡《なかごおり》において切符《きっぷ》出し候、百姓木綿をもって立ち用いるのところ、鰍沢《かじかざわ》（南巨摩郡鰍沢町）において取られ候」（『甲斐国志』）、これをなんとか通してほしいと書状を書いた。百姓たちが生産した木綿を購入する他国商人が存在したのである。

天正元年（一五七三）八月二十七日、武田家は友野宗善に連雀（木製の枠形の背負い道具を背負って行商した商人）・木綿の役等の御代官を申し付けており、相当多くの木綿が商品化されていたことがわかる。

天正二年（一五七四）二月十日から始まった定勝寺の仏殿の修理に当たって、大工の作料の中には木綿一端（反）が見られる。以前は輸入品であって高価な木綿が、日本でも作られるようになるなかで、このように木曽でもごく普通に用いられるようになったものであろう。

天正三年三月十四日、武田勝頼は信濃佐久郡の市川豊後守へ、麻・綿・布・木綿・塩・肴《さかな》といった類その他の荷物を一月に三疋分、諸関所を相違なく通過させるようにとの過所を与えた。市川氏が運んだ物資の中に麻と木綿が出てくるのである。

天正四年六月二十八日、武田氏は甲府の八日市場に宛てて伝馬の定書を出したが、その八条目に「綿ならびに麻布は、内藤源三・日貝惣左衛門尉手形にあらずば、町において商売を禁ずべきのこと」（坂田家文書）とある。綿も麻布も甲府の町で流通していたのである。

天正十三年二月一日に、神祇管領卜部《うらべ》兼治《かねはる》は信濃の、伴野清次に四組木綿手繦《てっこう》の着用を許した。

このように、十五世紀の半ばまでには甲斐においても広く木綿の生産が行われるようになり、人々の生活を変えていった。信濃でも広く木綿が用いられるようになっていた。特に、気候の寒かったこの時代においては、麻よりはるかに保温性の高い木綿が多くの人の体を温めたことであろう。人々は気候変化の中で、それに対応するすべを得ていったともいえよう。

参考文献

史料集

『山梨県史　資料編』四巻～一三巻（山梨県・一九九五～二〇〇九年）
　＊山梨県の中世・近世史を研究する基礎となる史料集である。
柴辻俊六・黒田基樹編『戦国遺文　武田氏編』全六巻（東京堂出版・二〇〇二～〇六年）
佐藤八郎他校訂『甲斐国志』五冊（雄山閣・一九六八年）
信濃史料刊行会編『信濃史料』第一～第三二巻（信濃史料刊行会・一九五六～六九年）
　＊古い本であるが、長野県の歴史の基本史料集である。
信濃史料刊行会編『新編　信濃史料叢書』第一～二四巻（信濃史料刊行会・一九六九～七九年）
　＊長野県に関わる記録がまとめられている。
上越市史編纂委員会『上越市史　別編』一～二（上越市・二〇〇三～〇四年）
新潟県編『新潟県史資料編』中世一～中世三（新潟県・一九八二～八四年）
高橋義彦『越佐史料』全六巻（高橋義彦・一九三〇～三一年）
静岡県史編さん委員会『静岡県史　資料編』第七～八巻（静岡県・一九九四～九六年）
群馬県史編纂委員会編『群馬県史』資料編第七巻（群馬県・一九八六年）
磯貝正義・服部治則校注『甲陽軍鑑　戦国史料叢書』全三巻（人物往来社・一九六五～六六年）
酒井憲二編著『甲陽軍鑑大成』全七巻（汲古書院・一九九四～九八年）
清水茂男・服部治則校注『武田史料集』（新人物往来社・一九六七年）
小林計一郎校注『真田史料集』（人物往来社・一九六六年）
杉山博・下山治久編『戦国遺文　後北条氏編』全七巻（東京堂出版・一九八九～二〇〇〇年）

長野県編『長野県史　通史編』第三・四巻（長野県史刊行会・一九八七年）
＊長野県の通史としてよく用いられるものである。
山梨県史編さん室編『山梨県史』第二巻・三巻（山梨県・二〇〇六〜〇八年）
＊山梨県の通史として最も重要である。
群馬県史編さん委員会編『群馬県史　通史編三・中世』（群馬県・一九八九年）

著作

廣瀬広一『武田信玄伝』（紙硯社・一九四三年、歴史図書社より一九六八年復刻）
奥野高広『武田信玄』（吉川弘文館・一九五九年）
なかざわ・しんきち『甲斐武田氏――その社会経済史的考察』上・中・下（甲斐史学会・一九六五〜六六年）
上野晴朗『甲斐武田氏』（新人物往来社・一九七二年）
磯貝正義『定本武田信玄』（新人物往来社・一九七七年）
伊藤富雄『戦国時代の諏訪』（永井企画出版・一九八〇年）
『日本城郭大系　第8巻　長野・山梨』（新人物往来社・一九八〇年）
柴辻俊六『戦国大名領の研究――甲斐武田氏領の展開』（名著出版・一九八一年）
『長野県の中世城館跡――分布調査報告書』（長野県教育委員会・一九八三年）
柴辻俊六編『戦国大名論集10　武田氏の研究』（吉川弘文館・一九八四年）
上野晴朗『武田信玄　城と兵法』（新人物往来社・一九八六年）
柴辻俊六『武田信玄　その生涯と領国経営』（文献出版・一九八七年）
柴辻俊六『戦国大名武田氏領の支配構造』（名著出版・一九九一年）
萩原三雄編『定本山梨県の城』（郷土出版社、一九九一年）
柴辻俊六『戦国期武田氏領の展開』（岩田書院・二〇〇一年）
磯貝正義『甲斐源氏と武田氏』（岩田書院・二〇〇二年）
笹本正治・萩原三雄編『定本・武田信玄――21世紀の戦国大名論』（高志書院・二〇〇二年）

柴辻俊六『武田勝頼』（新人物往来社・二〇〇三年）
鴨川達夫『武田信玄と勝頼』（岩波新書・二〇〇七年）
河内将芳『落日の豊臣政権』（吉川弘文館・二〇一六年）

笹本正治が書いた関連著作

『戦国大名と職人』（吉川弘文館・一九八八年）
『武田氏三代と信濃――信仰と統治の狭間で』（郷土出版社・一九八八年）
『戦国大名武田氏の信濃支配』（名著出版・一九九〇年）
『戦国大名武田氏の研究』（思文閣出版・一九九三年）
『葛尾城を歩く』（長野県埴科郡坂城町教育委員会・一九九三年）
『堀の内中世居館跡をめぐって』（長野県上伊那郡辰野町教育委員会・一九九五年）
『中世的世界から近世的世界へ――場・音・人をめぐって』（岩田書院・一九九三年）
『武田氏と御岳の鐘』（山梨日日新聞社出版局・一九九六年）
『山梨県の武田氏伝説』（山梨日日新聞社・一九九六年）
『長野県の武田信玄伝説』（岩田書院・一九九六年）
『武田信玄――伝説的英雄像からの脱却』（中公新書・一九九七年）
『子供たちと学ぶ妻籠城――戦乱の中の妻籠』（南木曾町博物館・一九九七年）
『川中島合戦は二つあった――父が子に語る信濃の歴史』（信濃毎日新聞社・一九九八年）
『戦国大名の日常生活――信虎・信玄・勝頼』（講談社選書メチエ・二〇〇〇年）
『山に生きる――山村史の多様性を求めて』（岩田書院・二〇〇一年）
＊本書の基礎になっている論文集である。
『戦国大名と信濃の合戦』（一草舎・二〇〇五年）
『武田信玄――芳声天下に伝わり仁道寰中に鳴る』（ミネルヴァ書房・二〇〇五年）
＊武田信玄の評伝で、本書との関係が深い。

『実録　戦国時代の民衆達』（一草舎、二〇〇六年）
『軍師山本勘助――語られた英雄像』（新人物往来社・二〇〇六年）
『善光寺の不思議と伝説――信仰の歴史とその魅力』（一草舎・二〇〇七年）
『天下凶事と水色変化――池の水が血に染まるとき』（高志書院・二〇〇七年）
『中世の音・近世の音――鐘の音の結ぶ世界』（講談社学術文庫・二〇〇八年）
『戦国時代の諏訪信仰――失われた感性・習俗』（新典社新書・二〇〇八年）
『武田信玄と松本平』（一草舎・二〇〇八年）
『真田氏三代――真田は日本一の兵』（ミネルヴァ書房・二〇〇九年）
＊真田氏三代の評伝で、武田家滅亡後の信州の歴史を知るために重要である。
『勇将　村上義清』（信毎書籍出版センター・二〇〇九年）
『修験の里を歩く――北信濃小菅』（高志書院・二〇〇九年）
『武田勝頼――日本にかくれなき弓取』（ミネルヴァ書房・二〇一一年）
＊武田勝頼の評伝で、甲斐・信濃の結びつきを考えるために参考になる。
『武田・上杉・真田氏の合戦』（宮帯出版社・二〇一一年）

あとがき

「はしがき」で述べた甲斐の杣たちの仕事を実感することは長らくできなかった。意識上それが変わったのは平成二十五年（二〇一三）八月十四日であった。

私のふるさと神戸集落は、私が子供の頃から、七軒しかない小さな規模であった。現在では若い人はまったくおらず、限界集落の一つとなっている。八月十四日に富士山の見える墓地で両親の墓参りをしていると、隣の家のご主人が通りかかった。

挨拶の後、「氏神さんにかつて絵馬があったように記憶しているのですが」と話をし、急遽氏神の社殿の中を調査させていただいた。神戸の氏神八雲神社は集落の最も高い位置にあり、墓地ともそれほど離れていない。戸数でも明らかなように氏子の高齢化とともに氏神は維持が難しくなりつつあり、絵馬は社殿の中で絵の部分を下にしてホコリの中に埋まっていた。それを取り上げてみると蛾の糞などによって大変に汚れてはいるものの、慶長年中（一五九六〜一六一五）に作られた絵馬で、八人が描かれ、そのうち上部の二人は夫婦と思われる貴族か領主、その下には武器を持った三人、さらに神主と思われる人物などが描かれていた（口絵参照）。慶長年中に作られたこのような絵馬を見た記憶がなかったので、自分のふるさとにこんなものがあるのかと大変に驚いた。

何よりも心惹かれたのはその板が鋸で挽かれて作られたものではなく、割って板にし、槍鉋で平らにしたもので、左右に荒々しい鋸の跡があったことである。見方を代えると、当時この地域では節目のない、割るだけで板が作れる、良質の木材が得られたのである。

神戸は戦国時代から杣を出していた北山十二ヶ村の一つである。この板は杣たちが上下を鋸で切り、あとは斧か鉈で割って、絵や文字を書くために板面を槍鉋で調整しているようである。今時これだけの素性のよい木を簡単に入手できるだろうかと林産資源の現状を思うと同時に、先祖である杣たちの仕事の一端に触れたと感激した。

汚れのため当日は文面を読むことができなかったが、後日甲斐市教育委員会から提供を受けた赤外線写真により、書かれた文字を次のように読んだ。

奉立願當所八王地御身躰之事
右意趣者所はんしょう（繁盛）寿命長久之
ため也
慶長四年乙亥十月朔日
本願上野善右衛門
同名
弐兵衛

「当所八王子御神体に立願奉るの事。右意趣は、所繁盛、寿命長久のためなり」というのである。神戸の集落は現在、上野、笹本、窪田の三姓のみである。集落の高いところに上野姓が、中間に笹本姓が、下に窪田姓が居住する。絵馬は慶長四年（一五九九）に神戸集落の上野氏が、自分たちの住む集落の繁盛と住民の寿命が長くありますようにと祈ったものであった。四百年以上も前に作られた絵馬が、歴史を超えてひっそりと小さな壊れかかった社殿に伝えられてきたことは奇跡に近い。この絵馬との出合いは、おまえの仕事として山の民の歴史を書かなければいけないと、先祖たちが改めて伝えてくれたかのような感じを受けた。

歴史の中で目立たないもの、当たり前のものは姿を消していく。日本の歴史を支えてきた山の民の活動は、ほとんど顧みられることがなかった。甲斐・信濃の歴史を書く場合も、よその地域の書きぶりとほとんど同じで、主人公が変わるだけのような気がしていたので、山を中心において違った歴史を書いてみたいと思った。しかしながら、筆を執ってみると、やはり書けないというのが実情で、時間ばかりが過ぎ、思うような成果を上げることはできなかった。

この原稿は副学長を務めていた時期、自分が使える少ない時間の中で整えた。海外旅行でも国内旅行でもパソコンを携えて、わずかでも時間があったら画面と対話した。その最終部分の原稿は二〇一四年十二月二十五日から二〇一五年一月三日にかけての旧ユーゴスラビア領の東欧五カ国の観光旅行中にも書いていた。セルビア、モンテネグロ、ボスニア・ヘルツェゴビナ、クロアチア、スロベニアとどこに行っても内戦の傷跡があった。観光した中でも最も美しかった一つが、一九七九年に世界遺産に登録されたアドリア海の真珠とたたえられたドゥブロブニクだった。今は観光に賑わうこの町が一九九一年のユーゴスラビア崩壊に伴う紛争でセルビア・モンテネグロ勢力によって七カ月間包囲され、砲撃により多大な損害を受けたことに改めて衝撃を受けた。

一九九一年に勃発したユーゴスラビア紛争にともなうユーゴ解体の中で、一九九二年三月にボスニア・ヘルツェゴビナは独立を宣言した。ボシュニャク人とクロアチア人が独立を推進したのに対し、セルビア人は反対して分離を目指したため、翌月には軍事衝突に発展し、およそ三年半以上の戦闘で死者二十万人、難民・避難民二百万人が発生した。とりわけ、サラエヴォやモスタルなどでは、まだまだ紛争の跡が残っていた。

ボスニア・ヘルツェゴビナのモスタルにあるスタリ・モスト（古い橋）は、十六世紀に造られたネレトヴァ川に架かる石橋である。この橋は一九九三年十一月にクロアチア系のカトリック民兵によって破壊されたが、二〇〇四年六月に復興工事が完了し、二〇〇五年に世界遺産に登録された。橋のたもとには「一九九三年を忘れるな」と書かれた石が置いてあった。風景が美しいことで有名なプリトヴィッチェでも戦闘はあり、国立公園の中の動物も姿を消したという。

一つの国の中で内戦が起きると、このように多くの歴史遺物などが破壊され、多くの人が死ぬのかと、銃弾の跡を見ながら考えた。同時にひょっとすると戦国時代もこんな時代だったのではないかと胸が痛んだ。戦国時代と今との時間距離は大きい。ゲームなどの影響で戦国大名が大好きな人が増えた。しかしながら、戦国大名の争う時代は、その背後に内戦と同様多くの罪もない人の死があったことを忘れてはならない。テレビゲームなどの影響からか、戦争を遠くから操作できるゲームのような感覚で見、人を殺すこと、人が殺されることの切実感が失せているように感じられてならない。現在も世界各地で紛争が続き、巻き込まれて多くの人々が死んでいる。人類はこの愚行をいつになったらやめることができるのであろうか。このようなことを思いながら、この部分をクロアチアの首都ザグレブから成田空港への接続便の寄港地であるモスクワ空港で書いている。

神戸の上野善兵衛と同二兵衛が祈った地域の繁栄と人々の寿命が長くありますようにとの祈りは、平和でなくてはかなえられない。彼らが絵馬を奉納した翌年に関ヶ原の戦いがなされ、以後日本は二百七十年近く戦争のない時代に入った。武田信玄が信濃侵略の根拠として挙げた戦争のない時代は、ここに叶えられたといえよう。

一日も早く全世界から人が互いに殺し合うことのない日が来ることを祈って擱筆する。

二〇一六年三月一日

笹本正治

関係年表

和暦	西暦	関係事項	一般事項
応永七	一四〇〇	9・24大塔合戦。	
二八	一四二一	12・25将軍足利義持、大納言法印忠意へ信濃国小菅ならびに若槻庄などを安堵。	明、北京に遷都。
応永三二	一四二五	12・29小笠原政康、信濃国守護に補任される。	
永享九	一四三七	8・18村上頼清、上洛して将軍に謁見。	5月飢饉・疫病流行、死者多数。
嘉吉三	一四四三	11・4小笠原長朝、信府林の館で生。	
文安五	一四四八	4月南禅寺仏殿修理用の材木が木曽山から運ばれる。	
宝徳元	一四四九	9・14木曽の岩殿山が豊受大神宮の杣山に定められる。	
康正元	一四五五	5・11武田信守没、信昌が家督を継ぐ。	イギリス、ばら戦争。
長禄三	一四五九	9月村上顕胤、紀伊国高野山蓮華定院を領民の宿坊に定める。	
寛正六	一四六五	2月高梨政高、室町幕府の奉行人伊勢貞親に馬を贈る。6・9幕府、小笠原光康に村上兵部少輔・高梨政高等を討つよう命じる。7・2武田信昌、西保小田野城に跡部景家等を攻め自害させる。	8・15近畿、暴風雨、洪水。
文正元	一四六六	3・5諏訪継満、上社大祝に即位。3・10武田信昌、念場・野辺山で村上政国配下と戦う。11・21諏訪社上社、上原精進初めに白酒を町より取り寄せる。11月幕府、美濃国材木見分の使節を決める。	

応仁 元	一四六七	6・11小笠原氏の京都邸宅が焼失。7・15小笠原政秀、府中に乱入。10・18村上頼清、海野で海野氏幸を敗死させる。12・21足利義政、忠意と同忠雅へ信濃国小菅ならびに若槻庄等六カ所の荘園を与える。	5・26応仁の乱勃発。
二	一四六八	4月諏訪社上社前宮の御柱を立てる日に大町で喧嘩。	
文明 五	一四七三	2月足利義政、小笠原家長に政秀と土岐成頼を討伐を命じる。5・11以前、信濃の諏訪某、細川勝元へ白鷹を贈る。11月小笠原家長・政秀、美濃の大井・荻島両城を攻める。12・25小笠原長朝・貞政、将軍義尚の参内行列に供奉。この年、甲州大飢饉、人々が死ぬこと限りなし。	3・18山名宗全没。
七	一四七五	8月足利義政、小笠原家長に六角高頼への合力を命じる。	
八	一四七六	この年、富士北麓で犬がにわかに石や木または人に咬みついて自滅。	9・14足利義政、大内政弘に東西両軍の和平を図らせる。
九	一四七七	この年、富士北麓で物価が高く、飢饉限りなし。子供の大半が疱瘡に罹り、生き延びた者は千死に一生。信濃勢が甲斐に攻め入る。	11・11応仁・文明の乱終わる。
一〇	一四七八	5・13足利義政、小笠原三家・知久氏・木曽氏に遠山加藤左衛門尉を支援させる。12・28小笠原家長、織田敏定から救援を求められる。	
一一	一四七九	9・5諏訪継満、高遠継宗とともに島田に出兵し小笠原政秀を支援。	アラゴン・カスティリャ合邦してスペイン王国成立。
一二	一四八〇	1・6金刺興春等、上社神原に火を放つ。2・6金刺興春等、諏訪の大町に火を放ち略奪。3・5悪党、諏訪の大町に火を付ける。3・20富士山吉田の鳥居が建つ。7・28小笠原政秀、	2・11幕府、島津忠昌に琉球の入貢を催促させる。モスクワ大公国、自立。

		伊賀良で諏訪継宗を攻める。8・12諏訪継満、政秀とともに小笠原家長を攻める。9・19諏訪継満、上社大祝に立ち直る。9・20小笠原長朝、山家光家を攻める。	
一三	一四八一	4・19諏訪政満、山家光家を助けるため真志野まで軍を進める。4・23諏訪政満、府中の和田城を攻撃。8月小笠原政秀、遠江に出陣して負傷。この年、天下に疫病流行、死者多し。	4・2一条兼良没。11・21一休宗純没。
一四	一四八二	4・17御柱引きの日、諏訪の大町で喧嘩。4・18向嶽寺、疫病流行により大施餓鬼。5・25この日より諏訪大雨、晦日に大洪水、大町・十日市場・安国寺が押し流され、大町が湖となる。6月高遠継宗、藤沢貞親等と争う。7・30諏訪政満、笠原で高遠継宗等と戦って勝利。閏7・25諏訪では翌日にかけて大暴風雨・大洪水、五日市場・十日市場・大町などが大海になる。8・17小笠原長朝、山田城を攻め多く討ち死に。この年、諏訪郡内に夜討ちや物盗りが横行。大風がたびたび吹き作物が駄目になり飢饉、人民多く病死。甲斐で地下一揆。	2・4足利義政、東山山荘の造営を開始。
一五	一四八三	1・8諏訪継満、惣領家の政満等を不意打ちで殺す。1・15継満、干沢城に立て籠る。2・19継満、矢崎政継等の攻撃を受け城を捨てる。2月甲斐の一揆の参加した者が討ち死に。3・19金刺興春、高島城を陥れ、上桑原・武津まで焼き払う。惣領家勢が多くの者を討ち取る。3・21総領家勢、下社を焼き払う。	6・27義政、東山山荘に移る。
一六	一四八四	5・3諏訪継満、小笠原政秀・高遠継宗等の支援で磯並前山に陣取る。5・6継満勢、片山の古城に陣を置く。惣領方を府中の小笠原長朝が救援。12・28法師丸師継（頼満・碧雲	11・3京都に土一揆蜂起。

		斎）が大祝となる。	
一八	一四八六	この年、富士北麓に疫病が流行、千死一生。	7・4遣明船、堺に帰着。
一九	一四八七	この年、富士北麓で疫病、大半の者が死亡。	3・20近畿に大雨。
長享 二	一四八八	この年、富士北麓に大雨がしきりに降り粟が皆損。疫病が流行、人民が死ぬことは数知れず。	ポルトガル人、バルトロメウ＝ディアス、喜望峰に到着。
延徳 元	一四八九	この年、富士北麓に疫病が流行、人民が死ぬこと数知れず。	5・8京都大火。
二	一四九〇	10・15小笠原政秀没、定基が跡を継ぐ。この年、富士北麓は大日照り・大風・大雨、作毛実らず、大飢饉。牛馬も大半が飢え死に、人民の飢え死に限りなし。	1・7足利義政没。
三	一四九一	4・3堀越公方の足利政知没。6・2富士北麓で大雨、在所皆流れる。6・11甲州乱国になり始める（『勝山記』）。この年、富士北麓では大飢饉、牛馬・人民が飢え死に。	8・27足利義材、近江に出陣。
明応 元	一四九二	6・13甲斐は国中大乱。6月甲斐に病風起。7・22武田信縄と弟の油川信恵が市川で合戦。9・3合戦において上條殿と諏訪矢ヶ崎が討ち死に。9・9駿州勢が甲斐に出張。	コロンブス、バハマ諸島に到着。グラナダ陥落（レコンキスタ完了）。
二	一四九三	1・4小笠原政秀、小笠原定基および知久七郎らに急襲されて討ち死に。10・1合戦で工藤藤九郎が討ち死に。この年、甲州もってのほか物騒、惣領たびたび合戦に負ける。	伊勢宗瑞（北条早雲）、堀越の足利茶々丸を攻める。インカ帝国、ワイナ＝カパック王即位
三	一四九四	1・6武田信虎、信縄の長男として誕生。3・26合戦で大蔵太輔等討ち死に。武田信恵方負ける。この年、富士北麓の耕作は二分の実入り。	5・7京都・大和で大地震。
四	一四九五	7・13大風、作物に一つも実が入らず飢饉。8月北条早雲、甲州に打ち入る。	8・15鎌倉大地震。津波で溺死者多数。

	五	一四九六	8・16富士北麓に大水。12・22栗田覚慶没、寛高が一寺を創立、栗田寺をあわせて寛慶寺としたという。	
	七	一四九八	8・8大風・雨、草木が多く折れる。8・20大雨・大風。8・25大地震、日本国中の堂や塔・諸家がことごとく崩れ落ちる。8・28大雨、大風。この年、武田信昌、子の信縄と和睦。	8・25東海地方等で大地震、浜名湖が遠州灘とつながる。ヴァスコ＝ダ＝ガマ、カリカットに到達。
	八	一四九九	1・2甲斐で大地震。明応九年まで続く。6・4前年の地震よりも大きい地震。	この年、諸国飢饉。スイス、神聖ローマ帝国より独立。
	九	一五〇〇	4・20吉田の鳥居建つ。6月導者の富士参詣、限りなし。	7・28京都大火、二万戸焼失。
文亀	元	一五〇一	6月富士北麓で土用の内に大雨、大水で作物はことごとく水になる。3・24斯波義寛、小笠原定基へ遠州鎮定の協力を求める。閏6月尾張国守護の斯波義寛、遠江鎮圧のため小笠原定基と小笠原貞朝に協力を求める。北条早雲、諏訪頼満に協力を求める。8・12小笠原長朝没、貞朝が跡を継ぐ。9・18北条早雲、甲州へ入り吉田の城山・小倉山に城を構える。11月定勝寺の寺領書き上げに「味噌」「醋」「酒」「田」「山林麓切起田畑」等が出る。	イラン、サファヴィー朝成立。
	三	一五〇三	8・30富士北麓に霜、農作物が大打撃。12・17河口湖が凍り始め、翌年三月近くまで融けず。	8月奈良の諸寺、徳政を実施。この年、旱魃により飢饉。
永正	二	一五〇五	6~7月富士山に雪が五度降る。9・16武田信昌没。この年、稗が皆損。大日照りで雨乞い。冬には大雪が四尺、寒いことは言いようもない。河口湖が結氷。大飢饉で人馬が死ぬこと限りなし。	10・10幕府、撰銭令を出す。この年、陸奥飢饉。
	三	一五〇六	9・21北条早雲、戦況を小笠原定基に知らせる。9・27北条	7・15越前で一向一揆蜂起。

四	一五〇七	早雲、重ねて貞基に協力を求める。10月貞基、三河の横林（新城市）へ兵を出す。	
五	一五〇八	2・14武田信縄没。信虎、跡を嗣ぐ。9月小菅神社奥社の宮殿できる。10・4武田信虎、油川信恵・長男信貞・二男の信友を討ち取る。この年、富士北麓では大雨しきり、作毛の出来が悪い。この年の秋作物はことごとく悪い。	2・13和泉堺南荘で千余戸焼失。8・7幕府、撰銭令を出す。
六	一五〇九	秋、甲斐の国中勢、郡内に入る。12・25富士北麓に大雪、四尺（約一・二メートル）にもなり、鹿が多く死ぬ。12月国中勢、下の検断と吉田の要書記を討つ。	2・19山城で土一揆蜂起。イギリス、ヘンリ八世即位。
七	一五一〇	春、信虎、郡内の小山田信有と和睦。	8・8近畿に大地震。
八	一五一一	8月国々に大水、耕作物損。この年、世間に口痺流行、限りなく人民が死ぬ。	8・19諸国で暴風雨。ポルトガル、マラッカを占領。
九	一五一二	この年、世間、大いに詰まる。雨がたびたび降り、河口湖が満ちる。	8・30幕府、撰銭令を出す。
一〇	一五一三	7・24島津貞忠、長尾為景へ草間大炊助が山々から夜交・小島の被官を探し出して捕らえた等と知らせる。この年、高梨氏、北へ勢力を伸ばし中野地域を制圧。世間に麻疹が流行、大半の者が罹る。天下に「たうも」という瘡が流行。	6・27アイヌ蜂起し、蠣崎光広の松前大館を攻略。マキャヴェリ、『君主論』を著す。
一二	一五一五	6・3小笠原長朝没、長棟が跡を継ぐ。10・12富士北麓では大雨・雪、大地が凍り芋や菜などを収穫できず。このため飢饉。10・17信虎、大井信達を上野城に攻めて敗れ、有力武将を失う。	フランス、フランソワ一世即位。ポルトガル、ホルムズを占領。
一三	一五一六	12月駿河勢が籠る吉田城を甲州勢が攻める。	12・20琉球使節、薩摩に来る。

一四	一五一七	4・3武田信虎、一蓮寺に成島・乙黒両郷の水代徴収を承認。12・15雪が四尺五寸以上も降る。鳥獣は皆餓死。この年、前年からの攻撃で甲州勢の先方衆が切り勝ち、吉田自他国一和に定める。	5月諸国洪水。7月諸国で暴雨洪水。ドイツ、マルティン＝ルター、『九十五箇条の論題』を発表。
一五	一五一八	5月駿河と甲州都留郡が和睦。6・1富士山禅定に嵐、導者が十三人死ぬ。	
一六	一五一九	8・15新府中の鍬立始まる。12・20信虎、新たな館へ移る。冬から、富士北麓の人たち駿河富士郡から芋のからを買ってきて食べる。この年、高梨澄頼、将軍足利義稙に馬二疋を贈る。	8・15北条早雲没。
一七	一五二〇	8・13〜17雨が降り続き、作毛すべて駄目になる。	1・12京都に土一揆蜂起。
大永元	一五二一	9月駿河の福島正成、甲斐へ乱入。10・16武田信虎、飯田河原合戦で勝利。11・3晴信（信玄）、要害城山麓の積翠寺で生。11・23信虎、上条河原合戦で駿河勢を破る。	10・19近畿大地震。コルテス、アステカを征服。
二	一五二二	1・3信虎、棟別銭を賦課。この年、信虎、富士山参詣、身延山で受法し甲府に信立寺を開く。富士北麓で作毛が不作、中でも粟が凶作。	イスパニューラ島で黒人奴隷反乱。
三	一五二三	この年、子供たちが疱を病む。「イナスリ」に罹病した者の多くは亡くなる。高梨氏の家人僧、三条西実隆の『伊勢物語』の講談参加、帰国に際して扇面の和歌と短冊を贈られる。	6・13尼子経久、安芸に侵入。
四	一五二四	2・11信虎、猿橋出陣、北条氏の軍と向かい合う。3月信虎、鉢形城の関東管領上杉憲房と対峙。6月信虎、岩槻城を攻める。11月信虎、北条氏綱と和睦。	ドイツ農民戦争。
五	一五二五	3月管領憲房没、憲広が跡を継いだのを機に信虎は管領家と	2・6北条氏綱、武蔵岩槻城

和暦	西暦	事項	一般事項
		和睦。この年、信虎、津久井方面で戦う。信虎、甲府に住居を望んだ「諏訪殿」に屋敷を与える。駿河と甲州はいまだ和睦なし。	の太田資頼を攻略。3・25上杉憲房没。
六	一五二六	6・19将軍足利義晴、関東管領の上杉氏・諏訪上社の大祝・信濃の木曽氏に武田信虎の上洛に協力するよう命じる。7・晦信虎、麓梨木平で北条軍と戦い勝利。	4・14今川氏親、『今川仮名目録』制定。バーブル、ムガル帝国を建国。
七	一五二七	春・夏、大疫流行。この年、甲斐国と駿河国和睦。信虎、伴野氏に頼まれ信州に攻め入る。	
享禄元	一五二八	5・2甲斐の川除妙観禅門が死亡。5・16大雨、十七日に大水が出て田畑ことごとく損。8・22信虎、信濃青柳付近で諏訪頼満・頼隆父子と対陣。8・30信虎、神戸で勝利、国境の堺川で大敗。9・7山梨宮の垂木から血が流れ、十日には四本から流れる。	5・23蠣崎義広、蜂起したアイヌを撃退。
三	一五三〇	4・23小山田信有、八坪坂で北条氏綱と戦い負け、吉田衆が討ち死に。この年、人々が数知れず病気、羅病者はほとんど死亡。	6・12北条氏康、上杉朝興を武蔵小沢原で破る。ドイツ、シュマルカルデン同盟結成。
四	一五三一	1・21飯富氏や栗原氏等、信虎をさげすみ甲府を退いて御岳へ馬を入れる。2・2合戦で大井信業や今井氏の一門戦死。4・12信虎軍、河原辺で信濃勢を破る。この年、少童が疱を病むこと限りなく千死一生。	11・2加賀一向宗大一揆、太田合戦で勝利。
天文元	一五三二	9月信虎、浦城の浦信元を降参させ、「一国御無異」。信虎の甲斐統一なる。	7・17大和の一向一揆、興福寺を焼く。
二	一五三三	3・16上吉田が全焼、上行寺は残る。5・5山城醍醐寺理性院の厳助、文永寺に向かい出立。5〜8月大雨、耕作物穫	インカ帝国滅亡。

		れず。6・15文永寺の宗信に印可を授ける。6・21文永寺で御影供。7・23小笠原長棟、伊那に着陣。7・28小笠原長棟、知久頼元・高遠頼継と戦い勝利。8・23下伊那は大変な寒気。9・21厳助が大阿闍梨となり文永寺本堂で結縁灌頂。この日から二十七日まで市立て。10・3厳助、帰洛のために文永寺を発ち下条に至る。この年、信玄、扇谷上杉氏である上杉朝興の娘と結婚。	
三	一五三四	春、富士北麓では餓死する者が多く、人々が生活に詰まる。6・1〜3富士山に大雪。6・4穴山信友、某を黒桂山・保金山の代官に任命。8月〜翌年4月人々は蕨の根を掘って命を繋ぐ。この年、餓死する者が多く、疫病が多発。	イエズス会設立。イギリス国教会成立。
四	一五三五	6・5信虎、富士川沿いに駿河へ進める。8・19信虎、万沢口で今川氏輝と戦う。8・22北条氏綱父子、今川氏輝の求めに応じて山中湖に攻め入る。小山田軍が負け、勝沼信友は戦死。上吉田が焼ける。8・23下吉田が焼ける。9・17信虎、境川で諏訪社の宝鈴を鳴らして諏訪頼満と和睦。この年、難義な咳病が流行り皆死去。	6・12細川晴元勢、一向一揆を大坂で破る。スペイン、メキシコに副王を置く。
五	一五三六	3・17今川氏輝没、弟の梅岳承芳（今川義元）が跡を継ぐ。4・3小山田信茂、河口番匠の倉沢与五右衛門に棟別銭借用を禁止。5〜7月雨が降り、言語道断に餓死。疫病も流行。この年、武田軍、相模国津久井郡青根郷に攻め入り、足弱を捕らえる。	
六	一五三七	1月暖か。2・2諏訪頼重軍、塩尻に攻め寄せ赤木・吉田の辺まで放火。2月今川義元、信玄の妻に三条公頼の娘を斡旋、	3・7毛利元就、尼子経久方の安芸生田城を攻略。10・3

		信玄の姉を妻とする。下旬北条氏綱、駿河の駿東・富士の二郡を押さえる。信虎、今川氏を救援するため須走口まで出陣。10・13頼重軍、塩尻の城を攻め落とす。10・16雪、近年になく寒く、下吉田の人々は畑の木を伐って燃料にする。この年、疫病が流行。童子たちが疱に罹ること限りなし。餓死する者が多く、売買なし。	三条西実隆没。
七	一五三八	2・21臨済宗寺中壁書が南松院末寺・松岳院・浄光寺衆中に出る。春、人々は皆餓死、詰まること限りなし。5・16北条軍、吉田新宿を夜襲。6月金剛大夫、諏訪社下社で法楽能。10・12駿河の須走氏と八刀氏、上吉田に夜がけ。10・13小笠原長棟、諏訪上社に神鷹二羽を奉納。この年から翌年、大暴風雨や洪水が全国を襲い、穀物が実らず京都周辺でも餓死者。	7・1大内義隆、尊海を朝鮮に派遣して大蔵経を求める。10・7氏綱・足利晴氏、下総国府台で足利義明・里見義堯を破る。オスマン海軍、スペイン・ヴェネツィア・教皇連合艦隊を破り、地中海を制圧。
八	一五三九	6・26小笠原長棟、諏訪頼重と和談。6月宝生大夫、諏訪下社で法楽能。諏訪頼重、巣鷹を上社へ献じる。12・9諏訪頼満没、孫の頼重が跡を継ぐ。この年、富士山導者が下吉田につく。	8・17諸国で大雨、洪水。
九	一五四〇	4月上旬信虎、信州佐久郡臼田・入沢以下十城を落とす。春夏、大疫で人多死ぬ。5月信虎、佐久郡に出兵。5~6月大雨、世の中がさんざん。6・9穴山信友と思われる人物、徳間山作等へ諸役を免除。7・4信虎、市川の矢師に棟役免除。7・10信虎、西之海衆に古関の役免除。7月信虎、諏訪頼重に長窪城を知行させる。8・11富士北麓に大風、大海の端の家など皆波に引かれ、山の家は大木に打ち破られ、堂・寺・	6・6織田信秀、三河安祥城を攻略。8・11諸国大風雨。8・16尼子詮久、大内義隆の大森銀山を攻めて敗れる。メキシコ、チチメカ族大反乱。

		宮はことごとく吹き倒される。一般の家はほとんど倒れる。甲斐の国中地方や信州でも大きな被害。9・1金春大夫、宮で法楽能。12・9頼重、甲府に婿入り。12・17信虎、諏訪を訪れる。	
一〇	一五四一	春、人馬とも餓死で死ぬこと限りなし。5・13信虎、尾山を落とし、翌日は海野平を陥落させる。5月信虎、信玄とともに諏訪頼重や村上義清と連合して信濃国小県郡に出兵。6・14信玄、信虎を駿河に追放。6・18信玄、家督相続の祝儀を行う。	1・13毛利元就・陶隆房らが安芸で尼子詮久を破る。7・19北条氏綱没。11・13尼子経久没。カルヴァン、ジュネーブで神政政治を樹立。
一一	一五四二	1・1穴山信友、下山一之宮と下山二之宮に神田を寄進。2・15小笠原長棟、出家。3・7信玄、渋江右近丞へ河口導者坊を安堵。閏3・15武田家、坂田家に過所を出す。5月「信濃国高井郡小菅山八所権現并元隆寺由来記」できる。7・1武田軍、長峰・田沢あたりに陣取る。7・2高遠頼継の軍、杖突峠を越えて諏訪に侵入、安国寺門前に火をかける。諏訪頼重、桑原城に移る。7・5頼重、和談に応じて開城し、甲府に連行される。7・21頼重、弟の大祝頼高とともに切腹。9・10高遠頼継、武田勢の守る上原城を落とし、上・下両社を支配下に置く。9・11信玄、板垣信方を諏訪に向かわせる。9・19信玄、頼重の遺児寅王を擁して甲府を発つ。9・24信玄、諏訪大明神に戦勝を祈願。この年、人々餓死すること限りなし。	3月但馬生野銀山発見。4・8幕府撰銭令を公布。
一二	一五四三	5・1穴山信友、村田善九郎等に保金山の筋稼ぎを任せる。5月信玄、上原城を修築、板垣信方を諏訪郡代として在城さ	8・25ポルトガル人が種子島に鉄砲を伝える。コペルニク

		せる。7・5穴山信友、湯之奥の佐野縫殿右衛門尉へ竹藪について指示。9・19信玄、大井貞隆を生け捕る。	ス『天球回転論』刊。
一三	一五四四	10・12小山田信有、河口の御師小河原土佐守と同助次郎へ諸役等免許。この年、大麦の出来が悪く、夏には餓死する者が多かった。秋に作物が不出来で人々は限りなく餓死。干し葉で命を繋ぐ。	7・9近畿・東海で大雨・洪水。
一四	一五四五	2・11富士山からの雪代水、吉田へ押し出し人馬を流す。4・15諏訪頼継、信玄に攻められて高遠城を逃亡。6・10信玄、藤沢頼親と和議。6月竜ヶ崎城に陣を置いた小笠原長時と武田軍が戦い、近辺の百姓は山奥に逃げ入る。12・25武田家、渋江右近允へ御蔵銭負担を免除。この年、大久保長安誕生。	8・16今川義元、北条氏康と駿河狐島で戦う。ポトシ銀山、採掘開始。
一五	一五四六	5・14信玄、大井貞清の内山城の主郭以外を奪取。5・20大井貞清、城を明け渡す。8・15小菅神社の桐竹鳳凰文透彫奥社脇立二面が造られる。9・3武田家、河口御師の駒屋に過所を与える。この年、勝頼、諏訪頼重の娘を母として誕生。	4・20北条氏康が河越夜戦で大勝。メキシコ、サカテカス銀山発見。
一六	一五四七	2・17後奈良天皇、信玄に甲信両国の青苧白苧役について綸旨。5月大井貞清、甲府へ出仕。6・1信玄、『甲州法度之次第』制定。	朝鮮、壁書の獄起こる。ロシア、イヴァン四世、ツァーリを称す。
一七	一五四八	2・1信玄、村上義清の坂木に向けて出馬、上田原に陣。2・14信玄、上田原で村上義清軍に惨敗、板垣信方等戦死。4・5村上義清、小笠原氏や仁科氏の軍勢とともに諏訪に乱入。小笠原長時が諏訪下社近辺に放火。4・25村上軍、内山城に放火して過半を焼き、佐久衆が前山城を取り戻す。5・	3・22朝倉孝景没。この年、斎藤道三、織田信秀と和し、娘濃姫を信長に嫁す。

		26小山田信有、吉田の諏訪禰宜に富士山神事の新宮について披露を命じる。6・10長時軍、下社に攻め入り地下人たちに敗退。6・19穴山信友、芦沢宝永へ問屋役所等を安堵。7・10西方衆等が諏訪に乱入。7・19信玄、塩尻峠の合戦で小笠原長時軍を破る。9・11信玄、佐久の前山城を攻めて失地を回復。9・12武田軍、佐久郡の大将たちを打ち破り、無数の男女を生け捕る。10・4信玄、村井城の普請開始。	
一八	一五四九	1・8長坂虎房、高島城に移る。4・14甲斐に巨大地震、明応地震より大。9・1信玄、鷺林に陣取る。9・4信玄、平原城に放火。10・8小笠原長棟没。	11・9今川勢、三河安祥城で織田信広を捕らえ、松平竹千代と交換。倭寇、浙江を侵寇。9月ザビエル、山口で布教。明、アルタン＝ハン、北京を包囲。
一九	一五五〇	春、少童が疱を病み下吉田だけでも五十人ばかり死亡。4・3武田家、濃州の佐藤五郎左衛門尉へ分国内の諸役所免許。6・2武田家、奈良田郷中に商売の諸役免除。6~8月大雨と洪水で被害、人々餓死。7・3小山田信友、望月善左衛門尉に保金山に移ったので新恩を与える。7・15武田軍、イヌイ城を攻め破る。小笠原方の大城等五カ所の城自落。7・19信玄、深志城の鍬立式を行う。7・23深志城の総普請開始。8・10和田城の兵逃亡。9・9信玄、戸石城を攻める。10・1武田軍、戸石崩れで大敗。10月末村上義清、塔ノ原城に陣を張る。	
二〇	一五五一	春、多くの人が飢死。蕨の根を二月から五月まで掘って食べる。5・16真田幸綱（幸隆）、戸石城攻略。10・24武田勢、平瀬城を攻略。10・27武田軍、小岩岳城に放火。12・2穴山信友、下山轆轤師に商役免許。	

二一	一五五二	7・27信玄、小岩岳城攻略のため甲府を発つ。8・1武田軍、小岩岳城攻撃開始。8・12小岩岳城落城。この年、宮内左衛門、吉田の友屋に信玄の御蔵を建てさせる。	1・10上杉憲政が北条氏康に平井城を逐われ越後の長尾景虎（上杉謙信）を頼る。
二二	一五五三	3・30信玄、苅屋原城の近辺に放火。4・2苅屋原城落城。塔ノ原城開城。4・6武田勢の先陣、村上義清の葛尾城の攻略に向かう。4・9葛尾城自落。屋代氏・塩崎氏、信玄へ出仕。4・20武田軍、八幡で越後勢と北信諸士の連合軍に遭遇。4・23義清、葛尾城を奪還。5・晦武田家、西之海衆へ諸役免許。8・1武田軍、和田城を攻め落とす。8・4武田軍、高鳥屋城の籠城衆を全滅させ、内村城も落とす。翌日塩田城も陥落させて義清を追い払う。8・20後奈良天皇、書写した般若心経を諏訪上社に納める。9・1武田勢、八幡で上杉勢を破る。荒砥城自落。9・3上杉勢、青柳へ放火し、翌日会田虚空蔵山城を落とす。武田軍は麻績城・荒砥城に放火。9・17上杉軍、坂木南条へ放火。9・20上杉軍撤退。11・29武田家、金丸宮内丞へ兄鷹進上により田地役等免許。	1・6小笠原長時が長尾景虎を頼る。
二三	一五五四	6月富士参詣の導者がない。7月氏康の娘が今川義元の嫡男である氏真に嫁ぐ。8・7信玄、小笠原信定の鈴岡城を攻め落とす。8・12大風、吉田で真っ直ぐに立っている家なし。8・16信玄、上社神長に祈禱を依頼。9・26信玄、明春に信濃奥郡へ出陣するため大日方主税助に準備させる。9・晦信玄、伊那郡攻略の御礼に三斎山大明神に神領を寄進。12月信玄の娘、北条氏政へ嫁ぐ。冬、暖気で芋が生える。草生は三十年ぶりで良し。	3月北条氏康、今川義元・武田信玄と駿河で戦う。イギリス、メアリ一世、スペイン皇太子フェリペと結婚。

弘治元	一五五五	2・14信玄、八剣社に土地寄進。2月北条高広、謙信に攻められ降伏。3・4月信玄、上社の神鷹・神馬の分配法を定める。3・21信玄、大日向入道・主税助等に感状。3月武田軍、木曽攻撃を開始。柏尾山大善寺の本堂上葺き落慶供養、多くの商人や芸能者が集まる。7・19武田軍、上杉軍と川中島で戦う。9・10信玄、諏訪社上社の神長に戦勝祈願を依頼。9・25信玄、上社に漆田郷内の社領安堵。閏10・15今川義元の調停で武田・上杉両軍が兵を引く。謙信、善光寺大御堂の如来等を越後に持ち帰り、直江津の浜辺に如来堂を建立。11月武田家、鮎沢郷に諸役免許、中に番匠が見える。この年、信玄、旭山城に鉄砲を入れる。	オスマン朝・サファヴィー朝、アマスヤ条約締結。明、倭寇が南京に侵寇。ドイツでアウグスブルクの宗教和議。
二	一五五六	7・23武田家、木こりに恵林寺領・継続院領の竹木を伐採免許。8・2武田家、水科修理亮に善光寺還住の諸役免許。8月真田幸隆、雨飾城を落とす。11・15穴山信友、塩之沢の鈴木四郎左衛門に普請役免許、山作の奉公を命じる。信友、湯之奥の佐野縫殿右衛門尉に山作五間等の役を免許。12・27小山田信有、御師小河原大蔵右衛門尉に諸役免許。	4・20斎藤道三、子義竜と美濃長良川畔で戦い敗死。ムガル帝国、アクバル即位。
三	一五五七	1・28武田家、彦十郎に煙硝や銀を運ぶ通行免許。2・12穴山信友、山作棟梁の大崩の助左衛門尉に棟別役免許。2・25信玄、葛山城を落城させる。4・12謙信軍、高坂の近辺に放火、翌日坂木・岩鼻まで攻める。4・18謙信、山田要害や福島城を攻略。4・21謙信、善光寺へ着陣、旭山城を再興して、武田軍の葛山城と対峙。5・10謙信、元隆寺へ願文。6・11謙信、飯山城に撤退。7・5武田軍、北安曇郡小谷を攻略。	4・3毛利元就が大内義長を自害させる。8・26近畿で大風。明、倭寇の首魁王直、浙江総督胡宗憲に投降。

永禄 元	一五五八	8月武田・上杉両軍、上野原で衝突。10月一兵衛、下吉田の住民が川除普請のために伐った宮林の木を取り上げる。12月富士北麓、日照りで芋がことごとく焼け枯れる。2・20将軍足利義輝、謙信へ書を送り信玄との和睦同意を賞す。3・2武田家、寺尾の彦八に棟別役免除。3・6武田家、会津高橋の郷の大島次郎右衛門尉へ諸役免許。8・5大風、秋の収穫は粟・芋がいつもの半分。9・25善光寺如来、甲府に着。10・3信玄、板垣に善光寺の堂の建設開始。11・11穴山信君、五在家衆十人に檜物師売買の役等免許。12・15信玄、身延山久遠寺に禁制。穴山信君も身延山衆中へ不入を安堵。この年、信玄に守護補任の将軍の御内書がもたらされる。	9・1木下藤吉郎が織田信長に仕官。この年、近畿で旱魃。イギリス、エリザベス一世即位。
二	一五五九	2・16甲斐善光寺で入仏式。2月小山田信有、祝師衆に宮川除をさせる。3・20武田家、「分国商売之諸役免許之分」を出す。3・28信玄、上社九頭井の祭礼再興のため田地を寄進。4・14小山田信有、御師小沢坊に富士参詣の導者が悪銭を持ち込まないように触れさせる。4・15富士北麓に大雹、夕顔・茄子・麻・稗苗・鶯菜がことごとく打ち折れ、大麦は半分になる。4・3謙信、上洛のため春日山城を発つ。4・27謙信、将軍義輝と会見。5・1謙信、正親町天皇に拝謁。5月信玄、松原諏訪社に敵滅亡の願文。この年、疫病流行、人が多く死ぬ。総じて永禄四年まで三年間にわたって疫病流行。	2・2織田信長、上洛して足利義輝に謁見。フランス、イギリス・スペインと和し、イタリア戦争終結。
三	一五六〇	2・2信玄、上社権祝に造営を信濃国中へ催促させる。2・10武田家、都留郡口に桑原家の通行許可。2・20富士北麓に	3~6月近畿旱魃。5・19織田信長が桶狭間で今川義元を

		大雪、鳥や鹿が残りなく獲られる。2・21穴山信友、黒桂の望月善左衛門の犬を殺害することがないよう命じる。3・11信玄、小野七騎に重罪の者や国法を犯した者を隠すことを禁止。8・2武田家、竜王の川除に居住する者に棟別役免許。8・25謙信、信濃のことを飯山城の高梨政頼に任せる。10・17信玄、越中の瑞泉寺執事上田藤左衛門に越後へ侵入させる。12・17信玄、召し漆を命じる。	破る。
四	一五六一	3・2信玄、小野南方および飯沼に普請役を免除。信玄、吉田の諏訪の森の木を伐ることを禁止。3月信玄、謙信が小田原城に迫ったので氏康の要請を容れて援兵を送る。閏3・16謙信、鶴岡八幡宮の社前で関東管領の就任報告と上杉氏の襲名式。6月下旬謙信、越後に戻り、蘆名盛氏・大宝寺義増に援軍を求める。8・29謙信、信濃に出陣。9・10信玄、謙信と八幡原で戦う。10・24仁科盛政、猿屋宝性へ領中勧進をさせる。10・25小山田信有、刑部隼人佐に富士参詣導者の関所通行を認める。11・18武田軍、高田城を落とす。11・20武田軍、国峰城攻撃を開始。11月信玄、上野から武蔵に進み氏康父子と松山城を攻める。12・25信玄、上野一宮貫前神社へ禁制。	1・24三好義長・松永久秀、入京して幕府に出仕。3・7謙信が小田原城を包囲。6・29近畿で大雨・雷。
五	一五六二	3・15謙信、金津新兵衛尉等に越後春日山城・府内および善光寺門前の警備を厳しくさせる。4・15穴山信君、望月藤左衛門尉に川除材木ならびに籠等を出しているとして知行安堵。5・1木曽の定勝寺、仏殿の葺き替えを始める。5月小山田信有、冨士浅間大菩薩に病気平癒の願書。10・2信玄、東	フランスでユグノー戦争が起こる。

		条・寺尾両郷に上社頭役を課す。秋、信玄、上野の箕輪等を荒らす。12月謙信、関東に入る。この年、勝頼、伊那郡代を兼ねて高遠城主となる。	
六	一五六三	1月信玄、武蔵松山城攻めに金掘を利用。4・20謙信、飯山口の備えを厳重にさせる。7・6武田家、八幡他の郷に水を退かせる。9・23伊勢豊受大神宮、正遷宮用木を木曽の御杣で伐る。11・24穴山信君、源三左衛門に番匠のことを下知。11月恵林寺領検地帳ができる。12・24武田家、諸役所中に上野一宮造営の板を通過させる。	1・27毛利元就、安芸佐東銀山を禁裏・幕府御料所に寄進。秋、三河で一向一揆蜂起。明、倭寇を平海衛で破る。倭寇、広東・福建に侵寇。
七	一五六四	1・19信玄、諏訪社上社の権祝に守符等の礼状。2・17信玄、諏訪の薬王寺と慈眼寺に鬮を取らせる。2・21臼田勝興、定勝寺に山手代を寄進。3・18信玄、野尻城を攻略。3・22善光寺本堂棟上げ。4月謙信、野尻城奪回。7・29謙信、善光寺に着。8・1謙信、更級八幡社に信玄の撃滅を祈る願文。8・3謙信、川中島に陣。8・4謙信、佐竹義昭に北条氏康の牽制を依頼。8月下旬信玄、塩崎城に入り謙信と対陣。10・1謙信、飯山城を修築し春日山に帰る。11月勝頼、小野神社に梵鐘寄進。	1・8北条氏康、里見義弘を下総国府台で破る。イタリア、ミケランジェロ没。
八	一五六五	2月信玄、諏訪上社に勝利を祈願。信玄、西上野に出陣し、由良成繁父子に阻まれる。3・27甲斐善光寺の本尊入仏。4・晦武田家、棟別銭免許の家を確認。5・22信玄、安中口に出陣、倉賀野城を攻め落とす。6・26穴山信君、轆轤師に知行を与える。11・13勝頼に信長養女嫁入り。11・1～翌年9月信玄、「信玄十一軸」で諏訪社の神事再興を命じる。そ	5・19将軍足利義輝、三好義継・松永久秀らに殺される。スペイン、フィリピン征服。

		の中に「氷引之網渡銭」「舟役」が見える。	
九	一五六六	閏8・25信玄、吉田信生へ八剣の宮を船役で造宮させる。9・29信玄、箕輪城を手に入れる。10・29穴山信友、芦沢九郎左衛門に川流れ地の貢租を決める。12・11穴山信君、久遠寺へ禁制。	4・3今川氏真、駿河富士大宮に楽市令を出す。11・19毛利元就、尼子義久を出雲国富田城で降伏させる。
一〇	一五六七	3・16穴山信君、鷹打ち惣左衛門尉の恩地を塩津助兵衛に与える。5月信玄、総社城攻略。7・16小山田信茂、小河原土佐守に諸役免除。10・13信玄、分国中に軍役条目を定める。10・19信玄長男の義信没。12・2信玄、大井高政・同満安に箕輪城を守らせる。12・25穴山信君、望月善左衛門尉に黒桂山の分が保に分かれたとして新恩地を与える。	10・10松永久秀、三好三人衆を東大寺で破る。大仏殿炎上。
一一	一五六八	2月信玄、徳川家康と今川分国を東西から攻め取る約束。3月越後の本庄繁長、信玄に味方し兵を挙げる。4・3信玄、栗田鶴寿へ善光寺の条規を出す。4・15勝寺の客殿の葺き替え開始。5・10武田家、仏師原郷の棟別帳を作成。中に巣鷹進上が見える。6・3信玄、大井行頼に出陣を促す。6・24武田家、早川新九郎に御器の役等を安堵。新津三左衛門にも器役を安堵。6・28信玄、府中の大工職人らを徴用。7・10信玄、飯山城を攻めた赤見源七郎へ感状。7月武田軍、飯山城を攻撃して失敗。8・10謙信、飯山に諸将を派遣。9・25小山田信茂、河口番匠勘祖に棟別役免許。10・12小山田信茂、中村与十郎に屋敷や坊中名田等を安堵。10・20謙信、府中を出発、十一月七日から村上本城を攻撃。11・3武田家、平野郷民へ諸役免除。11・27穴山信君、河内諸役所に中山郷へ出	9・26信長、足利義昭を奉じて入京。11・12大村純忠、大村にヤソ会堂を建立。明、宣府総兵官馬芳、タタールを攻撃。

		入りの荷物を通らせる。12・13信玄、駿府に乱入。北条氏政、掛川城へ逃走した氏真救援軍を出す。12・18家康、引馬城を攻略、二十七日から掛川城の氏真を攻める。	
十二	一五六九	1・26氏政、駿河に入り薩埵山に陣。信玄、本陣を久能城に置き、興津城を築いて北条軍に対抗。2・18将軍の甲越和議の御内書が春日山へ届けられる。3・8家康、氏真と単独講和。3月北条氏康、謙信に飯山口に出兵して信玄を牽制するよう求める。謙信、繁長を降伏させる。4・6信玄、佐竹義重に北条と上杉が手を組むことを妨害させる。4・19信玄、穴山信君に江尻城の守備を厳重にさせる。4・24信玄撤兵。5・17家康、氏真のいた掛川城を開城させる。氏真は伊豆戸倉で氏政の庇護を受ける。6・16信玄、古沢新城を攻撃。6・21武田家、小河郷・牛牧郷に川除普請を命じる。6・25信玄、大宮城の攻撃を開始、七月早々に落とす。8・23謙信、飯山等の厳重な警備を命じ、飯山城へ外様衆を入れる。9・10信玄、武蔵鉢形城を囲む。10・1信玄、小田原に迫る。10・6武田軍、三増峠で北条軍と戦い大打撃を与える。11・9信玄、諏訪社に駿河・伊豆両国の併呑と越後の潰乱を祈る。12・6信玄、蒲原城を落とす。	1・10織田信長入京。3・1信長、京都・奈良・天王寺境内に撰銭令を出す。4・8フロイス、織田信長から京都居住を認められる。ビルマ、トゥングー朝、アユタヤを占領。
元亀元	一五七〇	1・4信玄、花沢城を包囲。4・10信玄、駿州山西で義昭へ京着万疋の御料所、一色藤長へ五千疋の所を進上すると約束。4・28謙信、長沼城を攻める。5・14信玄、吉原と沼津で氏政・氏真の連合軍と戦う。8・21穴山信君、佐野七郎兵衛に用材を命じる。8月信玄、韮山城や興国寺城を攻める。9・	6・28信長と家康、近江姉川で浅井長政・朝倉義景を破る。9・12本願寺の顕如、諸国の門徒に檄文を発して信長と戦う。12・14信長と浅井・朝倉、

		6信玄、栗田鶴寿に本領を安堵。10・13小山田信茂、西念寺の造営等の条目を定める。	勅命と義昭の斡旋で和睦。
二	一五七一	1・16信玄、深沢城を落城させる。1月武田軍、深沢城攻めに金掘を使う。2・13武田家、深沢城攻撃に参加した中山の金山衆に籾子を与え、金山衆に印判状を出す。3月武田軍、高天神城を攻撃。4・11武田家、小佐野越後守へ駿河国須走浅間社と岡宮社の社務を命じる。4月武田軍、足助城を攻め落とす。	5・12信長、伊勢長島の一向一揆と戦う。9・12信長が延暦寺を焼き討ち。レパントの海戦。スペイン、マニラを占領。オスマン軍、キプロス島を占領。
三	一五七二	1・14顕如、信玄と勝頼に太刀や黄金等を贈る。閏1月上吉田が今の地に移る。3・20武田家、井出九郎左衛門尉に鷹巣を改めさせる。武田家、上条堰が破損につき堤防を修理させる。4・30武田家、富士北山衆・木剪に材木の伐採を許可。5・20穴山信君、円蔵院の寺領を安堵、中に信友開発の新地と見える。6月板垣信安、冨士山御室御宝前に社領寄進。9・17飛驒の江馬輝盛、謙信の陣に入る。9・29信玄、甲府から先方衆をを発たせる。10・1信玄と勝頼、越中の勝興寺に書状。10・7穴山信君、十左衛門へ鷹の餌として町の小関を宛がう。10・10信玄、青崩峠を越えて遠江北部に乱入。11・14秋山信友、岩村城を奪取。11・22信玄、三方ヶ原合戦で圧倒的勝利。11・23信玄、刑部に陣取り、そのまま越年。	閏1・3上杉謙信、上野厩橋城に入り武田信玄と利根川を挟んで対峙。8・18上杉謙信、越中の一向一揆を攻撃。9月信長が足利義昭に異見一七ヶ条を出す。12・13朝倉義景、近江より越前に撤兵。フランスで聖バルテルミーの虐殺。
天正 元	一五七三	1・1村上義清没。1月信玄、野田城攻めに金掘を使う。2・10武田軍、野田城を陥落させる。2・27信玄、長篠城に入る。4・12信玄、伊那の駒場で没。4月家康、駿河に侵入。7月家康、長篠城を囲む。8・27武田家、友野宗善に連雀・	7・18信長、義昭を槇島城で降伏させ河内国若江城に追う。8・20朝倉義景自害。8・27信長が小谷城を攻撃、浅井久

		木綿の役等の御代官を命じる。武田家、青柳の番匠に普請役免許。9・5武田家、和田平の番匠に普請役免許。9・10家康、長篠城を落とす。11月勝頼、駿河から遠江に入り掛川・久能を焼く。12・23武田家、御大工水上左近佐に麹座役などを与える。武田家、山下勝久へ河東の塩座役の所務を命じる。12・24勝頼、小佐野越後守の所領安堵。	政・長政、自害。9・26信長、伊勢長島の一向一揆を攻撃。11・16信長軍、河内国若江城の三好義継を亡ぼす。12・26松永久秀、織田信長に降伏し、大和国多聞山城を明け渡す。
二	一五七四	1・16穴山信君、富士金山の平岡民部丞に郷中の棟別諸役免許。1・18謙信、西上野に入り沼田に陣取る。2・5勝頼、明智城を陥落させる。2・10定勝寺の仏殿修理の大工作料の中に木綿、振る舞いの中に蕎麦切りが見える。4・10武田家、八日市場の町人等に市中諸役免許。4・12小山田信茂、猿屋石見守に諸役免許。5月勝頼、馬を遠江へ入れ、翌月に高天神城を攻め落とす。金掘も活躍。8月春芳、諏訪下社の千手堂を造立し上棟式。9・9勝頼、信州金山衆に宛行を約束。10・28下諏訪町土田の墓地に安置されている石造弥勒菩薩像が造られる。12・23武田家、金山衆の特権を安堵。12・25武田家、木工允に毛皮調進のため郷次の御普請役免許。	1月越前に一向一揆が起こる。3・19羽柴秀吉、近江国長浜に入り、百姓への条規を定める。4・2本願寺の顕如、挙兵。7・28上杉謙信、越中を平定し、加賀に進出。9・29信長、伊勢長島の一向一揆を鎮圧。閏11・25信長、分国中の道路・橋の修築等を命ずる。オスマン軍、チュニスを占領。
三	一五七五	3・14勝頼、市川豊後守へ麻・綿等の運送に過所。4・1穴山信君、徳間山作等に諸役免許。4・12勝頼、信玄の大法要を営む。4・21諏訪社下社の千手堂完成。勝頼、長篠城を攻める。5・6勝頼、家康のいる吉田城を取り囲む。5・11勝頼、長篠城攻略に取り掛る。5・18信長、設楽原に着き極楽寺山に陣を敷く。5・21勝頼、長篠合戦で大敗。7・2勝頼、長篠合戦で戦死した山家昌矩の名跡を弟の左馬允に継がせる。	3・14織田信長、徳政令を発して、門跡・公家の借物を廃棄。3・27琉球使船、鹿児島に着く。5・22小早川隆景、備中国松山城で三村政親を滅ぼす。7・12信長、近江国勢多橋を修築。7・17長宗我部

		7・13勝頼、山村良候に宛がう。7・19勝頼、小笠原信嶺に山村郷を宛がう。8・10武田家、駒屋に関銭を免許。8・16勝頼、平林正恒に牧之島城在城を命じ所領を宛がう。10月勝頼、標葉氏へ但馬守の官途。11・10勝頼、信忠の本陣水精山を攻めて敗退。11・21秋山信友等、捕らえられ長良川の川原で磔。11月春芳、勝頼の命令を受けて宮木諏訪社を再造。12・24依田信守、二俣城を徳川軍へ明け渡し高天神城に入る。	元親、土佐国を平定。8・14信長が越前国の一向一揆を平定。9・20近衛前久、薩摩に下向。10・21信長、本願寺顕如と和睦。この頃、朝鮮で党争が始まる。ジャワでマタラムのイスラム王国が始まる。
四	一五七六	2・7勝頼、鉄砲に注意をはらった軍役を定める。勝頼、笠原郷等に上社の御頭を命じる。2・25北条氏、平野から材木を運んで来る者へ過所。3・27勝頼、大日向佐渡守に軍役定。4・16勝頼、恵林寺で信玄の正式な葬儀。4・26信玄の七周忌の法要。6・28武田家、甲府の八日市場に宛てて伝馬の定書。8・27三尾将監、定勝寺に寺役勤仕の請文。10・17勝頼、栗田鶴寿へ高天神城の守備を堅固にするよう命じる。12・4武田家、下別田郷の市川五郎右兵衛に細工の奉公により諸役免許。	2・23信長、安土城を築いて移る。4・14信長、顕如が再挙したので、石山本願寺を攻囲。5月上杉謙信、顕如と同盟する。7・13毛利輝元の水軍、信長水軍を破って本願寺に兵糧を入れる。7・21京都の南蛮寺で献堂式。11・17上杉謙信、越中飛州口を押さえ、加賀・能登に進出。
五	一五七七	1・22勝頼、北条氏政の妹を娶る。3・3勝頼をはじめとする武田一族、諏訪下社の秋宮の千手堂の堂社および三重塔の上棟式に参列。3・22武田家、九一色郷に諸役免許。3・25武田家、小林庄左衛門尉に巣鷹を進上させる。3月勝頼の命により春芳が私財をなげうった諏訪下社宝塔が完成。5・24勝頼、山村良利へ田立口出合について命じる。7・12武田家、長谷部二郎左衛門尉に川除用の竹進上を命じる。11・23勝頼、	2・13信長、紀伊雑賀一揆を攻撃。3・21鈴木孫市ら雑賀衆が信長に降伏。6月信長、安土城下に楽市・楽座などの町掟を出す。8・8信長、柴田勝家らを加賀に派兵。8・17松永久秀、信長に叛いて大

		某に諏訪湖の網渡勤仕を命じる。12・19穴山信君、竹川肥後守へ川胡桃藤左衛門後家跡職等を抱えさせる。12・21武田家、広厳院に大工職を安堵。	和信貴山城に籠る。9・15上杉謙信、能登七尾城を攻略。9・23謙信、加賀湊川で柴田勝家らを破る。
六	一五七八	1・7小山田信茂、河口猿屋敷に諸役免許。3・13謙信没。5・13景虎、府内の御館に入る。5・17景虎勢、春日山城を攻撃して失敗。飯山城は景虎方の小森沢少輔等の攻撃を受け、周辺の家々が焼き払われる。6・7跡部勝資、春日山城の武将に講和を承諾した旨の返事。6・12武田信豊、景勝の誓紙を勝頼へ見せる。6・19景勝、小森沢政秀へ妻有城を守るよう指示。6・29勝頼、春日山城の城下に着陣。7・23勝頼、仁科中務丞等に景勝に諫言を求める。8・20景勝、勝頼へ太刀一腰等を贈る。8・28勝頼、陣を引き払う。10・23小山田信茂、佐藤平三郎に伝馬役等免許。12・23武田家、功刀越後守・水上豊後守へ大工免を与える。12月景勝、秋山定綱を派遣し勝頼妹お菊との婚約を結ばせる。	4・18吉川元春・小早川隆景、上月城を攻囲し、羽柴秀吉と対峙。7・3毛利勢、上月城を攻略、尼子勝久自害。9・29北条氏政、武蔵国世田谷新宿を楽市とし、国質等を禁止し、市日を定める。10・17荒木村重、顕如と結んで織田信長に叛き、摂津国有岡城に籠る。明の張居正、全国で土地測量を開始。明、ポルトガルに広東貿易を許可。
七	一五七九	2・17勝頼、大滝甚兵衛へ飯山領を検地後に所領を宛がうと約束。2・25勝頼、小菅と越後赤沢の往復の便のため人家を造らせる。3・17景勝軍、上杉憲政を殺す。3・24景虎、鮫ケ尾城で自害。7・3勝頼、上杉景勝へ甲斐国名物の単鷹について書状。7・13武田家、松鶴軒に飯山の郷等で知行を与える。9・5北条氏政、家康と勝頼を挟撃する約束。10・20お菊が春日山城に輿入れ。11・16勝頼、跡部勝忠へ信濃と越後の国境等の警固を命じる。	5・11織田信長、安土城天守閣に移居。8・29徳川家康、室の築山殿を殺害。九月十五日に信康を自刃させる。この年、オルガンティーノ、安土に教会を建設。ネーデルランド北部七州、ユトレヒト同盟を結成。

八	一五八〇	1・25穴山信君、湯之奥の文右衛門へ棟別諸役免許。1・26信君、大崩の孫三郎に山作の奉公により棟別諸役免許。2・14小山田信茂、騮之馬場において善四郎に町役銭等免許。3・9信君、水損の山之神村に普請等免許。6・19武田家、金山衆に往還の諸役免許。8・1仁科盛信、等々力次右衛門尉に馬市を立たせる。8・9武田家、渡辺兵部丞に大工職安堵。8・17武田家、松鷂軒に飯山城の普請を命じる。9・24信君、佐野七郎兵衛へ浅間御宝殿の柱を注文。10・12穴山信君、塩之沢の山作である善兵衛に棟別役等免許。11・28跡部勝忠・以清斎、早川兵部助へ器役を命じる。12・11武田家、高橋勘解由左右衛門へ開発地を奉公によって与えると約束。	3・17織田信長、本願寺顕如を赦免。閏3・5顕如が誓書を出して信長と和議。閏3・17筒井順慶、大和諸寺の梵鐘を徴発して鉄砲を鋳造。4・9顕如、石山寺より紀伊鷺森に退去。6月イギリス商船が平戸に来航。8月信長、摂津・河内等の城割を命じる。モンテーニュが『随想録』を書き始める。スペインがポルトガルを併合。
九	一五八一	1・9武田家、市川信房に鷹進納を命じる。3・22徳川軍、高天神城を落とす。5・25勝頼、栗田永寿に亡父の所領安堵。6・19武田家、奈良田郷に重ねて商売役免許。7・4勝頼、栗田永寿に定を出す。8・20勝頼、穴山梅雪に田中・小山・天王山以下の城の用心を命じる。8・28勝頼、三枚橋城の普請を命じる。10・27戸倉城代の笠原政晴、勝頼に服属を申し入れ翌日に韮山城を攻撃。勝頼、笠原の援軍を派遣、自らも伊豆に出馬。12・5武田勢、伊豆の玉川表で合戦。12・18信長、甲州進攻の準備に米を購入。この年、伊勢内宮の御師宇治久家の「しなの、国道者之御祓くはり日記」作られる。12・24勝頼、諏訪社上社の神長官へ新館に移るについて礼状。	2・23バリニァーノ、織田信長に謁見。3・9上杉景勝、佐々成政留守の越中小井出城を攻撃。10・2信長、前田利家に能登を支配させる。10・25羽柴秀吉、因幡国鳥取城を攻略、吉川経家自殺。11月朝鮮国王、日本国王の招請により京極晴広に勘合銅印を与える。イギリスでレヴァント通商会社設立。オランダが独立宣言。

一〇

一五八二

2・1木曽義昌、遠山友政に勝頼を攻め滅ぼす軍勢を出すよう求める。2・2勝頼、上原に陣を敷く。2・3信長、駿河口から徳川家康、関東口から北条氏政、飛驒口から金森長近、伊那口から信忠が攻め入るよう命じる。織田信忠等、木曽口・岩村口に出撃。2・6義昌、塚本三郎兵衛尉に来援を求める。2・14織田軍、妻籠口から伊那へ侵入。飯田城の坂西織部・保科正直、逃げ出す。2・16馬場昌房、深志城に立て籠る。遠江の小山城自落。信忠、平谷へ移る。2・17信忠、飯田に進む。大島城陥落。2・21信長、高遠城への道筋に付城を築かせる。2・25穴山梅雪、織田方に寝返る腹を決める。2・26北条氏政・氏直、駿河へ出陣。2・28勝頼、新府に帰る。伊豆の戸倉城・駿河の三枚橋城が落ちる。2・29穴山梅雪、家康へ降伏条件を示す。朝比奈信置、用宗城を徳川に明け渡し久能城に退く。3・2織田軍、高遠城を攻撃。仁科信盛以下戦死。3・3安中氏、高島城から退く。馬場昌房、深志城を織田長益に渡して退散。家康、穴山梅雪を案内者として河内口から市川口に乱入。勝頼、新府城へ火を放ち、岩殿城に向かう。3・5~7信忠、一条信龍の甲府屋敷に陣を据え、武田一門・親類・家老の者などを捜し成敗。3・11勝頼父子等、戦死。3・14信長、甲斐善光寺を見物。小笠原貞慶、二木重吉等に宛がい。3・15小笠原貞慶、小宮山織部丞に旧領が回復したら宛行をすると約束。3・19家康、諏訪の法華寺で織田信長と会見。3・20木曽義昌、信長に謁見、安曇・筑摩の二郡を与えられる。3・27信長、木曽義昌に安曇・筑

1・28大友・大村・有馬の三氏がローマ法王に少年使節を派遣。5・4勧修寺晴豊、村井貞勝から信長の関白等推任を申し渡され、安土に下向して推薦したが、信長は拒否。5・7信長、子の信孝に四国出陣を命じる。6・2明智光秀、本能寺で信長を自殺させる。6・4羽柴秀吉、毛利輝元と和睦して清水宗治を自刃させ、六日に高松を発する。6・13羽柴秀吉・織田信孝、山崎で明智光秀を破る。7・3徳川家康、浜松を発し、甲斐・信濃に進出。8・10家康、甲斐新府城に移り若神子の北条氏直と対峙。教皇グレゴリウス一三世、グレゴリ暦を制定。マテオ=リッチ、マカオに至る。この頃、ジャワにマタラム王国建国。

摩の宛がい状を出す。3・29信長が旧武田領の知行割を行う。3月河尻秀隆、小佐野藤太郎へ富士参詣の導者を安堵。4・1岩井信能、飯山に差し向けてほしいと直江兼続に請う。4・5上杉景勝に味方する芋川親正等、大倉城を改修して蜂起、長沼城主の島津忠直らと連携して飯山城の稲葉貞通を攻めて敗退。4・19河尻秀隆、川口猿屋へ屋敷買徳の田地や導者を安堵。4・21河尻秀隆、御師浅川の六郎右衛門に檀那屋敷等を宛がう。4月織田信忠。甲斐善光寺如来を岐阜に遷す。6・5・28酒井忠次、栗田永寿の進退を大須賀康高に任す。6・12小5家康、善光寺如来を甚目寺から三河岡崎に遷す。笠原貞慶、家康の支援を受けて信濃に帰る。6・19北条氏直、上野で滝川一益を破り、小諸城の依田信蕃を追い出して、信濃侵攻の拠点とする。6・20景勝、小幡昌虎などの信濃の諸士に本領を安堵。小笠原貞種、景勝の支援で深志城に入る。6・27桐沢具繁と黒金景信、直江兼続に信濃の者たちがことごとく「小屋揚」をしたと伝える。7・2貞慶、深志城を奪取しようと川辺与三右衛門へ忠勤を促す。7・9家康、甲府に着陣し、酒井忠次を諏訪へと送り込む。7・16貞慶、深志城を回復し、深志の地名を松本へと改める。7・19貞慶、後庁（三村）勘兵衛などに洗馬の地を与える。7・22家康、九一色衆に諸商売の役免許。7・23家康、左右口郷に諸役免許。7・27貞慶、小林勘右衛門等に知行を安堵。木曽義昌、小野内記助に桐原の宛行等をする。7月貞慶、若沢寺に禁制。8・4
8・2北条氏直、諏訪頼忠から求められ諏訪へ出兵。8・4

貞慶、犬甘久知に知行安堵。8・5家康、金山衆に恵林寺領を宛がう。8・7貞慶、西福寺へ土地寄進。8・8景勝、飯山城代に岩井満長・信能父子を任命。8・9貞慶、長興寺の寺領を安堵、祝梅庵に寺領を寄進。8・10貞慶、犬甘久知に戦況等を報せる。8・12貞慶、日岐城を攻める。8・14貞慶、広沢寺と若沢寺の寺領を安堵。8・30家康、義昌へ安曇・筑摩両郡を安堵。9・5家康、水上利光等へ本領を安堵。9・6貞慶、犬甘久知へ明日日岐へ出馬すると報せる。9・16景勝、岩井信能に飯山城の普請を命じる。9・19貞慶、沢渡盛忠に所領安堵。家康、岩間正明に野溝等を安堵。9・24貞慶、下条頼安に誓紙を送る。11・5貞慶、上杉景勝の支援で上矢久城に籠った会田衆等を攻め落とす。11・28岩井信能、益村能久の祖母尼に飯山町の諸役を免除。家康、甲斐善光寺の寺領および諸法度を旧規の如く栗田永寿の計らいに任す。12・6家康、渋江覚右兵衛尉へ知行を安堵。12・13家康、田辺佐左衛門尉へ知行宛行。

一一　一五八三

1・29貞慶、小山佐渡守等の戦功を賞す。2・12貞慶、謀叛を企てた赤沢式部少輔等を攻撃して自殺させる。2・18木曽義昌、酒井彦右衛門尉に北和田の地を与える。2・22貞慶、日岐が落着次第知行の割替えと城普請を行うことにする。2・25小笠原長時没。3・3貞慶、千国十人衆へ千国跡職を与え、同郡小谷筋を警戒させる。3・14穴山勝千代、河口六左衛門尉に堀間等を免許。4・1家康、市川の紙漉に諸役免許。4・19家康、甲斐善光寺に寺領安堵。4・26徳川家、網

2・12秀吉、伊勢の滝川一益を攻撃。4・16秀吉、織田信孝を攻撃するため大垣城に入る。4・21秀吉、賤ヶ岳で柴田勝家を破る。4・24柴田勝家、越前北ノ庄城で自刃。6・2秀吉、大坂城に入る。7・7秀吉、近江で検地。7

		野右京進等に黄金が出るまで諸役免許。4・27上杉景勝、麻績城を攻め落とす。5・3徳川家、富士金山の金山衆に普請役免許。5・12景勝に属した小田切四郎太郎、仁科で貞慶の兵を破る。6・2徳川家、金山衆に知行安堵。6・17徳川家、河野但馬守に竜王川除に竹木を生やすように命じる。7・23木曽義昌、三村勝親等へ安曇・筑摩両郡を回復したら知行を宛がうと約束。8・11貞慶、日岐盛武の戦功を賞して日岐遺跡を宛がう。10・6徳川家、奈良田と湯島郷の商売の者に諸役免除。12・15徳川家、市川矢作衆に棟別役免許。	月諸国で大雨・洪水。
一二	一五八四	2・26木曽義昌、千村孫八郎に大豆を宛がう。3・18景勝、上条宜順等に青柳城を支援させる。4・1貞慶、贄川又兵衛に奈良井義高の闕所地等を宛がう。4・19貞慶軍、麻績城で景勝軍に敗れる。8・3景勝、小田切左馬助が貞慶の兵を稲荷山口・青木島に迎撃して破ったことを賞す。8・5家康、保科正直へ木曽義昌を撃つように命じる。8・10義昌、奈良井十郎に府中の地等を宛がい、和田小三郎に諸役を免許。8・18貞慶、日岐盛武等に川中島進撃の後詰をさせ、宇留賀与兵衛等に牧之島筋を調略させる。10・28石原昌明、村松新右衛門他に肌吉紙の納入を命じる。11・2貞慶、贄川又兵衛に所領を宛がう。12・3穴山勝千代、徳間山作等に諸役免許。12・12徳川家、市川矢作衆に棟別役免許。	3・13家康、尾張清洲城に着陣、信雄と会見。3・28秀吉、尾張国楽田城に入り、小牧山の家康と退陣。4・9家康、秀吉軍を長久手で破る（小牧・長久手の戦い）。6・28イスパニア人、平戸に来航。11・15秀吉、信雄と和睦。この夏畿内旱魃。
一三	一五八五	2・18徳川家、市川肌吉紙を漉く保治・藤内に棟別役免許。4・16徳川家、山守衆に市川肌吉紙を漉く者から山口役をとらぬよう命じる。10・17秀吉、真田昌幸に甲斐・信濃を計	3・21秀吉、雑賀一揆・根来寺衆の和泉諸城を攻略。4・22秀吉、雑賀一揆を鎮圧。

		略させる。徳川家、番匠の小島飛騨守へ所領安堵。11・15石川数正、家康に背いて貞慶の人質を拉致し豊臣秀吉のもとに走る。12・14貞慶、家康と絶交し高遠城の保科正直を攻める。	7・11秀吉、近衛前久の猶子となり、関白叙任。7・25長宗我部元親、秀吉に降伏。9・9秀吉、豊臣姓を勅許される。
一四	一五八六	2・4貞慶から大坂へ派遣された倉科朝軌、馬籠峠で土豪に襲われて死亡。3・3保科正直、三村親勝に信府が思うようになったら本領を安堵すると約束。3・24徳川家、御催促衆に市川肌吉紙を漉く者から棟別役をとらないよう命じる。11・4秀吉、関東を家康に委ね、昌幸の罪を免じて知行安堵。12・24貞慶、諏訪上社の社領問題を明春落着させることを約束。この年、秀吉が発願した方広寺大仏殿の用材の供給地に木曽もなる。	3・16秀吉、フェリュに明・朝鮮征伐の意図を告げる。4・22秀吉、方広寺大仏殿の建材を諸国に賦課。5・14秀吉の妹朝日、家康に嫁す。6・14上杉景勝、秀吉に会見。10・13秀吉、母を家康の人質に出す。12・3秀吉、惣無事令を出す。
一五	一五八七	3・18貞慶や真田昌幸等、秀吉の命令を受け駿府で家康と会見。7・3鳥居元忠、冨士山北室神主に冨士山北室造営勧進を指示。8・16鳥居元忠、冨士御室神主に冨士山御室造営勧進のため分国中の勧進を命じる。	5・8島津義久、秀吉に降伏。6・19秀吉キリスト教宣教師の国外退去等を命じる。イギリス、メアリ＝スチュアートが処刑される。
一七	一五八九	1・7家康、家督を継いだ小笠原貞政に所領安堵。3・2徳川家、肌吉漉き六人へ上檀紙の規格を指定。3月秀吉、池田輝政へ木曽材運送人の動員を命じる。9・19小笠原貞政、借馬の鷹打ち左近に諸役免許。11・24秀吉、真田昌幸が北条氏の名胡桃城乗っ取りを訴えたので、北条氏に最後通告を行う。	9・1秀吉、諸大名に妻子の在京を命じる。フランス、ヴァロア朝断絶、ブルボン朝始まる。

一八	一五九〇	12・13秀吉、北条氏に対する宣戦布告の朱印状を出し、陣触れを発する。1・9秀吉、上杉景勝へ援軍派遣を報じ、小笠原貞慶との争いを止めさせる。2・7家康、先発隊を小田原に向けて出陣させる。2・10家康、本隊を率いて駿府城を出発。3・15真田信幸等、碓氷峠で北条守備軍と遭遇し合戦。3・19秀吉・家康軍、山中城を攻略。6・28貞慶、景勝と八王子城を攻め落とし、沢渡盛忠等に戦況を知らせる。7・5氏直、降伏。7・13秀吉、北条氏の遺領を家康に与え、諏訪頼忠等の家康麾下の信濃の諸将を関東に移し、仙石秀康（秀久）・石川数正などを信濃に封じる。北信濃四郡が景勝領となる。7月羽柴秀勝、甲斐に入国。木曽は蔵入地とされ石川光吉が代官となる。8・1家康、江戸城に入る。8・3秀勝、甲府の桶大工に城への動員を命じる。10月真志野村外山畠町に「金山衆」が登録される。12・6羽柴秀勝、栗田永寿に甲斐善光寺を支配させる。この年、諏訪社下社の大祝金刺某、会津諏訪社の某に鹿食を許可。	1・20秀吉、伊達政宗に小田原参陣を催促。4・3秀吉、小田原城を包囲。7・11北条氏照・北条氏政没。9・23秀吉、聚楽第で茶会を催す。11・7秀吉、聚楽第で朝鮮通信使を引見。
一九	一五九一	3月加藤光泰、甲斐に入る。春、浅間山噴火。7・22秀吉、明年朝鮮に出兵しようとして軍勢を定める。10・19加藤光泰、甲州杣中へ諸役免除。10・20光泰家臣の河村伝内、大工衆源蔵・与十郎・喜次郎へ諸役免許。10・26岩佐吉介、杣・大鋸中に公事役等免許。12・24飯田城代篠治秀政、平沢道正に名護屋出陣のために馬を引いてくるように命じる。この年、小菅神社奥社本殿や宮殿を別当大聖院と十八坊が願主となって	2・28千利休、秀吉の怒りに触れて自刃。8・23秀吉、来年三月の征明出兵を表明、肥前名護屋城普請を諸将に命ずる。9・15秀吉、フィリピン諸島長官に入貢を促す。10・24島津義久、琉球王尚寧に征

文禄元	一五九二	再興。 1・18真田信幸、田村雅楽助に「唐入」を命じ、上野吾妻の地を宛がう。2・20石田三成・大谷吉継、京都出立。2月加藤光泰、甲斐善光寺に寺領を寄進、栗田永寿に取り計らわせる。3月石川数正、朝鮮への出兵命令を受け名護屋城へ出兵したが、名護屋城に滞陣中に発病。4・26身延山日賢、浅野幸長に従って朝鮮に出陣する小川久助へ守符等を贈る。6月加藤光泰、山之口衆に伐り出した榑木を甲斐からの搬出禁。12・13家康、木曽義昌・小笠原秀政・小笠原信嶺等に名護屋出陣を命じる。家康、石川康長に筑摩郡と安曇郡を宛がう。12・14石川数正の葬礼が京都の七条河原で葬礼が行われる。	明の兵糧米等の負担を求める。 1・5秀吉、諸大名に三月一日からの朝鮮渡海の出陣を命じる。4・25秀吉、名護屋城に着陣。5・3小西行長・加藤清正等、漢城を攻略。6・15小西行長・黒田長政等、平壌を攻略。9・1小西行長、明の沈惟敬と会い、五十日間の休戦を約束する。明、ポパイの乱。
二	一五九三	1・14朝鮮にいた加藤光泰、国家老等へ宛て甲府城等について書状。5・25加藤光泰、稲葉長右衛門へ間もなく帰朝するだろうと書状。6・6石本三右衛門、真志野の金子清林等へ後山金山の採掘を請け負わす。8・6秀吉、加藤光泰へ薪を用意して燃料に困ることのないよう指示。8・18増田長盛、高梨頼親の手勢等が朝鮮から帰る際に通過させる。8・26加藤光泰、浅野長政に子供のことを依頼する。8・29加藤光泰、西生浦の陣中で病死。閏9・15秀吉、木曽で伐採した方広寺用材を近江朝妻に送らせる。閏9月越後の金丸与八郎、小菅神社に鉄製鰐口を奉納。12・7秀吉、真田信幸の伏見城普請役を免除し、国において知行方開鑿に精を入れさせる。12・9浅野長継、日根野高吉に諏訪郡青柳の金山を支配させる。12・24秀吉、伏見城普請のために木曽より出す御材木奉行を	1・7小西行長等、明提督李如松の攻撃を受け平壌脱出。1・26小早川隆景・立花統虎等、碧蹄館で李如松を破る。4・18小西行長等、漢城撤退。6・28秀吉、謝用梓等に日明和平七ヶ条を示す。7・27秀吉、朝鮮南部の城普請を諸将に命じる。9・24方広寺大仏殿、上棟。11・5秀吉、高山国に入貢を催促。

		任ずる。この年、翌年にかけて松本城天守閣の天守・乾小天守・渡り櫓の三棟が築造。加藤清正、西生浦倭城を築く。	
三	一五九四	1・17秀吉、幼少の光泰の嫡男作十郎（貞泰）を美濃黒野に移し、甲斐に浅野長政とその子幸長を入れる。1・26前野兵庫、木曽で伐採した材木の改帳を提出。6・1秀吉、真田昌幸に伏見城築城用材を木曽から近江朝妻へ届けさせる。6・20浅野長政、国中杣中に普請中諸役免除。8・2真志野の金子清林等、後山金山の運上金を減額される。11・16石本三右衛門、真志野金山の年貢を受け取る。11・24石川康長、肥前名護屋より松本宿の松林和泉等に町家の火の用心などを命じる。12・28浅野長政、北山筋等の杣取中に屋敷年貢免除。浅野幸長、甲斐善光寺に寺領を寄進。この年、京極高知、伊那郡より大坂城修築用の木瓦を掛塚まで流送。	3・7伏見城普請開始。3・20秀吉、淀城を壊す。フランス、アンリ四世戴冠式。
四	一五九五	1・27浅野長継、市川上野村矢作十二人方に扶助。3・4石川康長、河辺与惣左衛門に山家山で材木伐採を許可。6・29秀吉、木曽からの木材を大坂城作事奉行の石川光本に受け取らせる。7・7浅野家、府内桶大工に伝馬役を免除。	7・8秀吉、豊臣秀次を高野山追放。7・15秀次自害。8・3秀吉、家康等の有力大名の連署で御掟等を制定。
慶長元	一五九六	2・12浅野長継（幸長）、大鋸中・杣中に俵役免除。閏7・13慶長伏見地震で方広寺大仏壊れる。9・6秀吉、興山應其へ甲斐善光寺如来について聞くため大坂に来るよう命じる。	1・3小西行長、沈惟敬を伴い名護屋へ向かう。閏7・13畿内大地震、伏見城天守倒壊。
二	一五九七	2・28小諸城主仙石秀康（秀久）、興山應其が甲斐善光寺如来の京都移徙奉行となるのを祝う。3・1浅間山噴火。6・15秀吉、善光寺如来の大仏殿遷座送迎を諸大名に命じ、如来	2・21秀吉、再度朝鮮派兵の部署を定める。

		を迎えるため浅野長政を甲州へ派遣。7・18善光寺如来入洛。11月毛利秀元・浅野幸長、加藤清正の縄張りにより蔚山築城。12・22浅野幸長、完成目前の蔚山倭城を明と朝鮮の連合軍に包囲される。	
三	一五九八	1・10秀吉、上杉景勝に会津移封を命じる。8・17秀吉、善光寺如来を信州に戻す。8・18秀吉没。3月浅野幸長、大泉寺に戦没者の慰霊塔を建てる。4・8浅間山噴火、約八百人死亡。この年、多くの北信濃の武士が景勝の会津移封に従う。	2月加藤清正、蔚山倭城修築。7・15秀吉、諸大名に命じ秀頼に忠誠を誓う誓書を提出させる。8・5秀吉、五大老と五奉行に誓書を交換させ、遺書を書く。
四	一五九九	2・20浅間山鳴動。閏3・3前田利家没。11・28浅間山鳴動。	ヌルハチ、満州文字を創始。
五	一六〇〇	6・2家康、上杉征伐の出陣を諸大名に命じる。6・16家康、大坂城を出て伏見城に入る。7・17毛利輝元、西軍総大将就任。7・21家康、江戸城を発つ。7・25諸将が家康に従う誓約をしたが、真田昌幸と田丸直昌は西軍側につく。8・10石田三成、三奉行の連署で挙兵宣言を発する。8・23東軍が岐阜城を落とす。8・24徳川秀忠、宇都宮から中山道を西上。9・1家康、江戸城を出陣。9・2秀忠、上田城の真田昌幸に降伏勧告。9・15関ヶ原合戦。東軍勝利。10・1上野善右衛門・同弐兵衛、神戸の八王子社に立願。10・2家康、暗殺計画に加担した諸将の処分を発表。家康、山村良候を木曽谷中代官に任じる。10月家康、飯田城主京極高知を転封させその跡を蔵入地とする。12・13真田昌幸、上田城を明け渡し、信繁と高野山の九度山に赴く。12・26真田信之、海野の白鳥	2月上杉景勝、領内の諸城を普請。3・16オランダ船リーフデ号、豊後に漂着。6・20石田三成、景勝に家康進発を通報。7・7家康、会津攻めの軍律を江戸で下す。7・11三成、挙兵。8・1西軍、伏見城を攻略。9・27毛利輝元大坂城退去、家康入城。イギリス、東インド会社設立。

		明神に社領を安堵。	
六	一六〇一	3・10信之、東上田村の彦助に小玉山の地を安堵。6・2関一政、長沼城から飯山城に移り忠恩寺を移建して愛宕町を営む。7・27家康、善光寺へ周囲で寺領寄進。8・2信之、横山久兵衛等に知行を与える。8・5信之、真田壱岐守に知行安堵。この年、朝日受永が伊那代官となり、榑木納の村高は約一万石にも及ぶ。	1月家康、東海道に伝馬制を敷く。8・24家康、上杉景勝を会津から米沢に移封。マテオ＝リッチ、北京に天主教会堂を建立。
七	一六〇二	4・19志村甚之助、富士金山から中山金山へ掘る掘間の確認。	オランダ、東インド会社を設立。
八	一六〇三	1月徳川義直、甲斐に封じられ、国事を平岩親吉が担う。2・12家康が将軍に就任。大久保長安、従五位下石見守に叙任、松平忠輝の附家老を担う。6・2松平忠輝、関一政が移封となった川中島へ入封、飯山城に皆川広照が傅役として入る。7・28朝日寿永没。幕府は木曽の千村良重をその跡役とする。	4・22豊臣秀頼、右大臣に任じられる。7・28徳川千姫、秀頼に嫁す。イギリス、チューダー朝断絶、スチュアート朝始まる。
一一	一六〇六	12・22寛慶寺中興開山の洞誉上人没。	
一二	一六〇七	4・26徳川義直、松平忠吉の跡を継いで清洲藩主となる。義直の移封に伴い大久保長安が甲斐の国事を司る。	2・17幕府、駿府城の修築工事に着手。
一四	一六〇九	10・27皆川広照、飯山の所領を没収される。	1月秀頼、方広寺再建着手。
一五	一六一〇	1月名古屋城の築城が本格化。6月浅野幸長、甲斐善光寺に父の分墓を建てる。8・1堀直寄、飯山入封。	2月幕府、名古屋城築城に着手。
一六	一六一一	4・7浅野長政没。6・4真田昌幸、九度山で没。9月柏原村・新町・善光寺・丹波島が伝馬宿となる。	3・28家康、二条城で秀頼に引見。
一七	一六一二	この年、信繁、出家して好白と号する。	

一八	一六一三	4・25大久保長安没。8・25浅野幸長没。10・19石川三長改易。その跡に小笠原秀政が飯田から入封。	6・16幕府、公家諸法度、勅許紫衣・諸寺入院の法度。
一九	一六一四	7・26方広寺鐘銘事件。10・2豊臣家、檄を飛ばす。11・19大坂冬の陣始まる。11・25川除村仕人没。12・4真田信繁、真田丸で戦う。12・20大坂冬の陣講和。この年、石川家、富士宮の浅間神社楼門左神像造営に携わる。	10・1家康、大坂討伐を命じる。11・15家康・秀忠、大坂に出陣。フランス、パリに全国三部会招集。
元和 元	一六一五	4・1家康、小笠原秀政を伏見城の守備に向かわせる。5・5家康、京を出発。5・6真田信繁、後藤基次隊を救援するため道明寺で戦う。5・7信繁没。小笠原忠脩、天王寺口の戦いで戦死。	4・6家康、再び大坂征伐を命じる。5・7大坂城落城。閏6・13幕府、一国一城令を定める。
二	一六一六	9月徳川忠長、甲府に封ぜられる。10月佐久間安政、堀直寄転封後の飯山に入封。	4・17家康没。

地域から見た戦国一五〇年

小和田哲男監修　四六判・上製カバー・各巻平均三五〇頁

第1巻　奥羽の戦国史　粟野俊之著
第2巻　関東の戦国史　黒田基樹著
第3巻　北陸の戦国史　東四柳史明著
＊第4巻　甲信の戦国史　笹本正治著
＊第5巻　東海の戦国史　小和田哲男著
第6巻　畿内・近国の戦国史　太田浩司著
第7巻　山陰・山陽の戦国史　渡邊大門著
第8巻　四国の戦国史　須藤茂樹著
第9巻　九州・琉球の戦国史　福島金治著

（＊は既刊）

武田信玄――芳声天下に伝わり仁道寰中に鳴る　笹本正治著　四六判三五二頁　本体二二〇〇円

武田勝頼――日本にかくれなき弓取　笹本正治著　四六判三三六頁　本体三〇〇〇円

真田氏三代――真田は日本一の兵　笹本正治著　四六判四〇四頁　本体三〇〇〇円

今川義元――自分の力量を以て国の法度を申付く　小和田哲男著　四六判三一六頁　本体二四〇〇円

上杉謙信――政虎一世中忘失すべからず候　矢田俊文著　四六判二一六頁　本体二二〇〇円

宇喜多直家・秀家――西国進発の魁とならん　渡邊大門著　四六判三四四頁　本体三〇〇〇円

日記で読む日本中世史　元木泰雄・松園斉編著　A5判三五二頁　本体三二〇〇円

◉ミネルヴァ書房

《著者紹介》
笹本正治（ささもと・しょうじ）
1951年　山梨県生まれ。
1974年　信州大学人文学部卒業。
1977年　名古屋大学大学院文学研究科博士課程前期修了。
現　在　長野県立歴史館館長。博士（歴史学）（名古屋大学）。
著　書『戦国大名武田氏の研究』思文閣出版，1993年。
『蛇抜・異人・木霊——歴史災害と伝承』岩田書院，1994年。
『真継家と近世の鋳物師』思文閣出版，1996年。
『中世の災害予兆——あの世からのメッセージ』吉川弘文館，1996年。
『鳴動する中世——怪音と地鳴りの日本史』朝日新聞社，2000年。
『山に生きる——山村史の多様性を求めて』岩田書院，2001年。
『異郷を結ぶ商人と職人』中央公論新社，2002年。
『災害文化史の研究』高志書院，2003年。
『戦国大名と信濃の合戦』一草舎，2005年。
『武田信玄——芳声天下に伝わり仁道寰中に鳴る』ミネルヴァ書房，2005年。
『中世の音・近世の音——鐘の音の結ぶ世界』講談社学術文庫，2008年。
『真田氏三代——真田は日本一の兵』ミネルヴァ書房，2009年。
『修験の里を歩く——北信濃小菅』高志書院，2009年。
『武田勝頼——日本にかくれなき弓取』ミネルヴァ書房，2011年，ほか多数。

地域から見た戦国150年④
甲信の戦国史
——武田氏と山の民の興亡——

2016年5月30日　初版第1刷発行　〈検印省略〉

定価はカバーに
表示しています

著　者　笹　本　正　治
発行者　杉　田　啓　三
印刷者　江　戸　孝　典

発行所　株式会社　ミネルヴァ書房
607-8494 京都市山科区日ノ岡堤谷町1
電話（075）581-5191（代表）
振替口座 01020-0-8076番

共同印刷工業・新生製本

ISBN978-4-623-07659-8
Printed in Japan

人名索引

※神仏名も含む。

あ　行

か　行

な　行

は　行

ま　行

や　行

ら・わ　行

事項索引

あ　行

さ 行

た 行

な 行

は 行

ま　行

や　行

ら　行

わ　行